扶 余 明 墓

——吉林扶余油田砖厂明代墓地发掘报告

吉林省文物考古研究所　编著

李东　主编

文物出版社

封面设计　张希广
责任印制　王少华
责任编辑　窦旭耀

图书在版编目（CIP）数据

扶余明墓：吉林扶余油田砖厂明代墓地发掘报告／
吉林省文物考古研究所编著 . —北京：文物出版社，2011. 12
ISBN 978 - 7 - 5010 - 3345 - 4

Ⅰ . ①扶… 　Ⅱ . ①吉… 　Ⅲ . ①墓葬（考古） -
发掘报告 - 扶余县 - 明代　Ⅳ . ①K878. 85

中国版本图书馆 CIP 数据核字（2011）第 235547 号

扶　余　明　墓

——吉林扶余油田砖厂明代墓地发掘报告

吉林省文物考古研究所　编著

李　东　主编

文 物 出 版 社 出 版 发 行

（北京市东城区东直门内北小街 2 号楼）

邮政编码：100007

http：//www. wenwu. com

E-mail：web@ wenwu. com

北 京 宝 蕾 元 科 技 发 展 有 限 责 任 公 司 制 版

北 京 京 都 六 环 印 刷 厂 印 刷

新 　华 　书 　店 　经 　销

889 × 1194 　1/16 　印张：31. 75 　插页：1

2011 年 12 月第 1 版 　2011 年 12 月第 1 次印刷

ISBN 978 - 7 - 5010 - 3345 - 4 　定价：380. 00 元

目　录

插图目录

图版目录

壹 前言

一 自然环境及墓地所在位置

扶余油田砖厂墓地原隶属于吉林省白城市扶余县，现归属于松原市宁江区。

该墓地发掘于 1992 年，当时，这里行政区划为白城市扶余县。1995 年，成立松原市后，扶余县划归松原市管辖，扶余县政府迁至三岔河镇，扶余油田砖厂墓地所在区域不再隶属扶余县，而划归松原市宁江区管辖，其名称没有改变，依旧称做扶余油田砖厂。这里根据考古发掘的惯例，依旧采用当年的称谓。

原扶余县位于吉林省的北部，是松嫩平原的一部分，县境三面环水，形成近似菱形的冲积平原。东北以拉林河为界与黑龙江省双城市相连；西南部以第二松花江为界与吉林省的前郭、农安、德惠等市县相邻；北隔松花江与黑龙江省肇源县相望，西北隔松花江与吉林省的大安县相对。全县东西长约 130 公里，南北 60 公里，面积 5540 平方公里。

扶余县地质构造属亚洲东部第二沉降带中的松辽沉降区。在地质过程和外部营力作用下，形成东高西低以河间台地为主的地貌，台地周围沿江河有河谷平原，并有陡坎与台地相接。扶余地处平原区，无崇山峻岭，仅有丘岗土山。

扶余县受新构造运动的影响，周围江河水流下蚀切割，形成高出河床 20—80 米的河间台地。全县小于 5 度的平地占 99.19%；5—10 度的坡地点总面积的 0.63%；10 度以上的坡地占总面积的 0.18%。大致以增盛—新站—弓棚子为界，东南部地区地面波状起伏，海拔 180—230 米，最高点南鹰山海拔 261.8 米。相对高差 15—25 米，最大高差 40—80 米。肖家一带侵蚀切割强烈。西部地区海拔 140—180 米，相对高差 5—15 米，地面平缓，呈微波状起伏。中部夹津沟盐碱化低地海拔 140—170 米，相对高差 1—5 米，成为地下水和地表水汇流的中心。沿江河谷平原区海拔 123—155 米，由上游向下游倾斜，最低点是伊家店农场东北部拉林河与松花江汇流的三角地带，海拔 116.3 米。

扶余县由于河水的冲刷以及地壳运动等原因，在环绕第二松花江和松花江的河岸出现有很高的断裂，形成独特的二级陡坎台地形地貌。

扶余属东部温带季风气候区，大陆性明显。四季分明，春季干旱多风；夏季湿热多雨；秋季温和凉爽；冬季漫长寒冷，降雪稀少，江河结冰，大地封冻时间长。全年太阳辐射量东西部平均每平方厘米 108.5 千卡；年平均气温 4.5℃，年无霜期 145 天。

大气平均降水 145.8 毫米，总量约为 25.83 亿立方米，年平均地表流量 0.93 亿立方米。由于受太平洋副热带高压强弱与早晚的影响，降水量年际变化较大，多时在 650 毫米以上，少时不足 300 毫米，而且分布不均，由东向西呈递减趋势。受夏季气压形式和松辽平原地形风洞的影响，县区内常刮西南大风，特别是春季，一刮数日，局地扬沙，影响农业生产和人民生活。

扶余的气候条件给县区发展农、林、牧、渔业生产提供了有利条件，使扶余成为粮食和水产的重要地区。

这里属于松花江冲积平原，地势平坦，四季分明，土地肥沃，自然资源丰富，气候宜人，沿江一带水草丰茂，是人类生活的理想居住地。

扶余油田砖厂墓地位于扶余油田砖厂厂区内，在第二松花江沿岸的一处二级陡坎台地的高岗缓坡之上，该处岗地由于扶余油田砖厂常年取土制坯，发掘时部分岗地边缘已经被夷为平地，形成断崖地貌，从墓地中心环顾四方，岗下一片平川尽在眼前。

在墓地东北 1 公里处有一座古代城址，当地人称"土城子"，古城平面略呈方形，南北城墙长 350 米，东西城墙长 390 米，周长 1480 米，现仅余北墙和东、西墙北半，北城墙墙基宽 10 米，高 2 米许。有一城门开在北城墙的中部，有角楼，城南部为居民区。此城金始建，元、明沿用①。

在墓地北 8 公里处是扶余县境内最大的古城址——伯都纳古城，该城距第二松花江 4 公里，平面近正方形，周长 3132 米。城墙系夯筑，基宽 14—16 米，高 2—3.5 米。有 4 个角楼和瓮门，有马面 19 个。城内有大型土台基 4 处，最大的面积可达 3600 平方米，高 3 米，出土有泥塑佛像、建筑饰件、铜造像、铜钱、陶瓷片等。渤海时期始建，辽、金、元、明沿用②。

在伯都纳古城东北 2.5 公里处，有新安古城。平面呈方形，周长 1309 米，城墙夯筑，城垣基宽 17 米，残高 4—6 米，有城门 3 个，角楼 4 个，马面 8 个。城外有护城河两道。采集有灰砖、布纹瓦、泥质灰陶片、白釉刻花瓷片、粗瓷片等，保存较好③。

二　发掘和报告编写经过

1. 发掘经过

20 世纪 60 年代，在该墓地周围曾多次征集到完整的明代景德镇瓷器几十件，现分别藏于吉林省博物馆、白城市博物馆、扶余县博物馆。

1970 年吉林省扶余油田大会战，扶余油田砖厂墓地遭到空前破坏，从 1970—1990 年的二十年里，这里作为扶余油田的砖厂用地，不断取土，原有的地貌已经破坏殆尽，墓葬数量逐年递减。

1990 年 11 月，吉林省文物考古研究所原考古部副主任庞志国与李东对吉林省西部地区进行文物调查时，在扶余县博物馆了解到墓地遭到破坏的情况，调查结束后，将考古调查结果和扶余油田砖厂墓地遭到破坏的情况向省文化厅和省考古所的主管领导做了专门报告，引起了文化厅以及相关部门领导的高度重视。随后，省文化厅、省考古所与扶余油田相关部门协商后，决定对砖厂内剩余的墓葬进行抢救性考古发掘。

① 《中国文物地图集·吉林分册》第 149 页，中国地图出版社，1993 年。
② 《中国文物地图集·吉林分册》第 149 页，中国地图出版社，1993 年。
③ 《中国文物地图集·吉林分册》第 149 页，中国地图出版社，1993 年。

1992 年 4 月，吉林省文物考古研究所指派程建民带队，专程对扶余油田砖厂墓地进行考古钻探工作。

1992 年 5—7 月，为了更好地完成扶余油田砖厂墓地的抢救性考古发掘工作，吉林省文物考古研究所在扶余油田砖厂厂区专门举办一个以原白城地区的几个市县文物管理干部为主的考古培训班，同时对扶余油田砖厂墓地进行经抢救性考古发掘。

此次发掘由吉林省文物考古研究所庞志国带队主持，参加发掘工作的有：吉林省文物考古研究所何明；原扶余县博物馆郑新成、王国学、王新春；原前郭县文管所景富国、孙国军；原大安博物馆郭亮、景振彬；原镇赉县文管所刘雪山。吉林省文物考古研究所谷德平、马洪参加了该考古工地的摄影和一部分测绘工作。

2. 报告编写

本报告的编写分两个阶段：

第一阶段，1999—2001 年，由庞志国和何明两位老先生开始组织报告的整理和编写。当时，吉林省文物考古研究所集中了技术部绘图室王新胜、郝海波、王昭和照相室的谷德平、赵昕以及修复室林世香、张玉春等相关部门全部力量，历经一年半，完成墓葬大部分小件登记和器物整理工作，其中，张玉春帮助完成了大部分小件初步的标记工作。在此基础上，两位先生完成报告的第一稿编写，由于种种客观原因，此后的报告编写工作一度搁浅。

第二阶段，2009 年，按照清理积欠报告的统一部署，所里经过慎重考虑，将该报告的编写工作交付李东。2010 年底，李东完成《扶余油田砖厂明代墓地发掘报告》的第二稿，并于 2011 年 2 月 16 日经过吉林省文物考古所业务人员和吉林大学专家的讨论，对文章体例和相关问题进行认证，对报告的编写确定了最终的要求，按照这个要求，李东完成了报告的最终编写。

贰　墓地概况

一　墓地基本情况

扶余油田砖厂墓地位于吉林省松原市宁江区政府西北 8 公里处的扶余油田砖厂厂区内,在第二松花江沿岸的一处二级陡坎台地的高岗缓坡之上,墓地的地理坐标为东经 124°44′30″,北纬 45°10′11″,海拔高度 155—160 米。在墓地西、西南 300—500 米处,第二松花江环流绕过,隔江是吉林省前郭县境(图一)。

墓地发掘区位于第二松花江的东岸陡坎上,东西长 800 米,南北宽 500 米。中间有一条南北向自然形成的小路把墓地分隔成东西两个区域,为了说明和阅读的方便起见,我们在墓葬编号中,将小路东侧的墓区编为东区,以 DM 表示;小路的西侧墓区视为西区,以 XM 表示。调查和钻探时,在小路的左右附近没有发现墓葬(图版一)。

发掘是在钻探的基础上进行的,由于时间紧迫,没有采用大范围布方的发掘形式,基本是按照钻探的结果,先确定墓葬的位置和范围,然后清理,确保现存的墓葬能够不被遗漏(图二)。

二　地层堆积

由于扶余油田砖厂长期取土制坯以及其他人为和外力的原因,扶余油田砖厂墓地的地表大部分已经被夷为平地,墓地的原有封土情况以及破坏前的表土层深度,均已无从弄清,现发掘所揭露的墓葬开口均发现于除去现表土 0.2—0.3 米深处。

墓地的地层堆积十分简单,仅有 2 层。

1 层:表土层,沙土,松软,厚度 0.2—0.3 米,墓葬均开口于此层下。

2 层:生土层,黄土,致密较硬。

其下是原始生土层。

三　采集的遗物

墓地发掘前期,在墓地的范围内的砖厂取土过程中,采集有一些遗物,共 5 件,分别有瓷器和骨器。

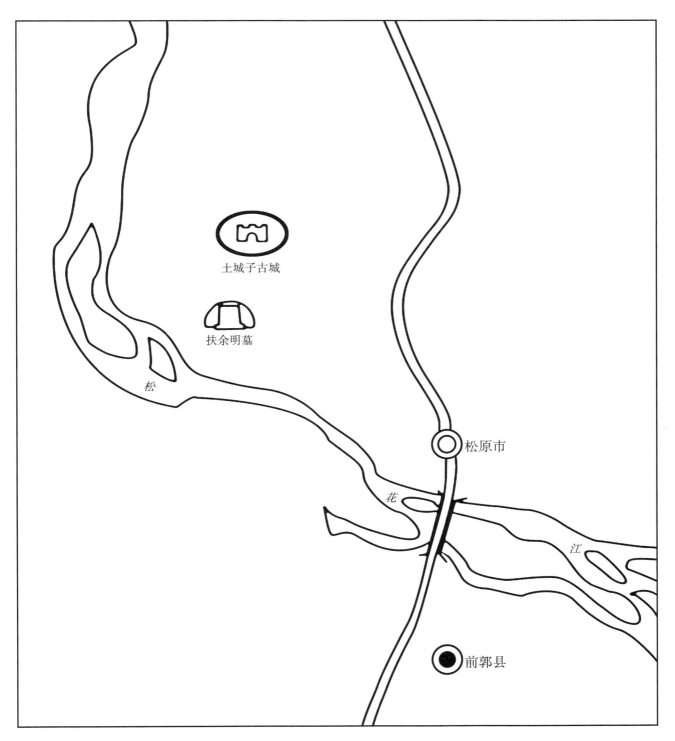

图一　扶余油田砖厂墓地地理位置示意图

1. 瓷器

共 1 件。

龙泉青釉瓷碗，1 件。

采：1，器物不完整，可复原。口径 20.8、高 11.2、足径 6.4 厘米（图三：3）。

2. 骨器

共 4 件。

笄，均为墓区采集。形制相同，有大小之分。磨制精致。圆柱形，一端锥状，另一端为圆头形。

标本采：2，通长 34.3、直径 0.8 厘米（图版二一八，图三：1）。

标本采：3，通长 26、直径 0.4 厘米（图版二一八，图三：2）。

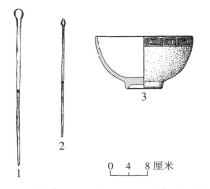

图三　扶余油田砖厂墓地采集的遗物

叁　单位墓葬详述

一　墓地总述

所有墓葬自东向西排列，随形就势，相互交叉，错落有序，墓葬之间几乎没有打破叠压关系，唯一一组墓葬间的打破关系位于东区，即 DM20 的一角被 DM27 打破。墓葬方向都在 250°—320° 之间，头向偏西。

发掘的墓葬均为长方形土坑竖穴墓，墓圹四角略呈圆弧形，四壁整齐光洁，为直壁或略斜壁。墓圹大小不一，深浅不同，最大的长 3.2、宽 0.7、深 0.9 米；最小的长 1.5、宽 0.6、深 0.5 米。一般的墓葬长 2、宽 0.7、深 0.5 米。墓葬填土为黄砂土和五花土。

在这些土坑竖穴墓葬中有一部分是墓口圹边带有对称的几组豁槽，豁槽规格大体为长 0.3、宽 0.4、深 0.2 米。有的豁槽至今还保留有当时下葬过程中使用木方留下的朽木痕迹。

这些墓葬葬式简单，绝大多数为仰身直肢葬。葬具为木棺，尽管年代久远，还是可以看到棺木朽烂的痕迹。随葬品的摆放有一定的规律性，一般来看，瓷器等生活用品多摆放于头顶部，装饰品多位于身体的头、颈、躯干部位，马镫基本放置于脚的位置，刀、剪等一般放置于手的旁边。还有的墓葬里面还有头箱，箱内放置随葬器物，头箱的大小不一。

在此次发掘的墓葬中，有部分墓葬随葬有马骨、马牙，还有一些墓葬铺垫或覆盖有桦树皮，还有既随葬有马骨、马牙，同时还使用桦树皮的情况。马骨、马牙一般是出土在墓葬的填土中，而桦树皮则主要放置于死者的头部、胸部，个别放于脚部。这种习俗意识明确，是一种人为的主动行为。

因为此次发掘的扶余油田砖厂墓地的大多数墓葬没有被破坏，所以我们获得了一批成组合的随葬品，有瓷器、陶器、玉器、铜器、铁器、金银器、木器、琉璃器以及铜钱，为明代墓葬的考古学研究提供了重要的资料。

二　墓葬详述

扶余油田砖厂墓地此次发掘共发现墓葬 76 座，其中东区 42 座，西区 34 座。我们按照东西分区的情况，逐一介绍。

（一）东区（42 座）

第一号墓

一号墓（DM1）位于东区的西北部，东邻 DM2，南邻 DM8，北与西没有相邻墓葬。DM1 开口于①层下，打破生土层。

1. 形制和规格

DM1 是一座长方形土坑竖穴墓，墓圹呈圆角长方形，长 1.96、宽 0.72、深 0.93 米。填土表层是 3 厘米厚的沙土，下为五花土，墓葬填土中有马牙出土，马牙放置没有规律性，墓向 255°（图四）。

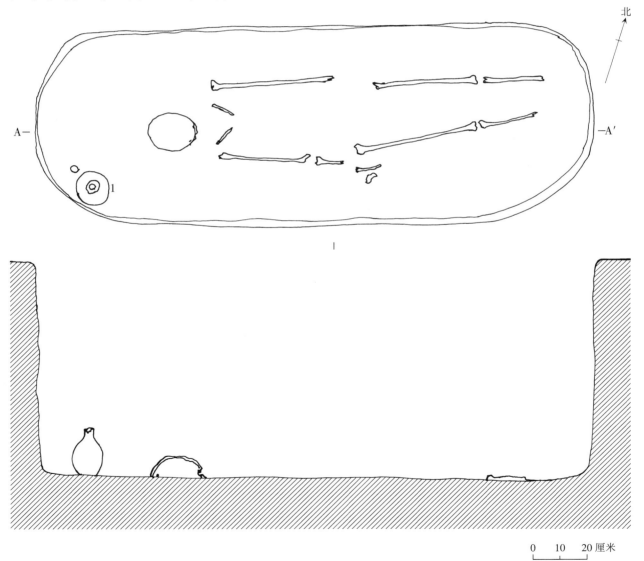

0　　10　　20 厘米

图四　东区一号墓（DM1）平剖面图

1. 玉壶春瓶

墓圹内中部有一具木棺，木棺保存不好，仅在人骨下发现少许棺体朽木，木棺尺寸无法确定。棺内有一具人骨架，人骨保存较好，可以看出为仰身直肢葬。

2. 随葬品

共 3 件。

（1）种类和数量

瓷器 1 件，铜器 1 件，石器 1 件。

（2）出土位置

在人骨架头骨顶部摆放有 1 件酱釉粗瓷玉壶春瓶。另外，在人骨架右侧中部位置出土有 1 件砺石，1 件铜饰件。

（3）器物形制分类介绍

瓷器

酱釉粗瓷玉壶春瓶 1 件。

DM1∶1，B 型，不完整，口部缺残。胎质坚硬，施酱釉不及底，器底无釉。器身有不明显的多道接胎的凸棱痕迹。残高 22.8、底径 8.1 厘米（图版二三）。

石器

砺石 1 件。

DM1∶2，长条状，一端弧曲且有一穿孔，另一端斜直，两侧弧曲，正面磨痕重，呈内凹状。长 7.3、宽 4.8、厚 0.5—1.2 厘米。

铜器

铜饰件 1 件。

DM1∶3，铸造，呈椭圆形，顶端有一圆孔，中间有镂空的菱形与桃形纹，四周刻有斜线纹。长径 3.8、短径 3.1、厚 0.2 厘米（图版二〇九）。

第二号墓

二号墓（DM2）位于东区的西北部，西侧是 DM1，东侧为 DM31，东南和 DM9 为邻，北部没有墓葬分布。DM2 开口①层下，打破生土。

1. 形制和规格

DM2 是一座长方形土坑竖穴墓，墓圹呈圆角长方形，长 2.03、宽 0.65、深 0.6 米。填土表层是 6 厘米厚的沙土，下为五花土，墓葬填土中有马牙出土，马牙放置没有规律性。墓葬方向 255°（图五）。

圹内有一具木棺，棺体腐朽，残余棺底长 1.93、宽 0.57 米。棺内有一具人骨架，人骨保存较好，可知是仰身直肢葬。

2. 随葬品

共 1 件。

（1）种类和数量

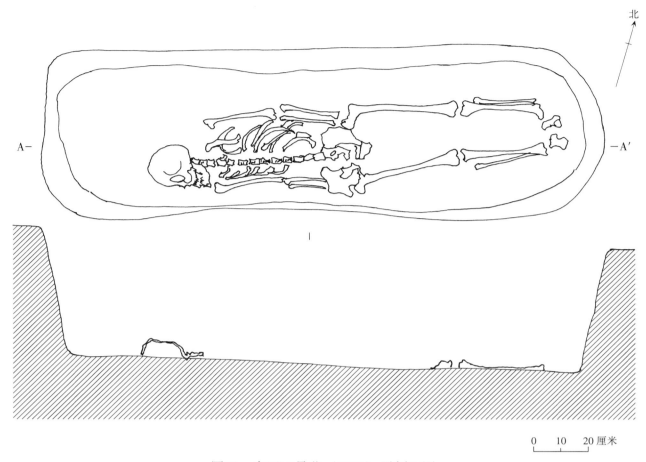

图五　东区二号墓（DM2）平剖面图

瓷器1件。

（2）出土位置

在人骨头骨顶部摆放有1件A型酱釉粗瓷玉壶春瓶。

（3）器物形制分类介绍

瓷器

酱釉粗瓷玉壶春瓶1件。

DM2：1，B型，撇口，圆唇，束颈，圆鼓腹近球状，圈足。口径略小于足径。口部残缺一块，胎质灰白，表面有坑点，施酱釉到底，不光亮，圈足足尖无釉，肩部有一凸弦纹。通高22、口径6.6、底径8.2厘米（图版二四）。

第三号墓

三号墓（DM3）位于东区最西缘，毗邻小路，小路另一侧就是墓地西区。在DM3的东侧是DM7，北与南侧没有墓葬分布。DM3开口于①层下，打破生土。

1. 形制与规格

DM3 是一座长方形土坑竖穴墓，墓圹为圆角长方形，长 2.35、宽 0.98、深 1 米，填土为五花土。墓向 255°（图六）。

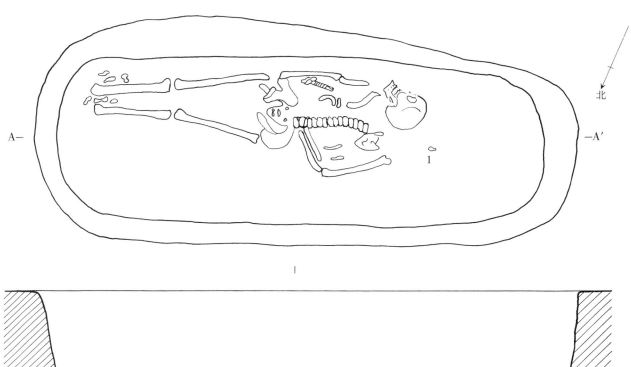

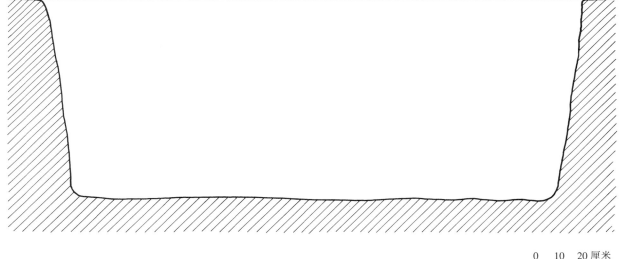

0　10　20 厘米

图六　东区三号墓（DM3）平剖面图

1. 琉璃饰件

圹内有一具木棺，朽甚，仅见有少许朽木，无法辨识棺木大小。墓圹底部有一具人骨，保存完整，仰身直肢葬。

2. 随葬品

共 2 件。

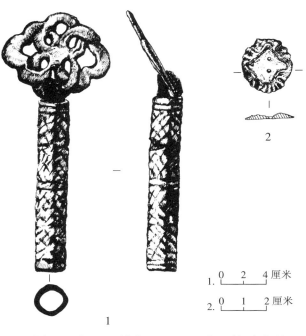

图七　东区三号墓（DM3）出土的随葬品
1. 铜管饰　2. 琉璃饰件

（1）种类和数量

铜器 1 件，琉璃饰件 1 件。

（2）出土位置

均在人骨架的头骨上方出土。

（3）器物形制分类介绍

琉璃器

饰件 1 件。

DM3：1，B 型，蓝色，串珠状，中有一孔。直径 0.8、孔径 0.1 厘米（图七：2）。

铜器

圆筒形铜器 1 件。

DM3：2，呈细圆筒形，中空，周边修饰弦纹和网格纹，一端连有片状的花形饰件。通长 11.8、管筒长 7.9、管径 1.3 厘米（图版二一〇，图七：1）。

第四号墓

四号墓（DM4）位于东区的西部，紧邻小路，其南侧为 DM6，东侧是 DM8，西和北侧没有墓葬分布。DM4 开口于①层下，打破生土。

1. 形制与规格

DM4 为长方形土坑竖穴墓，墓圹呈圆角长方形，长 2.32、宽 0.9、深 1.1 米。填土为五花土掺沙土。墓向 265°（图八）。

圹内有一具木棺，棺木朽烂，仅保留有底部，残长 2.23、宽 0.86 米。棺内有一具人骨架，保存不完整，仅有头骨和下肢骨，可辨知是仰身直肢葬（图版二）。

2. 随葬品

共 11 件

（1）种类和数量

瓷器 7 件，铁器 2 件，铜器 1 件，玉器 1 件。

（2）出土位置

在人骨架的头骨顶部位置，并列摆放有 1 件青花漩涡云气纹瓷碗，1 件青花犀牛望月纹瓷盘，2 件黑釉瓷碟，2 件酱釉粗瓷壶，1 件青花菊花纹瓷盅。另外，在头骨右侧靠近棺壁处有 1 把铁剪，头骨左侧有 1 件铜环和 1 件玉珠，还在棺内底部中央出土有 1 件铁镟。

（3）器物形制分类介绍

瓷器

共 7 件。

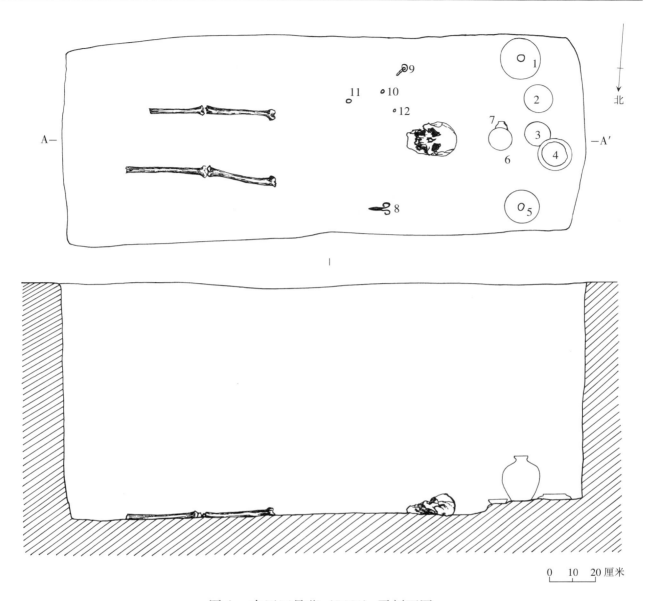

图八　东区四号墓（DM4）平剖面图

1. 酱釉瓷壶　2. 青花漩涡纹瓷碗　3、4. 酱釉瓷碟　5. 酱釉瓷壶　6. 青花犀牛望月纹瓷盘　7. 青花菊花纹瓷杯　8. 铁剪
9. 铜环　10、11、12. 饰件

酱釉粗瓷壶2件。

DM4：1，Ab型，完整，器型较周正，腹部最大径近肩部，下腹壁内收、口径小于底径。胎质粗糙，坚硬。釉面酱色，不光洁，施釉不完整，器身下部和器底无釉。通高21.2、口径5、底径6.8厘米（图版二五）。

DM4：5，Ab型，完整，器型不规整，酱釉不到底。腹部最大径近肩部，下腹壁内收、口径小于底径。通高16.2、口径4.2、底径5.1厘米（图版二七，图九：2）。

图九　东区四号墓（DM4）出土的随葬品（1）
1. 青花漩涡云气纹碗　2. AB 型粗胎瓷壶　3. 黑釉瓷碟　4. 青花菊花纹瓷杯　5. 青花犀牛望月瓷盘

青花漩涡云气纹碗 1 件。

DM4：2，Ba 型，完整，器型欠周正，敞口，侈沿外撇，深腹，腹壁弧收，圈足墙内敛，足尖修整。胎质灰白，细腻坚致，釉色白中闪青，施釉不均匀，器表有露胎处，足尖和圈足内底无釉。碗外壁有三组漩涡云气纹，中间大，线条粗，四角小，线条细，均呈漩涡状，每组四周有带状云气纹连缀，云气纹下面饰以两道弦纹。碗内口沿下有一道青花弦纹，内底绘有双重青花圆圈，中有一青花草书的"寿"字。青花发色灰暗，晕散适度。通高 7.4、口径 15.1、足径 5.6 厘米（图版九八，图九：1）。

青花犀牛望月纹盘 1 件。

DM4：4，Aa 型，较完整，口部有一处缺损，形制不周正。敞口，小平沿，弧壁，圈足。胎质灰白，细腻坚致，釉色白中闪灰，润泽光亮，口唇和足尖施米色釉。盘口有一道青花弦纹，盘心有双重青花圆圈，中间会有一瑞兽，长鬃竖起，尾鬃上扬，脖子较长，身子短小，比例不相称。回头仰望，后上方有一弯月亮。四周有云纹和火焰样纹饰。青花发色灰蓝，深者现紫色。通高 3、口径 18.8、足径 11.4 厘米（图版九九，图九：5）。

青花菊花纹杯 1 件。

DM4：7，B 型，完整，口有磕碰，器型较周正，侈口，撇沿，直壁微收，矮圈足。胎质细白坚致，釉色白中闪灰，有光泽，圈足内底不施釉，有火石红痕迹。器身较为完整，盅内壁口沿绘有两道淡色青花弦纹，底心施有一周深色青花圆圈，中间绘有简体"寿"字。外壁绘有三朵青花写意菊花纹饰，间有草叶纹，青花发色淡雅。通高 4.5、口径 5.7、足径 2.7 厘米（图版一〇〇，图九：4）。

黑釉粗瓷碟，2 件，形制大小几乎完全一致。

DM4：3，完整，器型较规整，敞口圆唇，斜直壁微弧，腹较浅，圈足。胎质黄白细腻坚致，釉色黑，光亮油润，有斑点，口沿施一周浅酱色釉。碟心有圜形涩圈，外壁蘸釉不到底，有淌釉的现象，圈足内底较高且无釉。通高 3.3、口径 12.6、足径 5 厘米（图版二六，图九：3）。

DM4：6，不完整，口部残缺一处，器型较周正，敞口圆唇，斜壁微弧曲，腹较浅，圈足。胎质黄白，细腻坚致，黑色釉，光亮润泽，碟内心底有圜形涩圈，外壁挂半釉，釉不到底，下部以及圈足无釉。圈足内底较高。通高 3.3、口径 12.8、足径 5 厘米（图版二八）。

铁器

剪 1 件。

DM4：8，尖有残缺。锻造，锈蚀较甚。剪口与剪把的长度大致相等，形状与现代的剪刀相同，长 11，剪口残长 4 厘米（图一〇：3）。

镞 1 件。

DM4：11，Ac 型，铤残。锻造，三角形镞首，镞身略扁。残长 10.7、宽 1.8、厚 0.6 厘米（图一〇：1）。

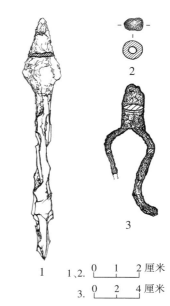

图一〇 东区四号墓（DM4）
出土的随葬品（2）
1. 铁镞 2. 玉串珠
3. 铁剪

铜器

环 1 件。

DM4：9，铸造，直径 3.6 厘米。圆形不规则，锈蚀后环径不均。环截面为椭圆形（图版二一六）。

玉器

串珠 1 件。

DM4：10，绿色，素面，扁圆形，中有一穿孔。直径 0.9、高 0.5、孔径 0.3 厘米（图一○：2）。

第五号墓

五号墓（DM5）位于东区的西南部，在它的北侧是 DM12，东侧是 DM25，东南是 DM40，西侧和南侧均没有墓葬分布，DM5 开口①层下，打破生土。

1. 形制与规格

DM5 是一座长方形土坑竖穴墓，墓圹为圆角长方形，长 2.3、宽 0.61、深 0.56 米。填土为五花土夹细砂，墓葬东侧填土中出土有马牙，放置没有规律。墓向 274°（图一一）。

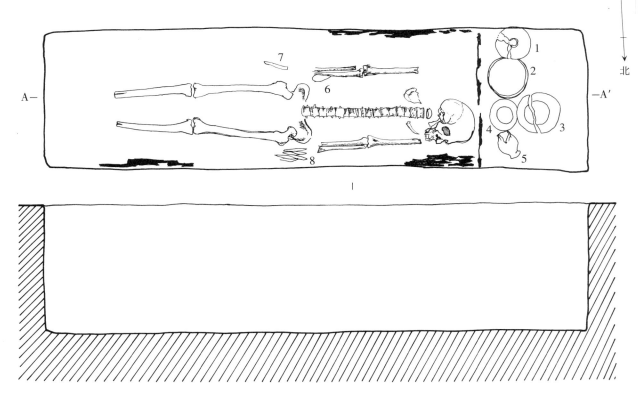

0　10　20厘米

图一一　东区五号墓（DM5）平剖面图

1. 绿釉粗瓷壶　2. 青釉瓷碗　3. 青釉葵口鱼鳞纹瓷盘　4. 青花漩涡纹瓷碗　5. 白釉瓷壶　6. 砺石　7. 骨镞　8. 铁镞

墓圹内有一具木棺，四框和底部保存较好，可看到朽木痕迹，棺盖仅留少许朽木，清理后可知棺长 1.87、宽 0.59 米。棺首外正前方有一头厢，长 0.59、宽 0.46 米（图版三）。

木棺内有一具人骨架，保存较好，头骨和肢骨尚存，可知为仰身直肢葬。

2. 随葬品

共 11 件。

（1）种类和数量

瓷器 5 件，铁器 1 件，骨器 4 件，石器 1 件。

（2）出土位置

一些随葬品摆放于头箱之内，在头厢中出土有 1 件灰绿釉粗瓷壶，1 件茶绿色釉粗瓷壶，1 件龙泉青釉葵口花卉鱼鳞纹瓷盘，1 件青花漩涡云气纹瓷碗，1 件白瓷执壶。另外，在人骨左手附近出土有 4 件骨镞，人骨右手和盆骨之间出土有 1 件铁镞和 1 件砺石。

（3）器物形制分类介绍

瓷器

绿釉粗瓷壶 1 件。

DM5：1，Ab 型，不完整，口残缺，器身多道裂痕粘接，腹部最大径上移至近肩部，下腹壁内收，口径小于底径。胎质粗糙，釉面有脱落，呈灰绿色，底无釉。残高 24.3、底径 7.8 厘米（图版二九，图一二：2）。

龙泉青釉碗 1 件。

DM5：2，器物不完整，口部有两处缺损，一道裂痕贯穿，圈足已残，仅余实足根。形制较周正，直口，圆唇，深腹，腹壁下收。胎质灰黄，粗糙坚硬，施釉较厚，釉色呈豆绿色，有小开片，光亮油润。内壁口沿下有一周连续雷纹，下有模压的三组图案：第一组为出行仪仗，中有一马，马上一人，左手挥鞭，右手执剑，马前一人拿棒槌开道，马后一人举伞盖跟随。第二组中间有一株大树，树下左右各一人，左一人怀抱乐器，用手弹奏，右一人双手举起，长袖舞蹈。第三组为二人对坐交谈议事，二人中间有"中丞"字样，在这组的左上角有一"相"字。碗心压印有一个圆圈，内饰有卷云纹，并压印一个"仁"字。残高 10.3、口径 17.4 厘米（图版七九，图一二：5）。

龙泉青釉葵口花卉鱼鳞纹盘 1 件。

DM5：3，器体较完整，中间有断裂痕。盘边为葵口，展沿，折腹内收，矮圈足。胎质灰黄坚致，胎体较厚重，黄绿色釉，有光泽，釉有开片，圈足内底无釉。釉底纹饰为刻画纹，写意效果明显，盘内为鱼鳞纹，盘心有一朵向心花瓣状的花卉，外壁是稀疏刻画草叶纹。通高 3.5、口径 20、足径 9.9 厘米（图版八〇，图一二：3）。

青花漩涡云气纹碗 1 件。

DM5：4，Ba 型，器物较完整，口部有一处缺损，圈足有一处缺损。形制较周正，敞口，方唇，深腹，弧壁近底部略折，圈足较高，足尖修整。胎质灰白，细密坚致，釉色白中泛青灰，不甚光亮，有开片，碗口施有一周米黄褐色釉，外壁近底部有堆釉现象，足尖及内底无釉。外壁口沿下有一道弦纹，下有三组漩涡云气纹，每组以一个大圆圈为中心，四角有四个小圆圈相衬，均漩涡样，中间有带状云气相连，再下有两道弦纹。碗心绘有双重青花圆圈，圈中间有一青花变体"福"字。青花

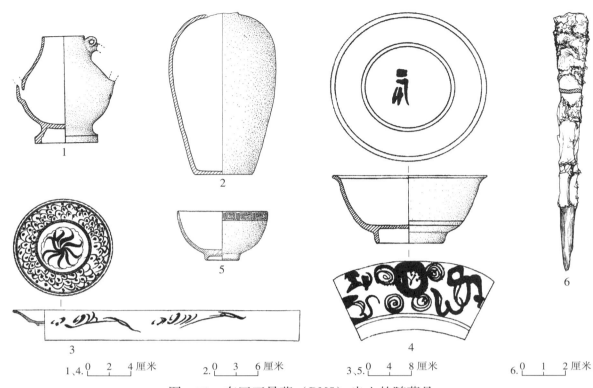

图一二　东区五号墓（DM5）出土的随葬品
1. 白釉矮执壶　2. Ab 型粗胎瓷壶　3. 龙泉青釉葵口盘　4. 青花漩涡云气纹碗　5. 龙泉青釉瓷碗　6. 铁镞

发色浓艳，晕散适度。通高6.9、口径14.9、足径6.4厘米（图版一〇一，图一二：4）。

白釉瓷执壶1件。

DM5：5，Ba 型，器物不完整，流与柄皆残缺，口部残缺一处。器型较周正，直口微敛，矮领，垂鼓腹，高圈足呈喇叭状，柄与壶颈交接处有一圆圈状的梁鼻。胎质灰白坚致，施釉较厚，釉色白中闪灰，光亮润泽，釉上有开片纹，圈足内底无釉。通高10.5、口径4、足径6.1厘米（图版一七六，图一二：1）。

骨器

均为镞，形制如一，4件。

标本 DM5：7，B 型，镞锋磨制规整，双面出脊，截面为菱形，铤部扁平。通长18.4、宽1、厚1.1、铤长6.4厘米。

石器

砺石1件。

DM5：6，长条形，顶端有一穿孔且较窄，两侧与底端弧曲，正面内凹，背面平。长8.4、宽3.5、厚1—1.5厘米（图版二二二）。

铁器

镞1件。

DM5：8，A 型，铲形镞首，锻造，镞首厚重，镞身长呈柱状，铤比较短，为圆柱或四棱柱状，尾部呈圆锥形，扁平镞身。通长 12.4、宽 2.4、厚 0.4、铤长 3.5 厘米（图一二：6）。

第六号墓

六号墓（DM6）位于东区的西部，北侧紧邻着 DM4，东北方向有 DM8，其南面自东向西分布有 DM42、DM12、DM37、DM7、DM3 等墓葬，西面是小路，隔路与西区相望。DM6 开口①层下，打破生土。

1. 形制与规格

DM6 是一座长方形土坑竖穴墓，墓圹呈圆角长方形，长 2.1、宽 0.8、深 0.60 米，填土为沙土和五花土。墓向 265°（图一三）。

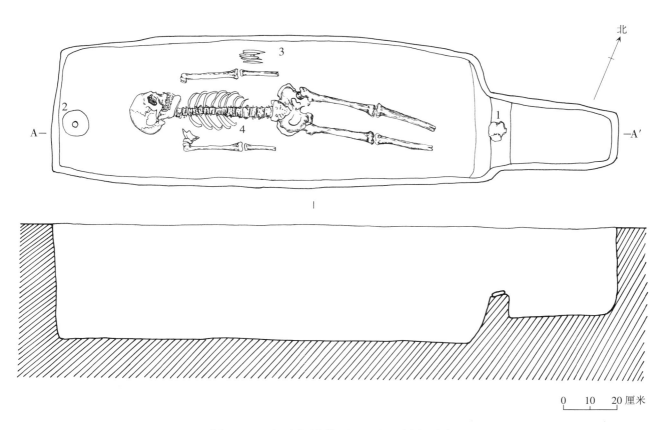

0　10　20 厘米

图一三　东区六号墓（DM6）平剖面图
1. 小孩骨头　2. 绿釉粗瓷玉壶春瓶　3. 骨镞　4. 串珠

圹内中间有一具木棺，棺木朽甚，仅有少量朽木残迹，无法确定棺木具体大小，圹底部有一具人骨架，保存尚好，可知为仰身直肢葬。在棺脚下土圹外有一个扩出部分，形成有一个类似二层台的部分，长 0.55、宽 0.3、高 0.45 米，台沿处有长 0.35、宽 0.1、高 0.35 米的土棱，土棱上面放有一个小孩头骨。

2. 随葬品

共 10 件

（1）种类和数量

瓷器 1 件，骨器 5 件，琉璃饰件 4 件。

（2）出土位置

在人骨架的头骨上方，出土有 1 件绿釉粗瓷玉壶春瓶。另外，在右上肢骨外侧靠近棺壁处出土有 5 件骨镞，堆放在一起；在左肋骨下出土有 4 个串珠。

（3）器物形制分类介绍

瓷器

绿釉粗瓷玉壶春瓶 1 件。

DM6：1，B 型，不完整，口残缺，胎质黄白略粗，施绿釉，不光洁，圈足无釉。肩、腹部各有两道弦纹。残高 15.6、底径 7.5 厘米（图版三〇，图一四：5）。

骨器

均为镞 5 件。

标本 DM6：5、6，A 型，2 件，通长 9.5、宽 0.7、厚 0.7 厘米（图一四：3）。

标本 DM6：3，B 型，通长 12、宽 1、厚 1、铤长 5.6 厘米（图一四：4）。

标本 DM6：2，B 型，通长 11.7、宽 1.8、厚 1、铤长 3.6 厘米（图一四：1）。

标本 DM6：4，B 型，通长 9、宽 1.2、厚 1.2、铤长 5 厘米（图一四：2）。

琉璃饰件

均为串珠，形制相同，4 件。

标本 DM6：7—10，蓝色，球形，中有一穿孔。直径 0.8、孔径 0.1 厘米。

第七号墓

七号墓（DM7）位于东区的西部，西侧紧邻着 DM3，东南侧是 DM37，东北侧是 DM6。DM7 开口①层下，打破生土。

1. 形制与规格

DM7 是一座长方形土坑竖穴墓，墓圹呈圆角长方形，长 2.5、宽 0.8、深 0.8 米。填土为沙土夹五花土。墓向 280°（图一五）。

圹内有一具木棺，朽甚，仅在头部附近发现有木棺朽木痕迹，木棺长宽尺寸不清。棺内有一具人骨架，保存较完整，可知为仰身直肢葬。人骨的头骨顶部有一横木作为隔断，隔出一个头厢，长 0.7、宽 0.60 米。

2. 随葬品

共 21 件。

（1）种类和数量

瓷器 4 件，铁器 9 件，骨器 8 件。

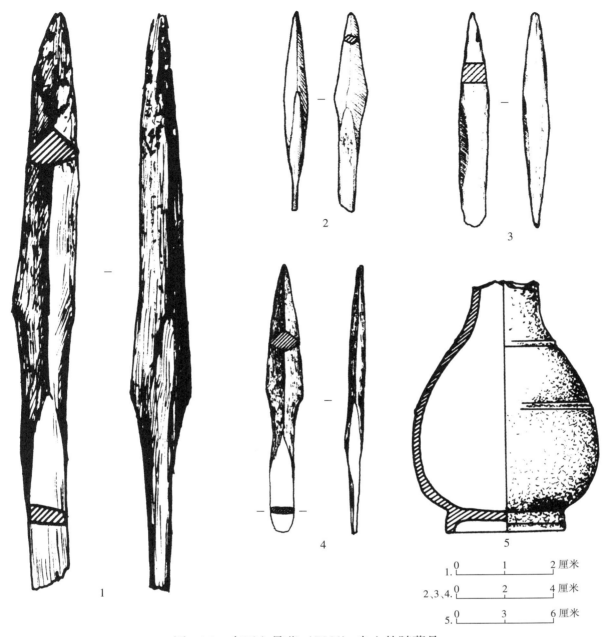

图一四　东区六号墓（DM6）出土的随葬品

1. 骨镞　2、3、4. 骨镞　5. 玉壶春瓶

（2）出土位置

瓷器摆放于头厢内，出土有1件青花寿山石菊花纹瓷盘，1件青花漩涡云气纹瓷碗，1件酱釉粗瓷壶，1件青花"梵"字纹瓷盅。另外，在人骨左股骨外近棺壁处出土有1件铁镢，右侧盆骨上出土有7件铁镞，8件骨镞，1件铁带钩。

（3）器物形制分类介绍

瓷器

青花漩涡云气纹碗1件。

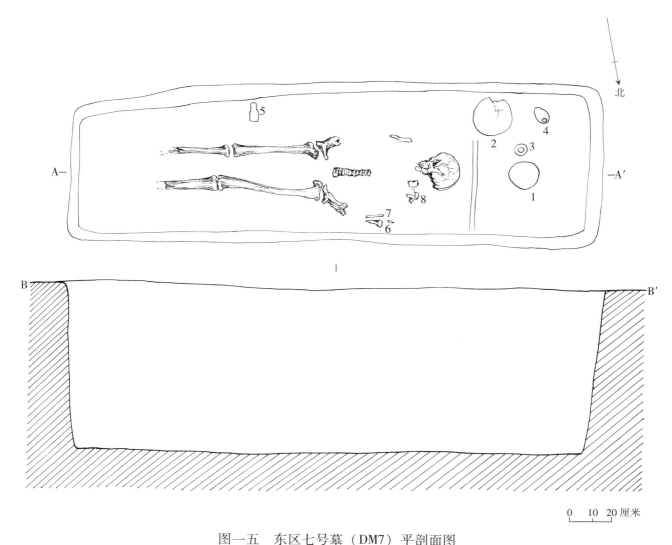

0   10   20 厘米

图一五　东区七号墓（DM7）平剖面图

1. 青花漩涡云气纹瓷碗　2. 青花寿山石纹瓷盘　3. 青花瓷杯　4. 酱釉粗瓷壶　5. 铁斧　6. 铁镞　7. 骨镞　8. 铁带构

　　DM7：1，Ba 型，完整，器型较周正，敞口，侈沿，深腹，腹壁弧曲，圈足。胎质灰白，细密坚致，釉色白中泛青，釉面略粗糙，不够光亮，有点状坑斑，口沿唇尖施有一周米色酱釉，圈足足尖修整，足内底无釉，有火石红痕。碗外壁绘有青花三组漩涡云气纹，每组以一个大的圆圈为中心，四角有四个小圆圈相衬，均为螺旋状，各组之间有带状云气相连，整体一致。碗内沿下有一道青花弦纹，内底绘有双重青花圆圈，圈中写有一个青花简笔的"福"字。青花发色灰暗，晕散适度。通高6.8、口径 14.6、足径 5.7 厘米（图版一○三，图一六：3）。

　　青花寿山石菊花纹盘 1 件。

　　DM7：2，Ab 型，不完整，口部缺损一处，有磕碰，器型不周正，圆唇，敞口，浅腹，腹壁斜弧内收，底略塌，圈足，足尖修整，未有釉，足墙外圆内直。胎质灰白，细腻坚致，釉色白中闪青，光亮润泽，有粘沙现象。盘口有一道弦纹，五朵菊花均匀分布，其间的空白处填满点样花叶写意纹饰。盘心绘双重青花圆圈，圈内中央是一耸立的寿山石，周围四朵菊花，密绘点纹。外壁口沿下有一道

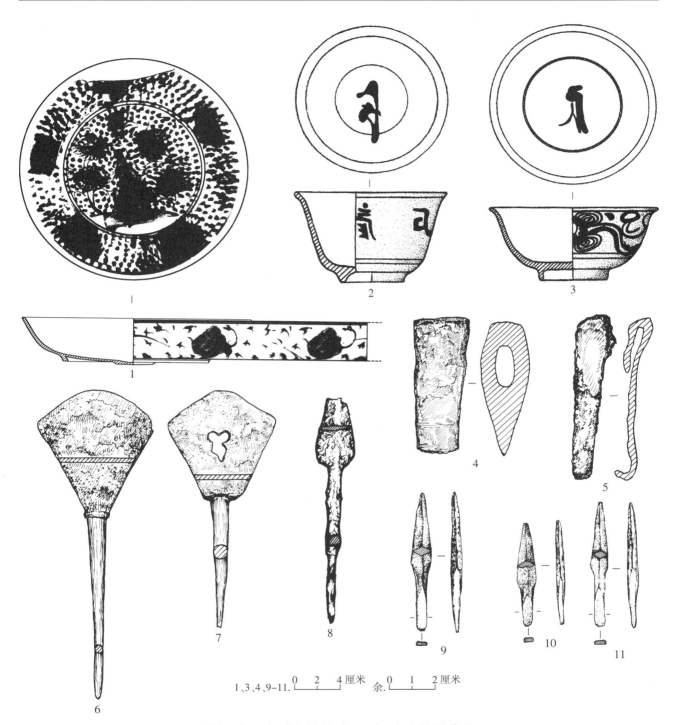

图一六　东区七号墓（DM7）出土的随葬品

1. 青花寿山石菊花纹盘　2. 青花梵字纹杯　3. 青花漩涡云气纹碗　4. 铁斧　5. 铁带钩　6、7. Ba 型铁镞　8. Ac 型铁镞　9、10、11. 骨镞

粗弦纹，器身等距绘有五朵菊花以及缠枝花叶，近底部有两道弦纹。青花发色浓艳，晕散较重。通高4.5、口径20、足径12.5厘米（图版一〇二，图一六：1）。

　　酱釉粗瓷壶1件。

DM7：3，Ab 型，略完整，口沿有少许残缺。腹部最大径上移至近肩部，下腹壁内收，口径小于底径。胎质粗糙，表面不光。酱釉，施釉不及底，底无釉。通高 20、口径 5.1、底径 8 厘米（图版三一）。

青花梵文杯 1 只。

DM7：4，B 型，完整，口有磕碰，器型欠周正，侈口，撇沿，直壁下微斜内收，矮圈足。胎质灰白不细腻，釉色灰，且不光亮。器体施釉不均，无釉的地方是坑状斑点，近器底部较多，圈足内底不施釉，有火石红痕迹。器体完整，盅内壁口沿绘有一周弦纹，盅底心绘有一周圆圈，圈内草书一青花"寿"字。外壁有六个青花梵文字，青花发色暗，近黑色。通高 4.2、口径 6.2、足径 2.6 厘米（图版一〇四，图一六：2）。

铁器

斧 1 件。

DM7：5，A 型，器身上窄下宽，中部近上有一方形穿孔，下部为刃，略弧曲，刃锋尖锐。长 12.4，身宽 4，刃宽 5，壁厚 4.4 厘米（图版二〇三，图一六：4）。

镞 7 件。

标本 DM7：6，B 型。扇面形镞首，通长 13.4、首宽 4.7、厚 0.3、铤长 8.2 厘米（图版二〇六，图一六：6）。

标本 DM7：7，A 型。三角形镞首，长 10.1、首宽 1.7、厚 0.5、铤长 3.2 厘米（图一六：8）。

标本 DM7：9，B 型。扇面形镞首，通长 11、首宽 4.8、厚 0.2、铤长 6 厘米（图版二〇六，图一六：7）。

带钩 1 件。

DM7：8，B 型，形制扁宽。锻造。器身中部拱起成桥状，两端各为弯钩，向拱起侧弯曲。锈蚀较甚。通长 7.5、宽 1.3 厘米（图一六：5）。

骨器

均为镞，8 件。

标本 DM7：10，B 型。矛形镞首，铤部扁平，通长 9.2、首宽 1.2、厚 0.8、铤长 3 厘米（图一六：10）。

标本 DM7：11，B 型。矛形镞首，铤部扁平，通长 11.4、首宽 1.4、厚 1、铤长 4.8 厘米（图一六：11）。

标本 DM7：12，B 型。矛形镞首，铤部扁平，通长 12、首宽 1.8、厚 1.2、铤长 5 厘米（图一六：9）。

第八号墓

八号墓（DM8）位于东区的西部，北面是 DM1，西南相邻 DM4、DM6。DM8 开口①层下，打破生土。

1. 形制与规格

DM8 是一座长方形土坑竖穴墓。墓圹呈圆角长方形，长 2.2、宽 0.79、深 0.6 米，填土表层是 8 厘米厚的沙土，下为五花土。墓向 273°（图一七）。

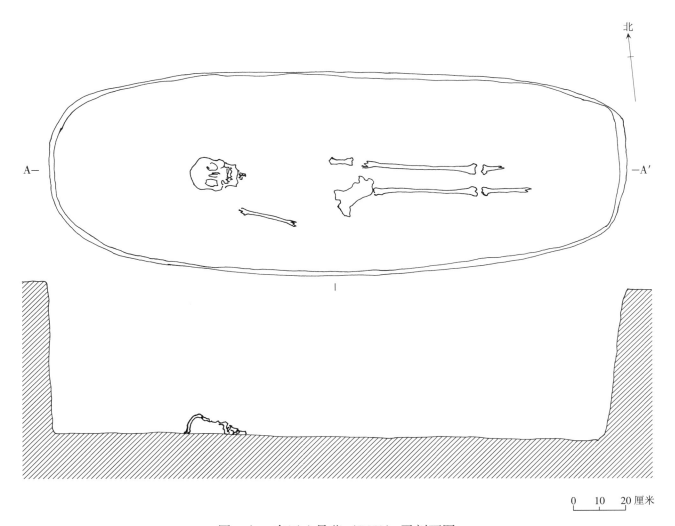

北

A—

—A′

0 10 20 厘米

图一七　东区八号墓（DM8）平剖面图

圹内有一具木棺，朽甚，仅在墓圹边和底部发现有棺木朽烂的痕迹。墓圹底部发现有一具人骨，保存也不完整，仅残存头骨、盆骨和下肢骨，可看出是仰身直肢葬。

2. 随葬品

墓葬中没有任何随葬品。

第九号墓

九号墓（DM9）位于东区的中部，西北侧是 DM2，北侧是 DM31，东侧是 DM10，南侧是 DM22。DM9 开口①层下，打破生土。

1. 形制与规格

DM9 为一座长方形土坑竖穴墓，墓圹呈圆角长方形，长 2.35、宽 0.64、深 0.38 米，填土为五花土。墓向 260°（图一八）。

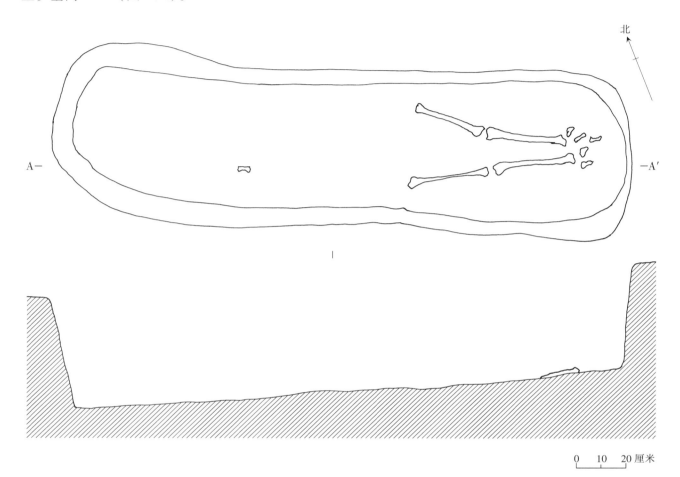

图一八　东区九号墓（DM9）平剖面图

墓圹内有一木棺，残存底部，棺长 2.22、宽 0.54 米，棺内人骨保存不好，仅存有下肢骨，大致判断是仰身直肢葬。

2. 随葬品

共 1 件。

（1）种类和数量

铜器 1 件。

（2）出土位置

仅在头骨的位置出土有 1 件铜饰件。

（3）器物形制分类介绍

铜器

饰件 1 件。

DM9：1，铸造，正面起鼓，背面扁平，上部为一方环，下部是内外双环相套，环之间有四条支柱相连，正面外环的外缘与内环的内缘饰多道斜线纹。直径4.5、厚0.3厘米（图版二〇九，图一九：1）。

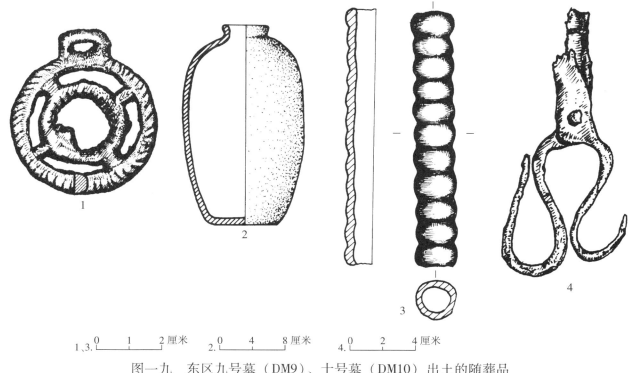

1、3.　0 ——1——2厘米　　2.　0 ——4——8厘米　　4.　0 ——2——4厘米

图一九　东区九号墓（DM9）、十号墓（DM10）出土的随葬品

1. 铜饰件　2. Ab 型粗胎瓷壶　3. 铜管形饰件　4. 铁剪（1 出土于 DM9；2、3、4 出土于 DM10）

第十号墓

十号墓（DM10）位于东区的中部，西侧是 DM9，北侧自西向东并排是 DM31 和 DM11，南侧是 DM36，东面没有紧邻的墓葬。DM10 开口①层下，打破生土。

1. 形制与规格

DM10 是长方形土坑竖穴墓，墓圹呈圆角长方形，长 2.74、宽 0.85、深 0.38 米。墓葬西半部和东半部上层填土为沙土，东半部的下层填土为五花土。墓向 265°（图二〇）。

墓圹内有一具木棺，朽烂，木棺底部朽木长 1.85、宽 0.43—0.55 米。木棺内有一具人骨，保存较完好，肋骨缺失，可以看出是仰身直肢葬。棺首外有一头厢，长 0.8、宽 0.75、深 0.09 米，略低于棺底平面（图版四）。

2. 随葬品

共 5 件。

（1）种类和数量

瓷器 1 件，铁器 1 件，铜器 3 件。

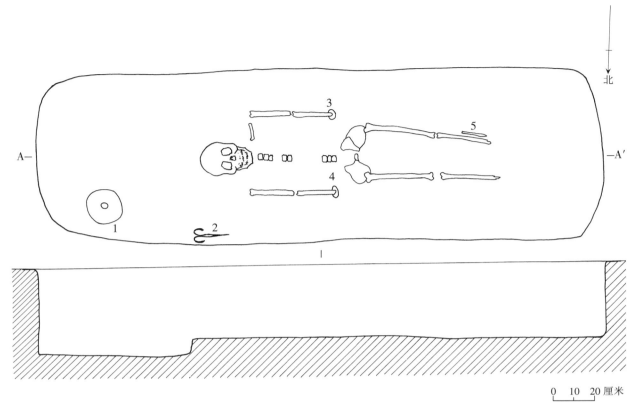

图二〇　东区十号墓（DM10）平剖面图
1. 酱釉粗瓷壶　2. 铁剪子　3. 铜镯　4. 铜镯

（2）出土位置

头厢内放置有随葬品，在头箱左侧靠墓圹处有1件酱釉粗瓷壶。另外，在人骨架的两个腕部各套有1件铜手镯，右脚部有1件铜管饰件，棺首右侧外靠近墓圹壁处出土有1把铁剪。

（3）器物形制分类介绍

瓷器

酱釉粗瓷壶1件。

DM10：1，Ab型，完整，束颈，筒腹，器身较长，腹壁弧形，上下腹壁较为一致，平底。胎体粗硬，施酱釉，酱釉不到底。口径小于底径。通高25.5、口径5.6、底径8.8厘米（图版三二，图一九：2）。

铁器

剪1件。

DM10：2，尖有残损，锻造，锈蚀较甚。剪口与剪把的长度大致相等，形状与现代剪刀相似。长16.5，剪口残长7.5厘米（图一九：4）。

铜器

管形饰件1件。

DM10：5，空心圆筒形，管身似十一节圆珠相连，管壁较薄。通长8、管径1.3、壁厚0.3厘米（图版二一〇，图一九：3）。

手镯 2 件。

DM10：3、4，形制相同，环截面呈扁圆形，环外壁中部有一周凸棱，接口处各有两个圆孔。手镯直径 5.7、厚 0.3 厘米（图版二一四）。

第十一号墓

十一号墓位于墓地东区的中部偏北，西侧与 DM31 为邻，西南侧是 DM10，东侧是 DM13，北侧是 DM26。DM11 开口①层下，打破生土。

1. 形制与规格

DM11 为长方形土坑竖穴墓，墓圹为圆角长方形，长 2.65、宽 0.8、深 0.53 米，填土为五花土杂有少量黄沙。墓向 250°（图二一）。

0　10　20 厘米

图二一　东区十一号墓（DM11）平剖面图

1. 青花缠枝菊花纹瓷碗　2. 黑釉粗瓷壶　3. 青釉瓷碗　4. 青花如意云头纹瓷盘　5. 雀蓝釉瓷罐　6. 骨镞　7、8. 铁马镫　9. 铁镞
10. 铜鞍饰　11. 铁环

圹内有一具木棺，朽烂，仅剩底部，棺底长 2、宽 0.78 米。木棺内人骨保存不好，仅残存一头骨，位于棺首中部，葬式不明。在棺首外侧有一个头箱，形如二层台，略高于墓底，头箱长 0.78、

宽 0.58、高 0.4 米（图版五）。

2. 随葬品

共 26 件。

（1）种类和数量

瓷器 6 件，铁器 15 件，骨器 4 件，石器 1 件。

（2）出土位置

头箱内摆放的随葬品都是瓷器，出土有 1 件青花缠枝菊花纹瓷碗，1 件龙泉青瓷碗，1 件青花六出云头菊花纹瓷盘，1 件蓝釉细瓷罐，1 件黑釉粗瓷壶。另外，在棺内中部右侧出土有铁镞 11 件，骨镞 4 件，镞的下方近棺尾处放有铁马镫 1 件，棺尾左侧还有 1 件铁马镫，1 件砺石，1 件铁刀。其中铁刀锈蚀较甚，棺尾处有残 1 件残破的马鞍桥，均无法采集。

（3）器物形制分类介绍

瓷器

青花缠枝菊花纹碗 1 件。

DM11：1，Ba 型，完整，器型规整，敞口，侈口，微折沿，深腹，斜直腹，圈足。胎质灰白，细腻坚致，釉色白中泛青，施釉均匀，圈足修整，足尖无釉。碗内壁口沿处绘有两道青花弦纹，碗心先绘有一粗一细双重青花圆圈，圈中间绘有一朵菊花，后绘一周粗圆圈及五片向心花叶。外壁口沿下施有一粗一细两道弦纹，弦纹下绘有五朵团菊间以肥大花叶相连，青花打底，空白成图，再下有一道粗弦纹，圈足绘有一道粗弦纹。青花发色淡雅，晕散适度。通高 7.7、口径 18、底径 6.7 厘米（图版一〇五，图二二：2）。

青花六出如意云头菊花纹盘 1 件。

DM11：4，Aa 型，完整，器型欠周正，敞口，微折沿，浅腹，壁弧曲，矮圈足。胎质细腻，洁白坚致，釉色白中泛青，青花上略有黑色晶斑，圈足内底有坑点痕，足尖修整无釉。盘内壁口沿绘有两道弦纹中间添加漩涡纹组合，盘壁绘有十四朵云头纹，盘心绘有六出云头纹，中心是一朵菊花，花心写有一个草书的"福"字。盘心各云头间绘有六个菊花，只绘有一半。外壁绘有六朵团菊及缠枝花叶。青花做底，露白为图案，青花发色浓艳，晕散适度。通高 4.4、口径 25、足径 15.8 厘米（图版一〇六，图二二：5）。

黑釉粗瓷壶 1 件。

DM11：2，B 型，完整，器型较周正，小盘口，束颈，广肩，斜直腹，圈足。胎质坚致，不细腻，施黑色釉，有光泽，釉不到底，施釉部分约占器身三分之二。通高 19.5、口径 4.4、底径 8.8 厘米（图版三三，图二二：1）。

龙泉青釉碗 1 件。

DM11：3，器物完整，形制较规整，直口，圆唇，深腹，腹壁弧曲，高圈足，挖足不过肩。胎质粗重厚实，施青绿色釉，光亮油润，有开片，圈足内底有涩圈，中心有一圆点釉。碗内外壁口部压印有一周压印雷纹，内壁压印的是狩猎图案，其中有二人骑马持矛，一人徒步扛武器，追赶两只奔跑的梅花鹿。碗心压印一个圆圈，圈内有一只鹿，鹿背上有一个"江"字。通高 8.9、口径 17.4、足径 5.8 厘米（图版八一，图二二：3）。

图二二　东区十一号墓（DM11）、十二号墓（DM12）出土的随葬品

1. B 型壶　2. 青花缠枝菊花纹碗　3. 龙泉青釉碗　4. 托盏　5. 青花六出如意云头菊花纹盘　6. 铁环　7. 铁刀
8、9. 骨镞　10. 铁镞　11. 马镫　12. Ab 型粗胎瓷壶　　（1－11 出土于 XM11；12 出土于 XM12）

雀蓝釉瓷罐 1 件。

DM11：5，A 型，直口，圆唇，短颈，广肩，鼓腹，平底略内凹。胎质灰白坚致，罐身施雀蓝色釉，口沿与底无釉。通高 12.5、口径 8.4、底径 7.2 厘米（图版一九八）。

托盏 1 件。

DM11：13，器物较完整，有多道裂纹，胎质灰白细腻，不坚致，似经过火烧，釉已脱落，无法辨识何种釉质。器型规范，分两部分，上部是杯，直口，双扁状鸡冠耳，壁弧曲，平底与盘连为一体；下部为盘，平折沿外展，圆唇，壁微弧，大平底，光滑，内底略凸。通高 4，杯口径 4.6，托盘直径 14、底径 10.4 厘米（图版二〇一，图二二：4）。

铁器

镞1件，形制相同。

标本DM11：6，Bc型，通长15.5、宽3.4、厚0.2、铤长8厘米（图二二：10）。

马镫1副。

标本DM11：8，B型，镫桥孔顶端的穿孔为死口。穿孔和马镫桥为一体，锻造死口穿孔，镫踏板锈蚀较甚。通高15.4、镫孔宽13.8、踏板宽6厘米（图版二○四，图二二：11）。

环1件。

DM11：15，锻造，环铁截面为扁圆形。外径4、内径2.2、厚0.4厘米（图二二：6）。

刀1件。

DM11：9，A型，残，锻造，仅残存刀身和柄芯，锻造一体，弧形，较宽且短。残长13、宽2.5、厚0.7厘米（图二二：7）。

铜器

马鞍　DM11：11，木质，已残。外包有铜质装饰，锈蚀较甚，有半圆形、弧形、长条形等形状。部分装饰上有镂空的花纹，花纹形状多为菱形、半月形、三角形（图版二一二）。

骨器

均为镞，4件。

标本DM11：6，A型，柳叶形，通长7、宽0.9、厚0.7厘米（图二二：8）。

标本DM11：10，B型，通长9.6、宽1.2、厚0.6、铤长3厘米（图二二：9）。

石器

砺石1件。

DM11：12，长方形状，扁平，细长，一端略窄呈圆弧状，靠近端点的中间有一穿孔，另一端比较平直。长16.6、宽1.7、厚1厘米（图版二一九）。

第十二号墓

十二号墓（DM12）位于东区的西部，东侧是DM25，西侧是DM37，南面与DM5相邻，东北是DM42。DM12开口①层下，打破生土。

1. 形制与规格

DM12是一座长方形土坑竖穴墓，墓圹呈圆角长方形，长2.3、宽0.67、深0.52米。墓葬填土为五花土掺沙土。墓向266°（图二三）。

墓圹内有一木棺，朽烂，仅可以分辨棺底范围，棺底长2.2、宽0.62米。棺内人骨保存较完整，下颌骨有移位，可辨知是仰身直肢葬。

2. 随葬品

共2件。

（1）种类和数量

瓷器1件，琉璃器1件。

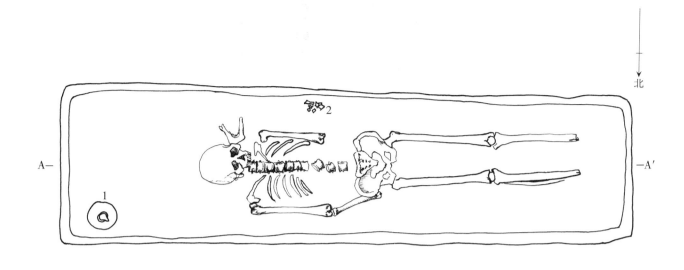

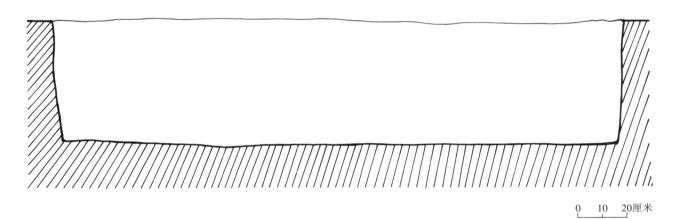

图二三　东区十二号墓（DM12）平剖面图

1. 酱釉粗瓷壶　2. 琉璃饰件

（2）出土位置

在人骨架的头骨顶部，出土有 1 件 Ba 型酱釉粗瓷小口罐，另外，在人骨的右上肢骨外侧靠近墓圹壁处出土有 1 件琉璃串珠饰件。

（3）器物形制分类介绍

瓷器

酱釉粗瓷壶 1 件。

DM12：1，Ab 型，不完整，口部有缺损一处，形制不周正，器身有多道横向明显凸棱，小口，筒形腹，平底。施酱釉，不到底，有挂釉的现象。通高 19.8、口径 4.2、底径 6.1 厘米（图版三四，图二二：1）。

琉璃器

串珠 1 件。

DM12：2，琉璃质，蓝色，算珠状。直径 0.8、孔径 0.1 厘米。

第十三号墓

十三号墓（DM13）位于东区中部偏北，西邻 DM11，东邻 DM19 和 DM15，北侧是 DM26，南侧稍远有 DM33。DM13 开口①层下，打破生土。

1. 形制与规格

DM13 是一座长方形土坑竖穴墓，墓圹为圆角长方形，长 2.65、宽 0.8、深 1 米。填土为五花土。墓向 280°（图二四）。

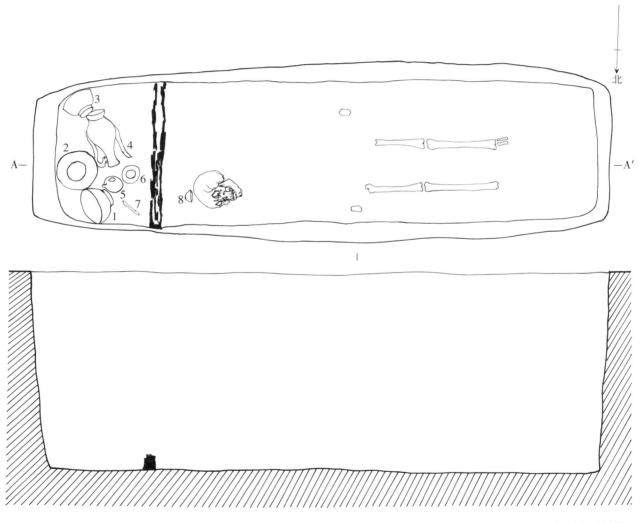

0　　10　　20 厘米

图二四　东区十三号墓（DM13）平剖面图

1. 青釉瓷碗　2. 青花葵口芦雁纹盘　3. 青花漩涡云气纹瓷碗　4. 白釉描金麟麟纹瓷执壶　5. 素三彩鸡嘴鼠尾瓷壶　6. 青花小瓷碗
7. 铜勺　8. 鎏金铜帽顶

墓圹内有棺底朽木痕迹，可知圹内原有一具木棺，现存棺底朽木长 2.5、宽 0.7 米。木棺内有一具人骨，保存不完整，仅残存头骨和下肢骨，可知是仰身直肢葬。头骨顶部上方可见用一横木隔成的头厢，头箱长 0.7、宽 0.5 米（图版六）。

2. 随葬品

共 9 件。

（1）种类和数量

瓷器 6 件，铜器 2 件，鎏金器 1 件，骨器 1 件。

（2）出土位置

随葬品多摆放于头厢内，出土有 1 件龙泉青瓷碗，1 件青花葵口芦雁纹瓷盘，1 件青花漩涡云气纹瓷碗，1 件白瓷麒麟描金纹高执壶，1 件三彩鸡首流鼠形柄瓜棱矮执壶，1 件青花缠枝蕃莲纹小瓷碗，1 件铜匙。另外，在死者头骨顶部出土有 1 件莲瓣纹鎏金帽顶，棺底还出土 1 件骨镞。

（3）器物形制分类介绍

瓷器 共 6 件

龙泉青釉碗 1 件。

DM13：1，完整，直口圆唇，深腹，腹弧弧曲，圈足较高，足内底较浅，挖足不过肩，且内底有坐烧的涩圈，仅中心有一圆点釉。胎质橙黄，厚重坚硬，釉色深绿，器表有细微的小开片。碗内壁口沿压印有一周连续回纹，其下有八仙图案，神采各异。碗心有一刻划的鹿纹图案。通高 10.3、口径 17.8、足径 6.7 厘米（图版八二，图二六：1、3）。

青花葵口芦雁纹盘 1 件。

DM13：2，Ab 型，较完整，口部有一破损，器型较规整，外壁有修胎不整的横向凸棱痕。敞口，菊瓣形，壁内弧曲，敛圈足。胎质白且细腻坚致，釉色白中泛青，较光亮，通体施釉欠均匀，外壁略粗糙且有多处坑点，圈足修整，无釉。盘心绘有双重青花圆圈，中间有一只张嘴昂首欲飞的芦雁，周围有三组芦苇图案相衬，构思精巧，布局生动，技法巧妙，有较高的艺术水准。青花发色淡雅，晕散适度。通高 4.4、口径 18.6、足径 10.8 厘米（图版一〇七，图二五：1）。

青花漩涡云气纹碗 1 件。

DM13：3，Ba 型，器物完整，器型较周正，敞口，侈沿，深腹，腹微弧收，圈足。胎质灰白，细腻坚致，釉色白中泛青，光亮润泽，施釉欠均匀，圈足足尖修整，有刀痕，足尖和圈足内底无釉。碗口施有一周米色釉，碗内底有一周涩圈。外壁三组漩涡云气纹，云气中间是一个大螺旋圆圈，四角有四个小螺旋圆圈，每组之间有带状云气相连。内沿绘有一道青花弦纹，底有双重青花圆圈，圈中写有一个简体的"福"字。青花发色浓艳，晕散适度。通高 6.8、口径 15.1、足径 6.2 厘米（图版一〇八，图二五：2）。

青花缠枝蕃莲纹小碗 1 件。

DM13：7，Ba 型，器物完整，器型不周正，敞口，深腹，腹壁斜直收，圈足。胎质灰白，细腻坚致，釉色白中闪青，颜色鲜艳明亮，施釉不匀，内壁有漏釉现象，圈足足尖修整，内底无釉。内壁口部有一不规整的弦纹，底心有两个双重青花圆圈，圆圈中间有一隶书"福"字，"福"字的左右两部分中间裂开，有露胎呈火红色。外壁口部一道弦纹，碗下部有两道弦纹，弦纹中间绘有三组写意心形蕃莲花以及缠枝花叶，足跟处有一道弦纹。青花发色艳丽，蓝色鲜亮，浓重处呈紫黑色。通高 4.8、口径 10、足径 4 厘米（图二六：2）。

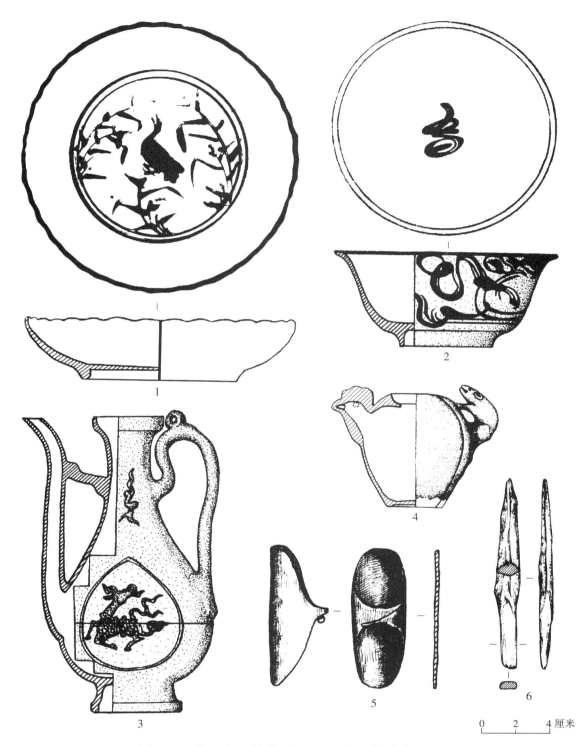

图二五　东区十三号墓（DM13）出土的随葬品（1）

1. 青花葵口芦雁纹盘　2. 青花漩涡云气纹碗　3. 白釉描金高执壶　4. 素三彩鸡首流鼠形柄瓜棱矮执壶

5. 铜指套　6. 骨镞

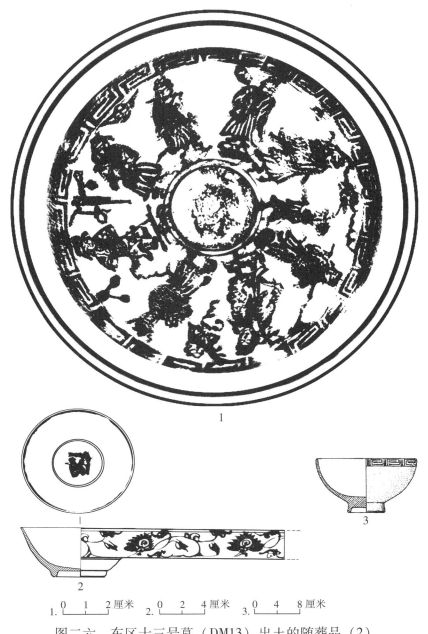

图二六 东区十三号墓（DM13）出土的随葬品（2）

1. 龙泉青釉瓷碗内图案 2. 青花缠枝蕃莲纹碗 3. 龙泉青釉瓷碗

白釉描金麒麟纹执壶1件。

DM13：4，Bb型，壶盖缺失，壶体完整，盘口，细颈，溜肩，心形扁腹略鼓，壶嘴较直，壶嘴上端有云形壶链连接；壶把弯曲，壶把的顶端有一圆形的梁鼻，腹中部有一道接胎痕，腹底部内收呈束状，下接圈足。胎质细腻，坚硬，釉色甜白晶亮。扁腹两侧各堆塑有一只麒麟，回首，飞奔貌，身披鳞甲，通体贴金，金光灿灿。造型生动，形态逼真。壶颈部也有堆塑的云形纹饰，纹饰同样贴金。通高20.5、口径5.2、足径6.8厘米（图版一七七，图二五：3）。

素三彩鸡首流鼠形柄瓜棱矮执壶1件。

DM13：5，B 型，壶盖缺失。壶体为六瓣瓜棱状，小子母口，鼓腹，腹下内收，平足，底微内凹。胎质细腻，白且坚致，釉色鲜明，施釉不满，釉不到底。腹上部塑有鸡首形流口和老鼠形把手，鸡首喙前部合拢，喙角对称开有圆孔成流，把手为鼠形，头向上，四角蹲踞，尾巴下垂，小巧精致，形态逼真，充满生活气息。壶身为绿釉，鸡首流和鼠把位黄釉，色彩十分鲜艳。通高 7.6、口径 2.2、足径 4.3 厘米（图版一九四，图二五：4）。

青花犀牛望月盘 1 件。

DM13：6，Aa 型，残，上部约有三分之一缺损，器型周正，敞口，微平沿，浅腹，矮圈足，足尖修整如脊状。胎质灰白，细腻坚致，釉色白中闪青，光亮油润，有开片和绣样斑点，口和足尖施米色釉。盘口有一周青花弦纹，盘心有双重青花圆圈，中间绘有一瑞兽，长鬃竖起，尾部高扬，肌肉团紧，奋力回头向上看，后上角一有弯月亮。周围有云朵和火焰纹饰。青花发色浓艳，深处近紫色。通高 5.2、口径 9.6、足径 3.8 厘米（图版一〇九）。

铜器共 2 件。

匙 1 件。

DM13：7，铸造，勺碗呈椭圆形，略残缺，勺柄弯曲呈窄条状，柄尾端略宽。通长 21.3 厘米，勺碗长径 8.6、短径 3 厘米（图版二一三）。

指套 1 件。

DM13：9，锻造，菱形铜片短轴弯曲成筒状，在对接处有两个铜丝相扣形成指套，指径为椭圆形。形制秀气，两端呈尖状。长 4.6 厘米，指径 1.3—1.9 厘米（图版二一三，图二五：5）。

鎏金器共 1 件。

鎏金铜莲花形帽顶 1 件。

DM13：8，莲瓣纹，鎏金，仰开莲花形座上饰有两道曲齿纹，底部内凹且有穿孔。器型小，制作精致，通体鎏金。直径 3.6、高 1.7 厘米（图版二一三）。

骨器共 1 件。

镞 1 件。

DM13：10，B 型，通长 12.8、宽 1.8、厚 1、铤长 5 厘米（图二五：6）。

第十四号墓

十四号墓（DM14）位于东区的东部，北侧紧邻 DM15，东北侧是 DM16，南侧没有紧邻墓葬，西南面稍远是 DM33 和 DM30。DM14 开口①层下，打破生土。

1. 形制与规格

DM14 为长方形土坑竖穴墓，形制小，墓圹为圆角长方形，长 1.3、宽 0.5、深 0.2 米，填土为沙土和五花土。墓向 280°（图二七）。

圹内仅见有木棺的朽木痕迹，棺木大小形制不清楚。没有发现人骨。

2. 随葬品

没有发现任何随葬品。

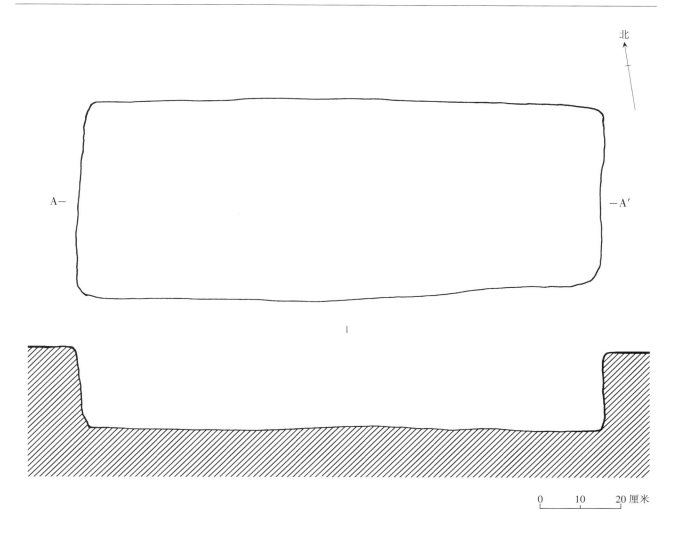

北

A—　　　　　　　　　　　　　　　—A′

0　　10　　20 厘米

图二七　东区十四号墓（DM14）平剖面图

第十五号墓

十五号墓（DM15）位于东区的东侧偏北，南邻 DM14，北邻 DM17，东北邻 DM16，西侧没有紧邻墓葬。DM15 开口①层下，打破生土。

1. 形制和规格

DM15 是长方形土坑竖穴墓，墓圹呈圆角长方形，长 2.25、宽 0.8、深 0.35 米，填土为五花土和沙土。墓向 280°（图二八）。

墓圹底部发现有棺木朽木痕迹，可知圹内有一具木棺，朽木范围长 1.82、宽 0.76 米，圹底有一具人骨，但保存不完整，仅残存有盆骨和下肢骨，可判断为仰身直肢葬。棺首前有一个二层台，长 0.46、宽 0.76、高 0.25 米，略高于墓底，应为头箱。

2. 随葬品

共 3 件。

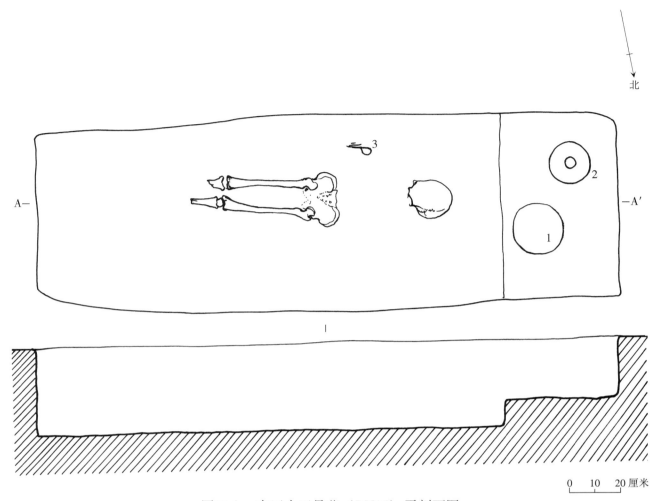

图二八　东区十五号墓（DM15）平剖面图
1. 青花缠枝菊花纹瓷碗　2. 绿釉粗胎瓷壶　3. 铁剪

（1）种类和数量

瓷器 2 件，铁器 1 件。

（2）出土位置

随葬品多放置于头箱内，出土有 1 件青花缠枝菊花纹瓷碗，1 件绿釉粗瓷壶。另外，人骨盆骨左侧出土有一把残铁剪刀。

（3）器物形制分类介绍

瓷器

青花缠枝菊花纹碗 1 件。

DM15:1，Ba 型，较完整，口部有两处破损。侈口外撇，碗外壁弧曲微下垂，圈足略高。胎质白且细腻，釉色泛青不匀，可见有石粒斑点，圈足有釉裂，足内底无釉。碗内沿施有两道弦纹，内心有一圆圈，圈内绘有一朵菊花，外壁绘有五朵菊花和枝叶，菊花的边线用重笔勾描，圈足上有一道弦纹。通高 7.8、口径 17.5、足径 6.9 厘米（图版一一〇，图二九:1）。

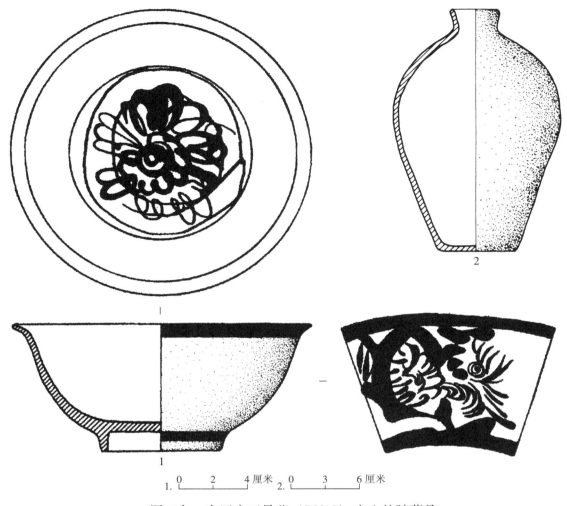

图二九　东区十五号墓（DM15）出土的随葬品
1. 青花缠枝菊花纹碗　2. Aa 型粗胎瓷壶

绿釉粗胎瓷壶 1 件。

DM15：2，Aa 型，不完整，口部有缺损，腹部最大径上移至近肩部，下腹壁内收，口径小于底径。胎质黄白坚硬，褐绿色釉，无光泽，釉面有沙粒。器身半釉，器底无釉。通高 22.4、口径 4.3、底径 7.3 厘米（图版三五，图二九：2）。

铁器

剪 1 件。

DM15：3，残，形制与现代剪刀一致，残长 10 厘米。

第十六号墓

十六号墓（DM16）位于东区东部，几近东区的边缘，其东侧是 DM34，西侧是 DM17，南北方向没有相邻墓葬。DM16 开口①层下，打破生土。

1. 形制和规格

DM16 为长方形土坑竖穴墓，墓圹呈圆角长方形，长 2.2、宽 0.7、深 0.4 米。填土表层有 5 厘米厚的黄沙土，下为五花土，墓葬东部的南侧填土中有马牙。墓向 290°（图三○）。

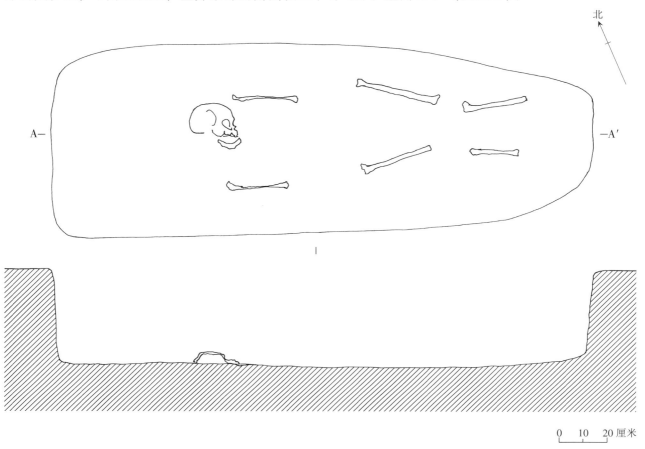

图三○　东区十六号墓（DM16）平剖面图

墓圹底部发现有棺木朽烂痕迹，可知墓内有一具木棺，朽甚。人骨保存不好，仅有头骨和部分肢骨，可知为仰身直肢葬。

2. 随葬品

不见任何随葬品。

第十七号墓

十七号墓（DM17）位于东区的东部，东侧与 DM16 相邻，南侧是 DM15，北侧是 DM18 和 DM19，西侧稍远是 DM13。DM17 开口①层下，打破生土。

1. 形制和规格

DM17 是一座长方形土坑竖穴墓，墓圹呈圆角长方形，土坑竖穴，圹长 1.9、宽 0.47、深 0.2 米。填土表层有 5 厘米厚的沙土，下为五花土，墓葬中部填土中有马的牙齿。墓向 260°（图三一）。

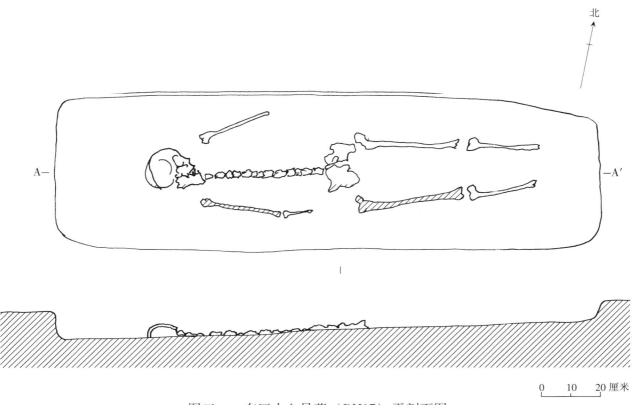

图三一 东区十七号墓（DM17）平剖面图

圹内有棺木朽烂的痕迹，无法辨识棺木大小，人骨大部分保存尚好，可以看出是仰身直肢葬（图版七）。

2. 随葬品

没有发现随葬品。

第十八号墓

十八号墓位于墓地东区的东北部，其西紧邻 DM19，西北相邻 DM20 和 DM27，南侧是 DM17，东边没有墓葬分布。DM18 开口①层下，打破生土。

1. 形制与规格

DM18 为长方形土坑竖穴墓，墓圹呈圆角长方形，土坑竖穴，圹长 2.02、宽 0.6、深 0.57 米。填土表层有 6 厘米厚的沙土，下为五花土。墓向 250°（图三二）。

圹内底部有棺木朽烂痕迹，可知内有一具木棺，棺底范围长 1.98、宽 0.56 米。棺内有一具人骨，保存不完整，仅头骨和下肢骨保存较好，肋骨和盆骨已经缺失。可确定为仰身直肢葬。

2. 随葬品

共 20 件

（1）种类和数量

瓷器 1 件，铁器 5 件，铜器 1 件，骨器 12 件，琉璃器 1 件。

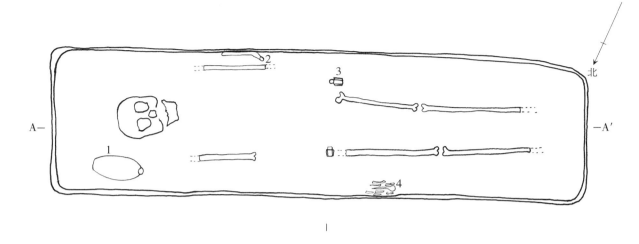

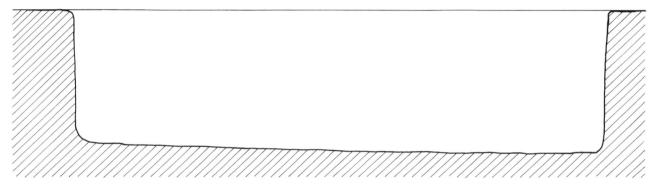

图三二　东区十八号墓（DM18）平剖面图
1. 黑釉粗瓷壶　2. 铁镰　3. 铜带扣　4. 铁镞、骨镞

（2）出土位置

随葬品均出土于棺内，在头骨顶部左侧出土有1件黑釉粗瓷壶，右上肢骨外侧靠近棺壁处出土有1把铁镰。右股骨头附近出土有1件铜带扣和1件玉珠。左股骨外侧靠近棺壁出土有4件铁镞，12件骨镞。

（3）器物形制分类介绍

瓷器

黑釉粗瓷壶1件。

DM18：1，B型，不完整，口部残缺，器型欠规整，束颈，广肩，筒形腹，圈足，胎质坚致，粗糙，通身施黑色釉，釉色光亮，圈足足尖无釉。残高18.3厘米，口残，底径9厘米（图版三六，图三三：1）。

铁器

镰1件。

DM18：2，B型，锻制，器身直，背稍有外弧曲。镰尾内转变细成柄，柄梢锻成圆环。残长16、宽2.5、背厚0.5厘米（图三三：5）。

镞4件。

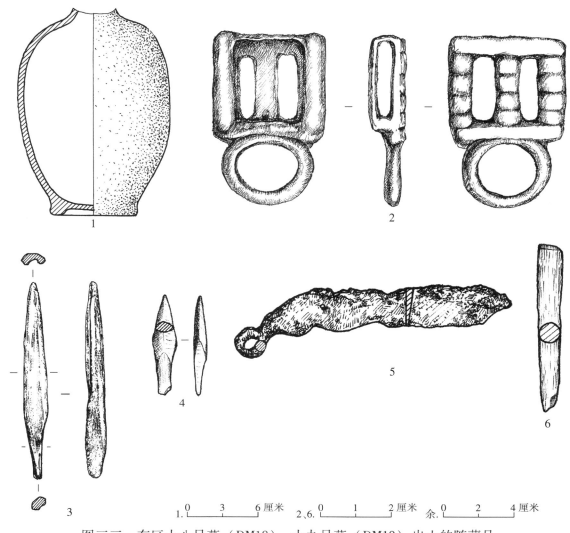

图三三 东区十八号墓（DM18）、十九号墓（DM19）出土的随葬品

1. B 型粗胎瓷壶 2. 铜带饰 3. A 型骨镞 4. B 型骨镞 5. 铁镰
6. 玉柄 （1 – 5 出土于 DM18；6 出土于 DM19）

DM18：4—7，形制相同，锻造，铲形镞首，镞首厚重，镞身长呈扁平柱状，铤比较短，为圆柱或四棱柱状，尾部呈圆锥形。通长 11.2、宽 1.4、厚 0.3、铤长 3 厘米。

铜器

带饰 1 件。

DM18：3，A 型，呈长方形。正面上下有两道凸棱，中间饰有三条竖向串珠纹饰，出土时穿鼻内穿有皮带，下部为一较大的圆环。长 5、宽 3.4、厚 1.0 厘米（图版二一五，图三三：2）。

骨器

均为镞，12 件。

标本 DM18：12，A 型，通长 9.4、宽 1、厚 1.2、铤长 2.4 厘米（图三三：3）。

标本 DM18：11，B 型，通长 7.8、宽 1.5、厚 1、铤长 2 厘米（图三三：4）。

琉璃器

串珠 1 件。

DM18：8，扁圆形，素面，蓝色，中有一穿孔。直径 1.2、高 0.5、孔径 0.2 厘米（图版二二五）。

第十九号墓

十九号墓（DM19）位于东区的东北部，东侧与 DM18 相邻，北侧与 DM20 相邻，西侧是 DM13，南侧有 DM15 和 DM17。DM19 开口①层下，打破生土。

1. 形制和规格

DM19 是长方形土坑竖穴墓，墓圹为圆角长方形，长 1.81、宽 0.68、深 0.53 米。填土表层有 2 厘米厚的沙土，下为五花土。墓向 244°（图三四）。

图三四　东区十九号墓（DM19）平剖面图

墓圹内有木棺朽烂痕迹，残存棺底范围长 1.79、宽 0.65 米。墓底有一具人骨，保存不好，只存有头骨、少部肋骨和两个下肢骨。可以辨知是仰身直肢葬。

2. 随葬品

共 4 件。

（1）种类和数量

铜器 1 件，玉器 1 件，琉璃器 2 件，贝饰 1 件。

（2）出土位置

随葬品遗物较少，放置零散，在死者头骨顶部出土有 1 件贝壳饰件，腰部旁边出土了 1 件铜手镯、1 只琉璃扣饰和 1 件白色玉柄。

（3）器物形制分类介绍

铜器

手镯 1 件。

DM19：2，残，仅圆环一半，弧形，扁片状，两端平直，近端头处各有一圆形穿孔。通长 5.5、宽 0.4 厘米（图版二一四）。

玉器

柄 1 件。

DM19：4，已残，白色泛蓝，圆柱状，一端细，另一端粗。残长 5、细径 0.4、粗径 0.6 厘米（图三三：6）。

琉璃器

扣饰 2 件。

DM19：3，圆球形纽扣状，上部是圆形穿孔状纽，下部为球形实心扣。高 0.9、直径 0.6 厘米。

贝壳饰件

串饰 1 件。

DM19：1，有一穿孔，形状以贝壳原形为主，贝壳稍加工成装饰物，长径 2.7、短径 2.1、孔径 0.1 厘米。

第二十号墓

二十号墓（DM20）位于东区的东北角，墓圹东北角被 DM27 打破。北面是 DM21，东南是 DM19，西侧相邻的是 DM26。DM20 开口①层下，打破生土。

1. 形制和规格

DM20 为长方形土坑竖穴墓，墓圹为圆角长方形，长 2.25、宽 0.7、深 0.4 米。墓葬填土均为五花土，棺首的填土中有马牙和马骨。墓向 275°（图三五）。

圹内有一木棺，朽甚，仅见朽木棺底，棺底长 2.2、宽 0.66 米。棺内人骨保存不完整，仅残存头骨，其他肢骨腐烂殆尽，葬式不明。

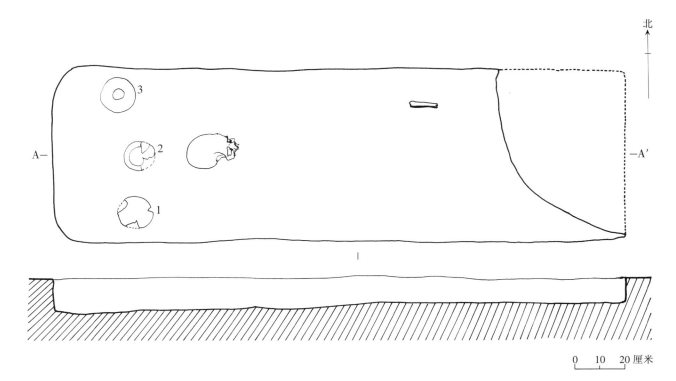

图三五　东区二十号墓（DM20）平剖面图
1. 青花缠枝菊花纹瓷碗　2. 青花漩涡云气纹瓷碗　3. 灰陶罐

2. 随葬品

共 4 件。

（1）种类和数量

瓷器 2 件，陶器 1 件，铜器 1 件。

（2）出土位置

陶瓷器均摆放在棺内头骨顶部，出土有 1 件青花缠枝菊花纹瓷碗，1 件青花漩涡云气纹瓷碗，1 件灰陶罐。另外，在棺内东南角位置出土有 1 件铜箍饰件。

（3）器物形制分类介绍

瓷器

青花缠枝菊花纹碗 1 件。

DM20：1，Ba 型，器物不甚完整，口部有一处缺损，器身有五处裂纹。器型不规整，敞口，侈沿，圆唇，深腹，腹壁弧内收，圈足微敛。胎质灰白，细密坚致，釉色白中泛青，柔润光泽，施釉不均，靠近底部有釉质堆积和漏釉的现象，为坑样斑点，足尖修整，无釉。碗内壁口沿处有两道青花弦纹，主题花纹以菊花和缠枝花叶为主。碗心绘有双重青花圆圈，圈中绘有一朵菊花，后在其上绘一粗圆圈，里会五个同向莲瓣状纹。外壁口沿下施有一道弦纹，下有五朵菊花以及草叶纹，菊花边有齿状纹，为写意画法，密布器身。青花发色淡雅，晕散适宜。通高 7.8、口径 18.5、足径 7 厘米（图版一一一，图三六：2）。

青花漩涡云气纹碗 1 件。

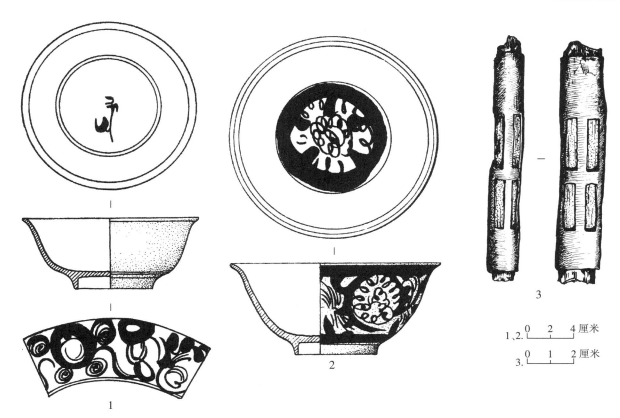

图三六　东区二十号墓（DM20）出土的随葬品
1. 青花漩涡云气纹碗　2. 青花缠枝菊花纹碗　3. 铜饰件

DM20：2，Ba 型，器物较完整，器壁有三条细的裂纹，形制不规整，敞口，侈沿，深腹，腹壁斜内收，圈足。胎质灰黄粗糙，细密坚致，釉色泛青不光亮润泽，施釉不匀，有坑点漏釉现象和铁锈样斑点痕，碗口施有一周米色釉，圈足内底无釉，有火石红痕。碗内口沿处有一周青花弦纹，内底绘有双重青花圆圈，中有一青花变体"福"字。外壁三组漩涡云气纹，每组为中间一个大圆，四角是四个小圆，均为螺旋形，每组周围有带状云气纹。青花发色暗淡，晕散适度。通高 6.2、口径 1.5、足径 6.3 厘米（图版一一二，图三六：1）。

陶器

罐 1 件。

DM20：3，器物较完整，泥质灰陶，素面，轮制，形制规整，侈口，圆唇，束颈，广肩，直腹，腹壁下部内收，平底。通高 17.8、口径 10.8、底径 12 厘米。

铜器

饰件 1 件。

DM20：4，长筒圆箍形，器身上有四个长方形镂孔，形成十字状，包裹在木器上。通长 10.6、直径 2 厘米（图版二一○，图三六：3）。

第二十一号墓

二十一号墓（DM21）位于东区的东北部，东南侧紧邻 DM20 和 DM27，西南毗邻 DM26，北侧是 DM28。DM21 开口①层下，打破生土。

1. 形制和规格

墓圹圆角长方形，土坑竖穴，圹长 2.4、宽 0.84、深 0.77 米。填土表层是 10 厘米厚的沙土，其下面是五花土。墓向 271°（图三七）。

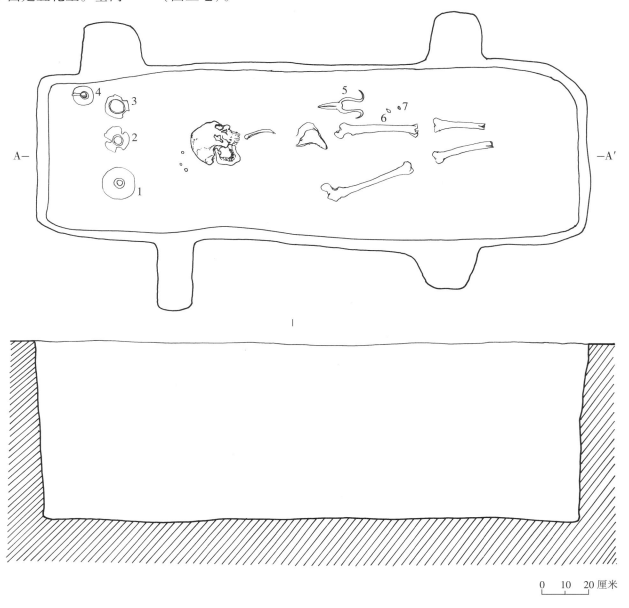

0   10   20 厘米

图三七　东区二十一号墓（DM21）平剖面图
1. 绿釉粗瓷壶　2. 青花莲花纹碗　3. 青花漩涡云气纹碗　4. 青花执壶　5. 铁剪　6. 琉璃坠　7. 饰件　8. 圆形饰件

墓圹口南北壁上方各有两个豁槽，两两对称，深度相等，均为0.3米。北壁东边第一个豁槽与墓圹东端相距0.45米，长0.25、宽0.2米。第二个豁槽距第一个豁槽1米，长0.35、宽0.2米。南壁东数第一个豁槽距墓圹的东端0.5米，长0.25、宽0.25米，第二个豁槽距第一个1.25米，长0.3、宽0.25米。

墓圹内发现有木棺朽木痕迹，可以判定有一具木棺，棺底长2.25、宽0.8米。棺内人骨保存不完整，仅有头骨和下肢骨以及零星盆骨碎片，可辨知是仰身直肢葬。

2. 随葬品

共10件。

（1）种类和数量

瓷器4件，铁器1件，琉璃器5件。

（2）出土位置

瓷器并排放于棺内头骨顶部，出土有1件B型绿釉粗瓷小口瓶，1件青花漩涡云气纹瓷碗，1件青花莲花纹大碗，1件残青花高领"一把莲"纹执壶，在头骨周围散布有3个圆形琉璃串珠。右股骨和盆骨旁有1件铁剪，铁剪下有1件琉璃坠和1琉璃饰件。

（3）器物形制分类介绍

瓷器

绿釉粗瓷壶1件。

DM21：1，Ab型，完整，器型较周正，撇口，短直颈略粗，广肩，敛腹，圈足较高并外撇。胎质灰白坚致，施绿色搅胎釉，略有脱釉，有光泽，施釉不到底，有挂釉的现象，圈足内底无釉。肩部和腹下部各有两道凹弦纹。通高20.7、口径5.4、底径7.8厘米（图三八：2）。

青花莲花纹碗1件。

DM21：2，Ba型，器物不甚完整，口部有两处较大缺损，器身有多条裂纹。器型极不周正，敞口，侈沿，深腹，腹壁弧曲，圈足。胎质白且细密坚致，釉色白中闪青，光亮润泽，圈足有修整，无釉。碗内壁口沿处有两道青花弦纹，碗心绘有双重青花圆圈，中间是莲花、莲蓬以及荷叶图案。碗外壁也绘有四组莲花、莲蓬、荷叶、水草图案。青花颜色用于做底子，所有纹饰图案均是以漏白的方法绘成。青花发色淡雅，晕散适度。圈足上有两道弦纹。通高7.9、口径21.5、足径8.4厘米（图版一一三）。

青花漩涡云气纹碗1件。

DM21：3，Ba型，器物较完整，口部有一处缺损，器壁有两道裂纹。器型不周正，敞口，侈沿，圆唇，深腹，腹壁弧曲内收，圈足微敛。胎质灰白，细腻坚致，釉色青灰，有光泽，碗口施有一周米色釉，施釉不匀，有釉裂和坑点现象，圈足足尖修整，足尖和足内底无釉。碗内壁口沿处有一周青花弦纹，内底心有两重青花圆圈，圈内有一青花变体的"福"字。外壁口沿下饰有一道青花弦纹，壁上有三组漩涡云气纹，每组一大四小，大居其中，四角为小，云圈缠绕，云气缭绕，意境突出，近底部有两道青花弦纹。青花发色灰暗，晕散较好。通高6.4、口径14.7、足径5.5厘米（图版一一四，图三八：3）。

青花高领"一束莲"纹执壶1件。

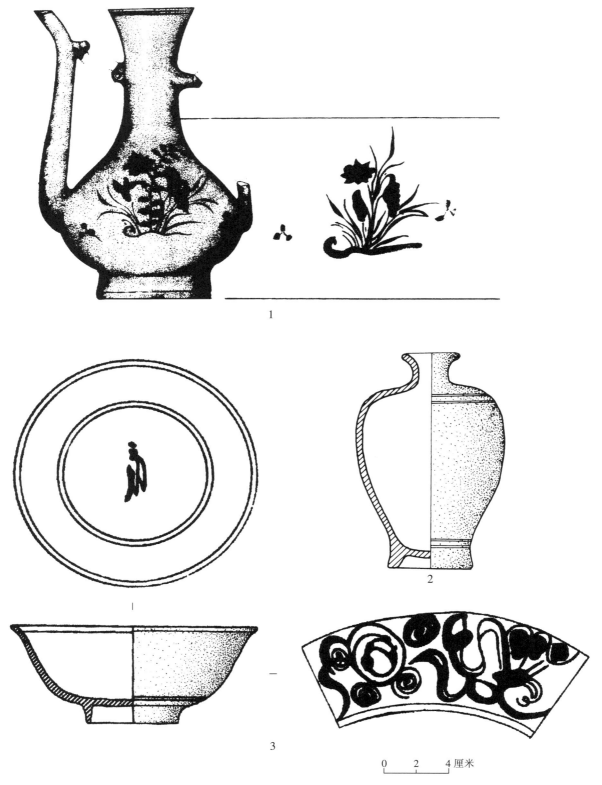

图三八　东区二十一号墓（DM21）出土的随葬品

1. 青花高领"一束莲"执壶　2. Ab 型粗胎瓷壶　3. 青花漩涡云气纹碗

DM21：4，B 型，器物不甚完整，流残断修复，壶把缺损，器身有很长的裂纹，口部有磕碰痕。器型规整，喇叭形敞口，尖唇，细长颈，长流，垂腹，圈足。胎质白，细腻且坚致，釉色泛青，光亮润泽，足和底无釉。壶腹部正面绘有一支莲花和莲蓬、配以茨菰、红蓼、香蒲等水生植物图案，反面绘有一束莲花，配以一片荷叶、蒲草等水生植物，画工精致。青花发色雅致，晕散轻。通高 18.5、口径 5.4、底径 6.8 厘米（图版一一五，图三八：1）。

铁器

剪 1 件。

DM21：5，锻造，锈蚀较甚。剪口与剪把的长度大致相等，形状与现代的剪刀相同，通长 20.3、剪口长 10.6 厘米。

琉璃器

葡萄坠饰 1 件。

DM21：6，葡萄形，叶子在上，果实在下，叶子和果实间有一穿孔，长 2.3、宽 1.5、厚 0.5、孔径 0.1 厘米。

纽扣 1 件。

DM21：7，圆球形纽扣，主要特征为上部是圆形穿孔状钮，下部为球形实心扣。通高 1、直径 0.6 厘米。

串珠 3 件。

DM21：8—10，蓝色，球形，中有一孔。直径 0.8、孔径 0.1 厘米。

第二十二号墓

二十二号墓（DM22）位于东区的东南部，其东侧相邻的是 DM29，北侧是 DM30，西侧是 DM32，南侧是 DM23。DM22 开口①层下，打破生土。

1. 形制和规格

DM22 是长方形土坑竖穴墓，墓圹呈圆角长方形，长 1.85、宽 0.56—0.66、深 0.25 米，填土为五花土。墓向 280°（图三九）。

圹内有木棺朽烂痕迹，残存棺底范围长 1.4、宽 0.6 米。棺内人骨保存不好，除有一个头骨外，不见其他肢骨，头骨位于棺首中部偏上。棺首上方有二层台，形成头箱格式，头箱长 0.67、宽 0.45、高 0.14 米。

2. 随葬品

共 8 件。

（1）种类和数量

瓷器 2 件，铁器 3 件，铜器 1 件，骨器 1 件。

（2）出土位置

瓷器摆放于台上，出土有 1 件孔雀蓝釉花卉纹小碟和 1 件青花葵口舞狮纹瓷盘，小碟置于大盘之中。另外，棺尾南壁下方出土有 1 件铁镞，1 件 A 型骨镞，2 件铁环，1 件铜动物形饰件。在棺尾北

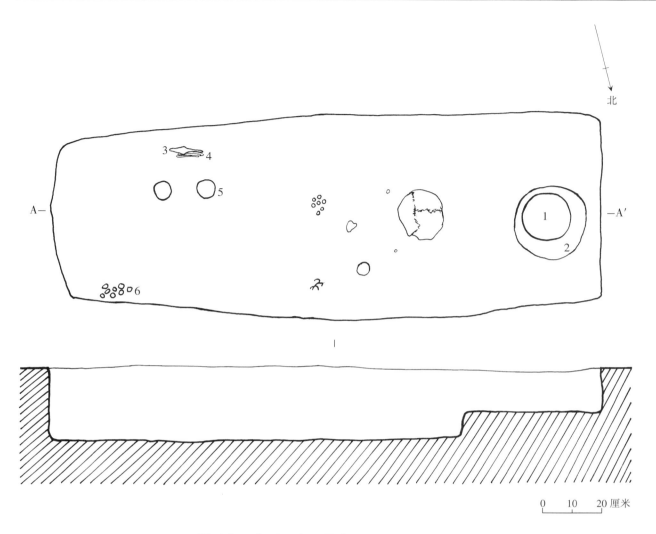

图三九　东区二十二号墓（DM22）平剖面图

1. 雀蓝釉瓷盘　2. 青花葵口舞狮纹瓷盘　3. 骨镞　4. 铁镞　5. 铁环　6. 羊距骨

壁下方出土有 8 个羊距骨。

（3）器物形制分类介绍

瓷器

雀蓝釉花卉纹小碟 1 件。

DM22：1，完整，器型不周正，敞口，撇沿，圆唇，壁微弧，圈足。胎质灰白，细腻坚致，施孔雀兰釉，盘内满釉，器身外壁挂半釉，足部无釉，釉色不匀且不光亮，有多处斑点。内壁口沿处绘有黄色双弦纹，碟心有一周黄色圆圈，圈内印有一朵牡丹花卉。通高 2.6、口径 12.5、足径 7 厘米（图版一九九）。

青花葵口舞狮纹盘 1 件。

DM22：2，Aa 型，不完整，口部有一处缺损，器身有一裂纹，形制规整，器体略显厚重，敞口，平折沿，口沿葵花形状，壁斜直，圈足。胎质灰白且坚硬，釉色白中泛青，盘内是青花釉，盘外壁是龙泉青绿釉,光亮润泽,圈足内底无釉。盘口绘有两道弦纹和连续漩涡纹组合纹饰。盘底是一周漩涡纹和双重青花圆圈组合纹饰,正中间绘有一个舞狮,头两侧各有一飘带。外壁器表压印有菊瓣纹饰。圈足内倾,足尖修整圆弧状,内底有火石红痕。通高 4.2、口径 20、足径 10.2 厘米(图版一一六,图四○:1)。

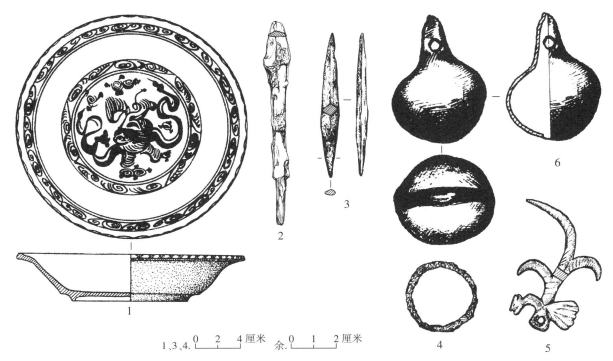

图四○　东区二十二号墓(DM22)、二十三号墓(DM23)出土的随葬品
1. 青花葵口舞狮纹盘　2. 铁镞　3. 骨镞　4. 铁环　5. 铜鸟形饰件　6. 铜铃(1-5 出土于 DM22;6 出土于 DM23)

铁器

镞 1 件。

DM22:4,A 型,1 件,铤略残。蛇头形镞首,残长 9、宽 1.2、厚 0.4 厘米,铤残长 2.3 厘米(图四○:2)。

环 2 件。

DM22:5、6,锻造,环状,截面为扁圆形。外径 6.5、内径 5.5、厚 0.4 厘米(图四○:4)。

铜器

鸟形饰件 1 件。

DM22:7,似凤凰形,头顶高冠作飞舞样,形象生动别致,抽象夸张。最长 6、高 3.8 厘米(图版二一一,图四○:5)。

骨器

镞 1 件。

DM22:3,A 型,通长 12.7、宽 1.5、厚 1 厘米(图四○:3)。

第二十三号墓

二十三号墓（DM23）位于东区的南部偏东，西侧是 DM24，南侧是 DM41，东北侧是 DM22，东侧没有墓葬分布。DM23 开口①层下，打破生土。

1. 形制和规格

DM23 为长方形土坑竖穴墓，墓圹呈圆角长方形，长 2.15、宽 0.65、深 0.33 米。填土表层 5 厘米厚是黄沙土，下为五花土。墓葬填土中出土有马牙。墓向 235°（图四一）。

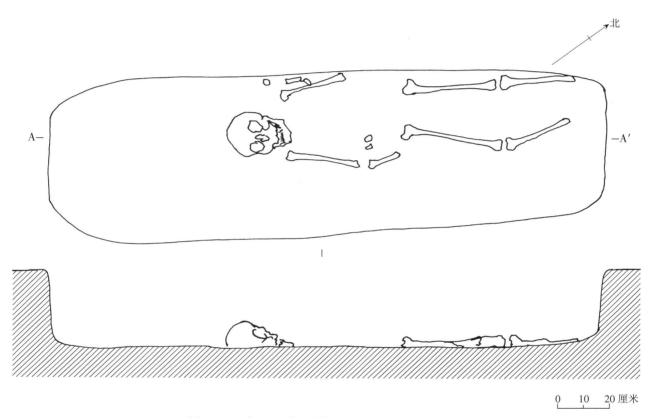

图四一　东区二十三号墓（DM23）平剖面图

墓圹内有一具木棺，朽甚，棺底范围长 2.1、宽 0.6 米。棺内人骨比较保存完整，可知道为仰身直肢葬。

2. 随葬品

共 6 件

（1）种类和数量

铁器 5 件，铜器 1 件。

（2）出土位置

出土遗物较少，仅在人骨的左上肢骨外侧出土有 5 件铁镞，人骨的右上肢骨内侧出土有 1 件小铜铃。

（3）器物形制分类介绍

铁器

均为镞，形制一样，5 件。

标本 DM23：1，锻造，镞首铲状，镞身长，铤比较短，为圆柱形，尾部呈圆锥形。通长 11.3、宽 1.9、厚 0.4、铤长 3.3 厘米。

铜器

铃 1 件。

DM23：2，外观呈圆球形，顶部有一鼻，鼻上有一横穿孔，球体外壁有长方形镂孔，内有小球。通长 2.9、球径 2.1 厘米（图版二一四，图四〇：6）。

第二十四号墓

二十四号墓（DM24）位于东区的南面，东邻 DM23，东南邻 DM41，北面是 DM35，西南是 DM39。DM24 开口①层下，打破生土。

1. 形制和规格

DM24 是长方形土坑竖穴墓，墓圹为圆角近长方形，土坑竖穴，圹长 2.2、宽 0.45—0.9、深 0.69 米。填土表层是 8 厘米厚的黄沙土，下面是五花土并杂有大量的红烧土。墓向 270°（图四二）。

墓圹内有木棺腐烂的痕迹，可知有一具木棺，保留的棺底范围长 1.75、宽 0.4—0.85 米，棺内有一具人骨架，保存不好，残留部分肢骨和头骨，仰身直肢葬。棺首前方有一头厢，长 0.85、宽 0.5 米。

2. 随葬品

共 34 件

（1）种类和数量

瓷器 6 件，陶器 1 件，铁器 17 件，骨器 10 件。

（2）出土位置

陶瓷器均摆放于头箱内。厢内出土有 1 件黑釉粗瓷小口罐，1 件五彩鲤鱼蕃莲纹瓷碗，1 件青花寿山石菊花纹瓷盘，1 件五彩牡丹蕃莲纹瓷盘，1 件龙泉青瓷碗，1 件梅花纹高足青花瓷杯，1 件泥质灰陶罐。另外，在棺内人骨左侧股骨与棺壁之间出土有 1 件铁饰件，饰件下方出土有 10 件骨镞，14 件铁镞，1 件 A 型铁锤，1 件 C 型铁镰和 1 件砺石。

（3）器物形制分类介绍

瓷器

酱釉粗瓷壶 1 件。

DM24：1，Ab 型，小盘口，沿外展，短直径，广肩，斜腹微弧渐内收，矮圈足，凹底。较完整，口部稍有缺损，器身有裂纹，中部有对称铜钉。胎质粗且坚致，器表有接胎痕。施黑色釉，杂有酱

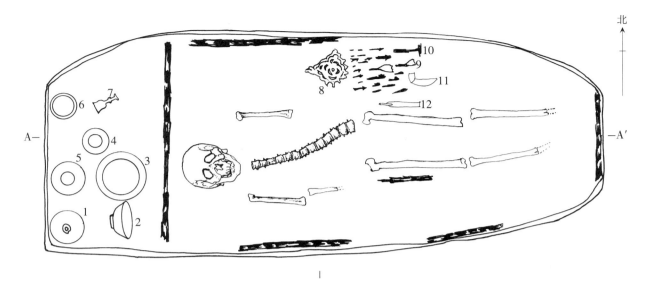

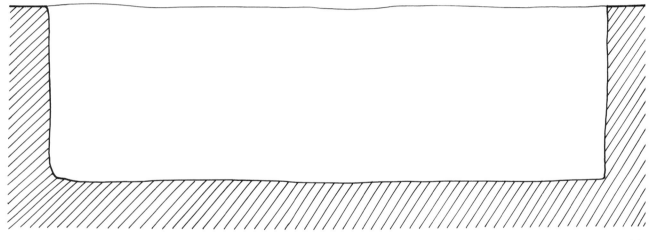

图四二　东区二十四号墓（DM24）平剖面图

1. 酱釉粗胎瓷壶　2. 红绿彩鲤鱼蕃莲纹瓷碗　3. 青花寿山石纹瓷盘　4. 红绿彩牧丹蕃莲纹瓷盘　5. 青釉瓷碗　6. 灰陶罐　7. 高足杯
8. 铁饰件　9. 铁镞　10. 铁锤　11. 铁镰　12. 砺石

釉，釉不到底，器底无釉。通高20.2、口径4.4、底径8.8厘米（图版三七，图四三：2）。

龙泉青釉碗1件。

DM24：5，器物完整，直口，圆唇，深腹，腹壁弧曲，圈足，挖足不过肩。器型不周正，胎质粗糙厚重呈酱红色，施釉厚，呈青绿色，釉表有稀疏开片，圈足内底无釉，外壁有一处粘沙。内壁碗口有压印一周的雷纹图案，器壁压印主题图案是在一株老槐树下，顺时针依次有五人，一人手提鲤鱼，一人手持刨镐，一人怀抱婴孩，一人手捧银锭，一人坐于树下的案前。碗心有一篆书"陶"字。通高8、口径13.9、足径5.3厘米（图版八三，图四三：3）。

红绿彩鲤鱼蕃莲纹瓷碗1件。

图四三 东区二十四号墓（DM24）出土的随葬品（1）

1. 青花梅花纹高足杯 2. Ab 型粗胎瓷壶 3. 龙泉青釉瓷碗 4. 红绿彩鲤鱼蕃莲纹碗 5. 青花寿山石菊花纹盘 6. 红绿彩牡丹蕃莲纹瓷盘

DM24：2，器物完整，口沿有轻微碰损，器壁有几条细的裂纹。器型不规整，侈口，圆唇，深曲腹，圈足。胎质洁白坚致，釉色白且光泽，足尖无釉且有粘沙现象。碗内壁口沿绘有双道红彩弦纹，弦纹间有连续组合三角纹装饰，其下内壁绘有两组红绿彩缠枝蕃莲纹花卉图案，中间有红绿彩绘十字花朵相隔，蕃莲为红彩，枝叶为绿彩填充，红彩勾出边框绘制。碗内中心部分外围绘有双重红彩弦纹，其内绘有鲤鱼水波图案，鲤鱼眼睛突出明显，尾部下摆，通身红色彩绘，水波和浪花图案为绿彩，红彩勾勒边框。碗外壁上部口沿处有一组双道红彩弦纹，下部近圈足处有二组双道红彩弦纹，中间有五组蕃莲缠枝纹饰，蕃莲和枝叶轮廓为红彩，叶中心填绿彩，布满整个外壁。通高7.6、口径18、足径7.8厘米（图版一八六，图四三：4）。

红绿彩牡丹蕃莲纹瓷盘1件。

DM24：4，完整，口有一处小的裂纹，器型欠周正，敞口，平沿外展，圆唇，腹壁微弧内收，矮圈足，足尖修整无釉。釉色白，有光泽，胎质细腻坚致，器型欠规整。盘内壁口沿处绘有朱红彩弦纹，下绘五朵十字云朵图案，中心呈圆形为绿彩，十字为红彩。盘心有三重红色圆圈，圈中间绘有一朵红彩牡丹花和绿彩枝叶，枝叶轮廓为红彩勾勒。盘外壁绘五朵缠枝蕃莲图案，花朵为红彩，花心为黄彩，叶为绿彩，圈足外绘有两道红彩弦纹。红绿彩相辉映，热烈喜气。通高3.2、口径15.2、底径8.6厘米（图版一八七，图四三：6）。

青花寿山石菊花纹盘1件。

DM24：3，Ab型，完整，口有一道裂纹，器型不周正，方唇，敞口，浅腹，弧壁，矮圈足内敛。胎质灰白，细腻坚致，釉色白中泛青，光亮润泽，盘内壁绘有三道弦纹，等距绘有五朵菊花，填绘点样写意花叶，较密分布。盘底双重青花圆圈，中央绘有一矗立的寿山石，立石左右各有两朵菊花，花间各有三道缠枝连缀，空白处用点叶纹饰填充。外壁口沿下绘有两道弦纹，器身等距绘五朵菊花花骨朵以及缠枝花叶，花叶呈四角尖状，状似飞鸟，近底部还有两道弦纹。青花发色浓艳，晕散较重。通高4.2、口径20.2、足径12.7厘米（图版一一七，图四三：5）。

青花梅花纹高足杯1件。

DM24：7，A型，器物完整，口有磕碰痕。器型不周正，敞口，尖唇，深腹，腹下有节，喇叭状高圈足。胎质洁白坚致，壁薄，釉色白中泛青，施釉有铁锈晶斑，圈足足尖修整无釉，有火石红痕。杯内壁无图案，洁白晶莹。外壁口沿下绘有一道弦纹，下绘四组相连的空心梅花图案，杯体下部有两道弦纹，高足上绘有蕉叶片纹，叶尖朝下，近足底处有两道弦纹。青花发色灰暗，浓重处紫黑。通高9.5、口径7、足底径3.7厘米（图版一一八，图四三：1）。

陶器

罐1件。

DM24：14，通高17.8、口径10.8、底径12厘米。器物较完整，口部有一处缺损，泥质灰陶，素面，轮制。形制规整，侈口，圆唇，束颈，广肩，直腹，腹壁下部内收，平底。通高17.8、口径10.8、底径12厘米。

铁器

锤1件。

DM24：10，A型。锤头和锤柄皆是铁质，铸成一体，呈"T"字形。锤头两端对称，呈长方形，略向柄内弧。锤柄为方棱形。锤头长7、宽1.5厘米。锤柄长13厘米，截面边长1.5厘米（图版二〇三，图四四：1）。

镰1件。

DM24：6，C型。背部内弧，直刃，尾部为圆銎。圆銎内有横铁。镰长17、宽3.2、厚0.5厘米，銎长3、径3厘米（图版二〇二，图四四：2）。

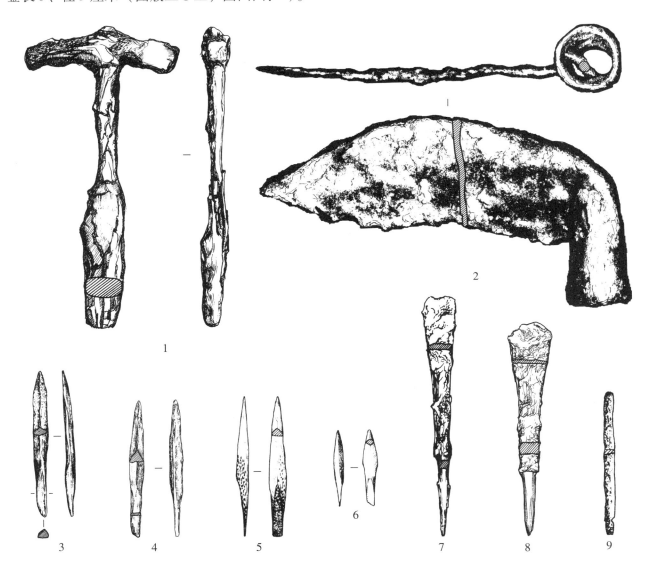

1、2. $\underset{0 \quad 1 \quad 2\text{厘米}}{\text{└──┴──┘}}$　余. $\underset{0 \quad 2 \quad 4\text{厘米}}{\text{└──┴──┘}}$

图四四　东区二十四号墓（DM24）、二十六号墓（DM26）出土的随葬品（2）

1. 铁锤　2. 铁镰　3.4.5.6 骨镞　7、9. 铁镞　8. 铁饰件（1－7、9 出土于 DM24；8 出土于 DM26）

镞14件，形制相同。

标本 DM24：9，A型，通长11.1、宽1.3、厚0.5、铤长3.5厘米（图四四：7）。

饰件 2 件。

DM24：16，器身两端均有扁平刃部。长 13.5、宽 0.8、厚 0.5 厘米（图四四：9）。

DM24：17，残，近方形，花瓣状，有镂孔，残长 8.2、宽 7、厚 0.2 厘米。

骨器

均为镞，10 件。

标本 DM24：8，A 型。柳叶状，通长 13.5、宽 1、厚 0.8 厘米（图四四：3）。

标本 DM24：11，A 型。锋尖锐，镞身不甚规整。通长 13.4、宽 1.5、厚 1.2 厘米（图四四：5）。

标本 DM24：12，B 型。有铤，锋尖锐端正，镞锋一面有槽，是用牛骨的髓腔稍加磨制修整而成，另一面起脊，断面呈近三角形。锋刃两侧至镞身中部偏下弧曲内收，垂直向下形成铤身，铤身有扁平和四棱形，上下部分界限明显。通长 9、宽 0.6、厚 1、铤长 4 厘米（图四四：4）。

标本 DM24：13，B 型Ⅱ式，通长 7.4、宽 1.5、厚 1.2、铤长 3.2 厘米（图四四：6）。

石器

砺石 1 件。

DM24：15，长条方棱状，一端平直，另一端内折变窄，有两个并排的圆形穿孔。器体一侧面内凹，有明显使用的痕迹。长 11.7、宽 1.6、厚 1.3 厘米（图版二二二）。

第二十五号墓

二十五号墓（DM25）位于东区的南部，西侧是 DM12，西南是 DM5，西北与 DM42 为邻，东南是 DM40，东北是 DM39。DM25 开口①层下，打破生土。

1. 形制和规格

DM25 为长方形土坑竖穴墓，墓圹为圆角长方形，长 1.95、宽 0.6、深 0.45 米。填土为黄沙土。墓向 240°（图四五）。

墓圹内没有发现木棺痕迹，墓底仅有一具人骨，保存较好，仰身直肢葬。

2. 随葬品

没有任何随葬品。

第二十六号墓

二十六号墓（DM26）位于东区的北部，其东北侧与 DM21 为邻，东南与 DM13 为邻。西、北侧没有墓葬分布。DM26 开口①层下，打破生土。

1. 形制和规格

DM26 为长方形土坑竖穴墓，墓圹呈圆角长方形，长 2.55、宽 0.83、深 0.6 米。填土为五花土掺沙土，墓葬填土中有马牙残块。墓向 278°（图四六）。

圹内有一木棺，朽甚，棺底朽木长 2.4、宽 0.78 米。棺内盛有一具人骨，保存完整，仰身直肢葬。

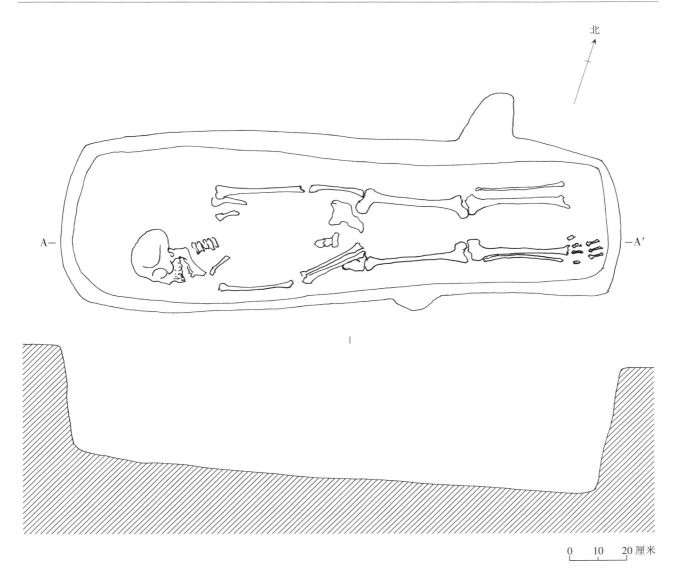

图四五　东区二十五号墓（DM25）平剖面图

2. 随葬品

共 3 件。

（1）种类和数量

铁器 1 件，骨器 2 件。

（2）出土位置

随葬品出土很少，仅在人骨左股骨外侧出土有 1 件铁镞和 2 件骨镞。

（3）器物形制分类介绍

铁器

镞 1 件。

DM26：1，凿形镞首，宽厚几乎相等。铤为圆柱，尾部呈圆锥形。通长 9.8、宽 3.4、厚 0.2 厘

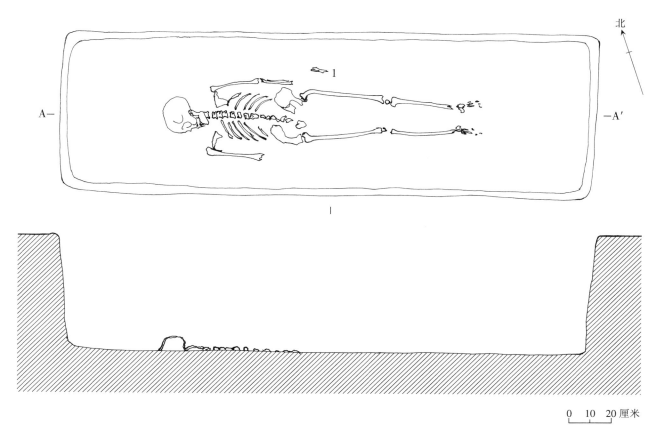

0　10　20厘米

图四六　东区二十六号墓（DM26）平剖面图

1. 铁镞和骨镞

米，铤长3.3厘米（图四四：8）。

骨器

镞2件。

DM26：2、3，Aa型，通长10.7、宽1、厚1.2厘米，铤长3.2厘米。

第二十七号墓

二十七号墓（DM27）位于东区的东北部，其打破西南面的DM20，东南面和DM18为邻，西侧是DM21，西北面是DM28。DM27开口①层下，打破生土。

1. 形制和规格

DM27为长方形土坑竖穴墓，墓圹为圆角长方形，长2.65、宽0.83、深0.75米，填土表层10厘米为沙土，下为五花土。墓向235°（图四七）。

墓圹内有朽木，可推知内盛一具木棺，棺底朽木长2.25、宽0.8米。棺内人骨保存不好，头骨和上肢骨已不存在，仅残存骨盆和下肢骨，可判断死者为仰身直肢葬。棺首上方有一个二层台式的头箱，头箱长0.83、宽0.4、高0.51米。

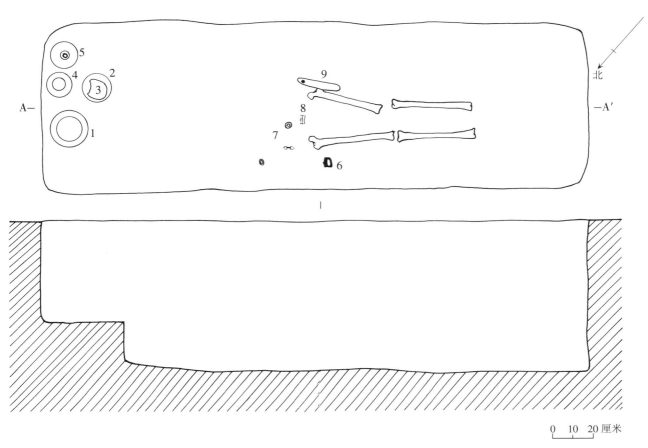

图四七　东区二十七号墓（DM27）平剖面图

1. 青花勾栏瓶花纹瓷盘　2. 青花松竹梅寿山石纹瓷碗　3. 青花"寿"字纹瓷碟　4. 粗瓷壶　5. 黑釉粗瓷壶　6. 木梳　7. 铜饰件　8. 铜带扣　9. 砺石

2. 随葬品

共9件。

（1）种类和数量

瓷器5件，铜器2件，木器1件，石器1件。

（2）出土位置

瓷器均摆放于二层台的台面上，其中出土有1件青花"寿"字纹瓷盘，1件青花菊花寿山石瓷碗，1件黑釉粗瓷壶，1件酱釉粗瓷单耳大口罐，1件青花勾栏瓶花纹瓷盘，放置于青花碗下。另外，在人骨的右侧股骨上压有1件长方形砺石，左侧股骨旁边出土有1件残断的木梳，骨盆处出土有2件铜圆环。

（3）器物形制分类介绍

瓷器

黑釉粗瓷壶1件。

DM27：1，B型，口部稍有残缺，盘口，沿外展，短直径，广肩，斜腹微弧渐内收，矮圈足，凹底，腹部有几道接胎的凸棱。胎质灰白坚致，施黑色釉，有光泽，釉不到底，圈足足尖为涩圈，圈足内底有釉。通高23.5、口径6.4、足径8.8厘米（图版三八，图四八：1）。

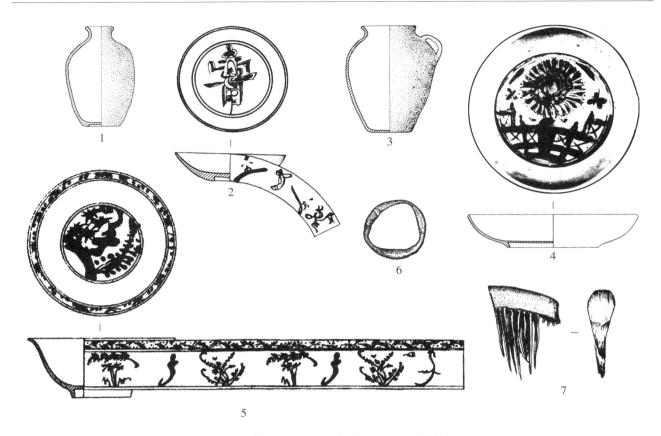

1._____0___4___8厘米　2-5._____0___2___4厘米　余._____0___1___2厘米

图四八　东区二十七号墓（DM27）出土的随葬品

1. B 型粗胎瓷壶　2. 青花"寿"字纹碟　3. B 型粗胎瓷罐　4. 青花勾栏拼花纹盘　5. 青花松竹梅寿山石碗　6. 铜环　7. 木梳

青花松竹梅寿山石纹碗 1 件。

DM27：2，Ba 型，器物较完整，口部有四处残缺小口。器型较规整，敞口，撇沿，深腹，腹壁弧曲，圈足。胎质灰白，细密坚致，施青灰色釉，光亮润泽，足尖修整，无釉。碗内壁口沿处绘连续斜线交叉菱形网格纹间有圆点组合纹饰，下有双道青花弦纹。碗心绘双重青花圆圈，中间绘有松、竹、梅及寿山石，寿山石及其写意，形如老者。外壁口沿下有两道青花弦纹，上部是连续三角网格纹间有圆点的组合纹饰。下绘有松、竹、梅五组以及两组寿山石图案，寿山石简练似人形。腹下部有一周粗弦纹，圈足上绘有一周弦纹。青花发色淡雅，晕散轻微。通高 7.1、口径 16.9、足径 6.7 厘米（图版一二〇，图四八：5）。

青花"寿"字纹碟 1 件。

DM27：3，不完整，口部有两处磕碰和裂纹，缺损一处，器型较周正，敞口，圆唇，浅腹，腹壁内弧收，外壁有修胎不整的凸棱痕迹，卧足有涩圈，有粘沙。胎质灰白且细腻坚致，釉色白中泛青，施釉稍厚，光亮润泽。盘内沿绘一道弦纹，盘心外饰双重圆圈，圈内有一"寿"字，笔画较粗，"寿"字中间还绘一寿星。外壁口沿下有一道弦纹，其下绘简练写意的船只和渔叟，意境飘渺。青花发色淡雅精致，晕散较多。通高 3.5、口径 12.4、足径 3.8 厘米（图版一二一，图四八：2）。

青花勾栏瓶花纹盘 1 件。

DM27：5，Ab 型，完整，器型不周正，敞口，宽平折沿，弧壁，矮圈足内倾，足尖修整如圆脊状。胎质灰白，细密坚致，釉色白中泛青，有光泽，施釉不匀，有坑点，足尖无釉。盘心绘有双重青花圆圈，圈内中心绘有一个向阳花插在花瓶中，花形近圆，花大瓶小，比例不协调。花瓶四周是勾栏环绕，花两侧有两只蝴蝶飞舞，花的上方有两片花叶装饰。青花发色较好，颜色淡，晕散较重。通高 4、口径 19.5、足径 11.6 厘米（图版一一九，图四八：4）。

酱釉粗瓷罐 1 件。

DM27：4，B 型，圆唇，口微侈，广肩，肩部有环形竖单把手，收腹，平底，口径与底径略相同。施酱釉，釉不到底。通高 18.9、口径 9.6、底径 7.8 厘米（图版三九，图四八：3）。

铜器

均为环，2 件。

DM27：7，圆形不规则，环径不均。环截面为椭圆形。直径 3.6 厘米（图版二一六，图四八：6）。

DM27：8，圆形，环内壁有一凸棱，环径粗细不均。环截面为椭圆形。直径 2.7 厘米（图版二一六）。

木器

梳子 1 件。

DM27：6，梳子，已残断。弧背，梳齿密且由中间向两端逐步变短。残长 4、宽 5.6、齿长 4.3、背厚 1.6 厘米（图版二一八，图四八：7）。

石器

砺石 1 件。

DM27：9，长条状，两端变窄，器体近似菱形，一端的中间有一圆形穿孔。长 19.2、宽 3.5、厚 1.3 厘米（图版二一九）。

第二十八号墓

二十八号墓（DM28）位于东区的最北部，其南侧有 DM21 和 DM27 为邻，其他方向没有墓葬分布。DM28 开口①层下，打破生土。

1. 形制和规格

DM28 是一座长方形土坑竖穴墓，墓圹呈圆角长方形，长 2.6、宽 0.9、深 0.7 米。填土表层 15 厘米为黄沙土，其下为五花土。墓葬填土中有炭粒以及马牙。墓向 290°（图四九）。

内有棺木朽烂痕迹，可知内盛有一具木棺，棺底朽木范围长 2.1、宽 0.7 米。棺内有一具人骨，人骨保存不好，残存有头骨和四肢骨，而且头骨已侧移，在原头骨位置处，发现有一张椭圆形的桦树皮，长径 0.22、短径 0.18 米。

2. 随葬品

共 2 件。

（1）种类和数量

瓷器 2 件。

（2）出土位置

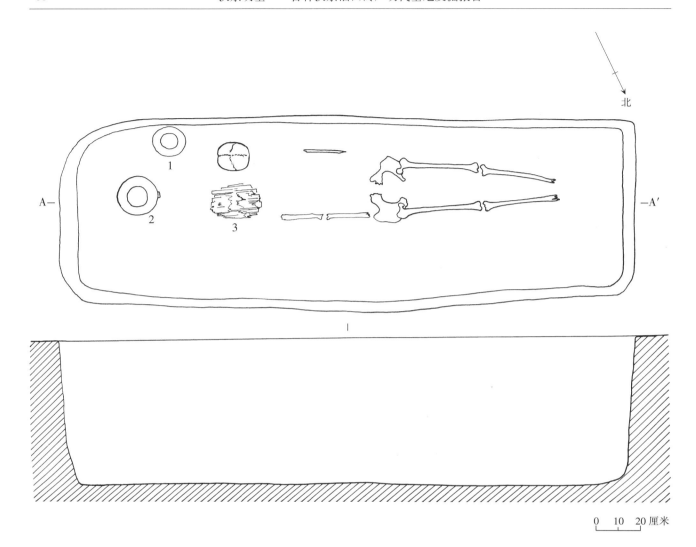

图四九　东区二十八号墓（DM28）平剖面图
1. 酱釉粗瓷罐　2. 青釉瓷罐　3. 桦树皮

随葬品放置于头骨位置顶部，出土有 1 件龙泉青瓷碗，1 件酱釉粗瓷大口罐。

（3）器物形制分类介绍

瓷器

酱釉粗瓷罐 1 件。

DM28：1，B 型，不完整，口部有缺损，器身有一纵向的裂痕，器型较完整，侈口，广肩，肩上有一竖耳，收腹，平底。器身施酱色釉，上半部为蘸釉，下部无釉，有流釉现象，口沿下以及耳侧所施的酱釉不均匀，底部无釉。通高 20、口径 11、底径 10 厘米（图版四〇，图五〇：2）。

龙泉青釉碗 1 件。

DM28：2，器物较完整，口部残缺一块，修补，有裂痕两道。器型较周正，直口圆唇，深腹，腹壁弧曲，高圈足，挖足不过肩。胎质深黄色且厚重坚硬，施釉厚，釉色呈青绿，有开片，光亮，足内底无釉，有裂痕。碗内壁口沿压印有一周雷纹，下面是三组压印图案。第一组为出行图，中有一骑

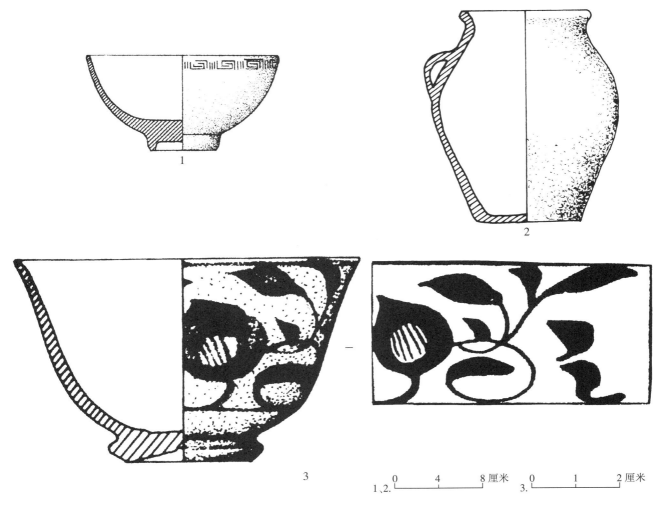

图五〇　东区二十八号墓（DM28）、二十九号墓（DM29）出土的随葬品
1. 龙泉青釉瓷碗　2. B 型瓷罐　3. 青花缠枝蕃莲纹瓷杯（1、2 出土于 DM28；3 出土于 DM29）

马的人，手挥马鞭，马前是一个步行侍从，擎着一幅仪仗，马后跟从一人，挑担而随。第二组图案是中间一棵大树，树下二人，分立树的两侧，一人怀抱琵琶，一人歌唱舞蹈。第三组图案二人对坐，讨论议事貌。各组图案故事中间有门窗装饰相隔。碗内中心图案不清，碗外壁口沿下压印是一周雷纹。通高 9.2、口径 17.1、足径 6 厘米（图版八四，图五〇：1）。

第二十九号墓

二十九号墓（DM29）位于东区的东端，其西侧与 DM22 为邻，北、南、东三面没有墓葬分布。DM29 开口①层下，打破生土。

1. 形制和规格

DM29 为长方形土坑竖穴墓，墓圹为圆角长方形，长 1.9、宽 0.6、深 0.2 米。填土表层有 5 厘米厚的黄沙土，其下为五花土。墓向 265°（图五一）。

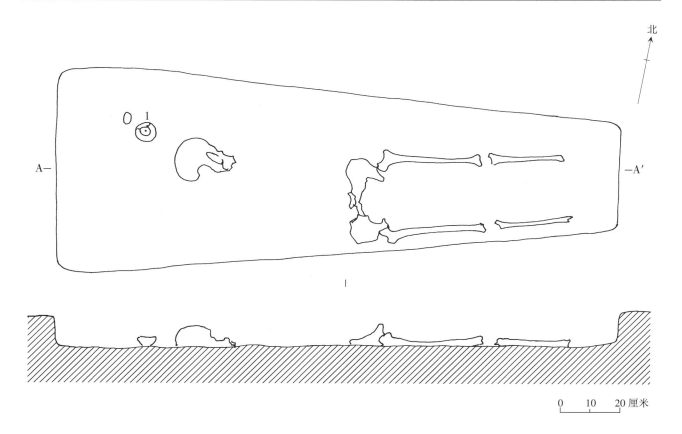

图五一　东区二十九号墓（DM29）平剖面图
1. 青花缠枝蕃莲纹盅

　　墓圹内有木棺朽木，可知内盛有一具木棺，棺底朽木范围长1.86、宽0.36—0.7米。棺内有一具人骨架，但不完整，仅有头骨、盆骨、下肢骨。上肢和躯干部分已经缺失，判断其为仰身直肢葬。

2. 随葬品

共1件。

（1）种类和数量

瓷器1件。

（2）出土位置

随葬品少，仅在头骨顶部出土有1件青花缠枝蕃莲纹瓷盅。

（3）器物形制分类介绍

瓷器

青花缠枝蕃莲纹杯1件。

DM29：1，B型，不甚完整，口部缺损一处，另有一道裂纹，器型欠周正。敞口，尖唇，沿微展，斜直壁，深腹，腹底急收呈束底状，实足底，足底微凹，且粘有沙粒。外壁口沿下绘有一道弦纹，壁上绘有四组缠枝写意蕃莲纹图案，下腹近底部还绘有一道弦纹，胎质洁白坚致，釉色灰白，盅内底心有一周涩圈，足底无釉。青花发色灰，顿笔处呈近黑色。通高 4.7、口径 7.7、底径 3.1 厘米（图版一二二，图五〇：3）。

第三十号墓

三十号墓（DM30）位于东区的东部，东南毗邻 DM29，南面邻 DM22，西面是 DM33，北面是 DM14。DM29 开口①层下，打破生土。

1. 形制和规格

DM30 为长方形土坑竖穴墓，墓圹为圆角长方形，长 1.5、宽 0.48—0.6、深 0.3 米，填土为五花土。墓向 275°（图五二）。

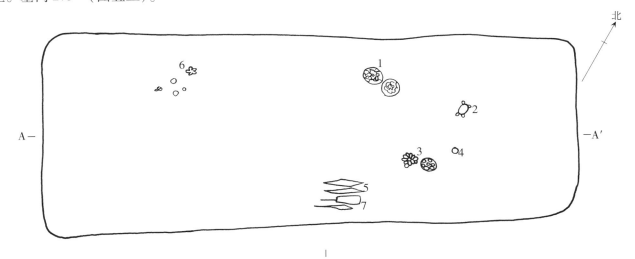

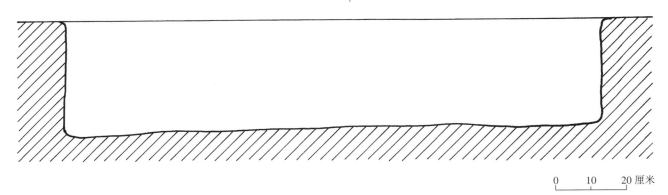

图五二　东区三十号墓（DM30）平剖面图

1. 牡丹纹圆形铜饰件　2. 龟形铜饰件　3. 兽面纹铜饰件　4. 铜环　5. 骨镞　6. 琉璃饰件　7. 铁镞

圹内没有发现木棺和人骨的痕迹。

2. 随葬品

共 16 件。

（1）种类和数量

铜器6件，铁器2件，骨器3件，琉璃器5件。

（2）出土位置

在墓圹底，东侧中间出土铜牌饰件5件，铜环1件；西侧靠近北壁出土有玉质、琉璃质饰件5件；南壁出土骨镞3件，铁镞2件。随葬品中不见瓷器。

（3）器物形制分类介绍

铜器

牡丹纹圆形牌饰3件。

标本DM30：1—3，铸造，形制相同，圆形，片状，内有镂空缠枝牡丹纹。直径4.2、厚0.2厘米（图版二〇九，图五三：2）。

兽面纹圆形牌饰2件。

标本DM30：5、6，铸造，形制相同，近圆形，正面凸起，背面平。上部为一圆环，两侧呈折角状，下部扁圆。整体作镂空兽面，周边饰锯齿纹。直径4.1、厚0.3厘米（图版二〇九）。

环1件。

DM30：4，圆形不规则，环径不均。环截面为椭圆形。直径3.5厘米。

铁器

共2件，形制相同，均为镞。

标本DM30：7，B型，锻造，镞首扁且宽，没有镞身，首和铤直接相连，铤细长，锥样尾。镞首近长方形，锋刃方扁。锋缺损，残长11.2、宽3、厚0.2厘米，铤长5.7厘米（图五三：7）。

骨器

共3件，形制相同，均为镞。

标本DM30：8，B型，磨制，有铤。通长11.7、宽1、厚1.1厘米，铤长5.6厘米（图五三：5）。

琉璃器

鸟形饰件2件。

DM30：9，A型，蓝色，形象逼真，尾、翼上有方格纹，尾、足、颈各有一个穿孔。长2.5、宽1.8、厚0.7厘米。

DM30：10，B型，蓝色，形象逼真，翅膀刻画明显，尾部有羽毛的线纹，翅膀和尾部有3个穿孔。长2.6、宽1.8、厚0.6厘米。

串珠3件。

标本DM30：11—13，素面，球形，蓝色，中有一孔。直径0.3、孔径0.1厘米。

第三十一号墓

三十一号墓（DM31）位于东区的中部，其东是DM10，其西是DM2，东北与DM11相邻，其他方向没有墓葬分布。DM31开口①层下，打破生土。

1. 形制和规格

DM31是长方形土坑竖穴墓，墓圹为圆角长方形，长2、宽0.69、深0.50米，填土为五花土。墓

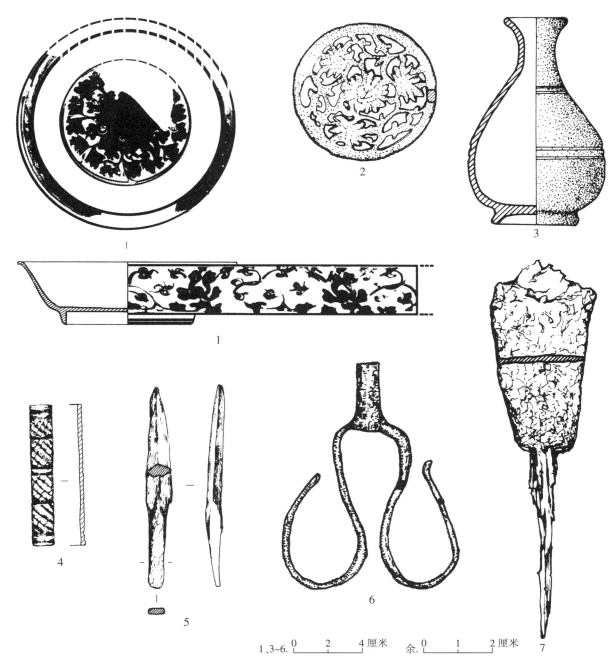

图五三　东区三十号墓（DM30）、三十一号墓（DM31）、三十二号墓（DM32）出土的随葬品

1. 青花缠枝菊花纹碗　2. 牡丹纹圆形牌饰　3. 玉壶春瓶　4. 管形铜饰件　5. 骨镞　6. 铁剪　7. 铁镢

（1、3、6 出土于 DM32；4 出土于 DM31；余为 DM30 出土）

向 265°（图五四）。

圹内没有发现木棺，有一具人骨架，保存完整，是仰身直肢葬。

2. 随葬品

共 2 件。

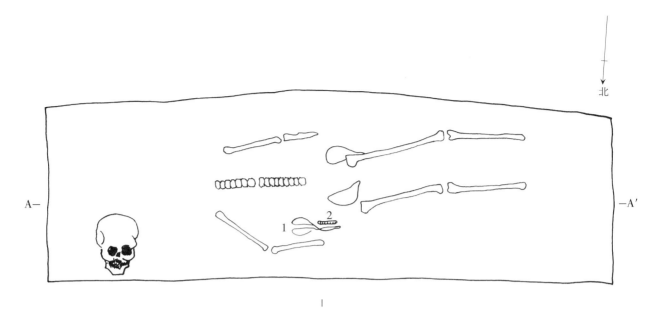

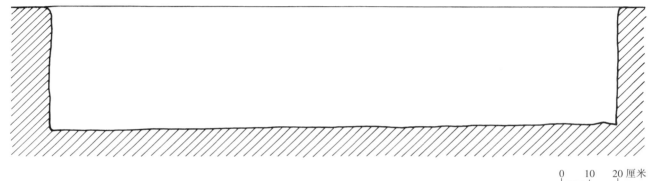

图五四　东区三十一号墓（DM31）平剖面图
1. 铁剪　2. 铜饰件

（1）种类和数量

铁器 1 件，铜器 1 件。

（2）出土位置

在人骨架的盆骨左侧出土有 1 件铁剪和 1 件铜管饰件。

（3）器物形制分类介绍

铁器

剪 1 件。

DM31：1，尖把均残，残长 10 厘米。

铜器

管形饰件 1 件。

DM31：2，呈圆筒形，通体修饰凸弦纹和斜线网格纹。通长 8.6、管径 1.3，壁厚 0.2 厘米（图版二一〇，图五三：4）。

第三十二号墓

三十二号墓（DM32）位于东区的中部，其南面相邻 DM35，北面是 DM33，西面是 DM38，东面是 DM22。DM31 开口①层下，打破生土。

1. 形制和规格

DM32 为长方形土坑竖穴墓，墓圹呈圆角长方形，长 2.62、宽 0.88、深 0.97 米。填土表层有 10 厘米厚的黄沙土，其下是五花土。墓向 273°（图五五）。

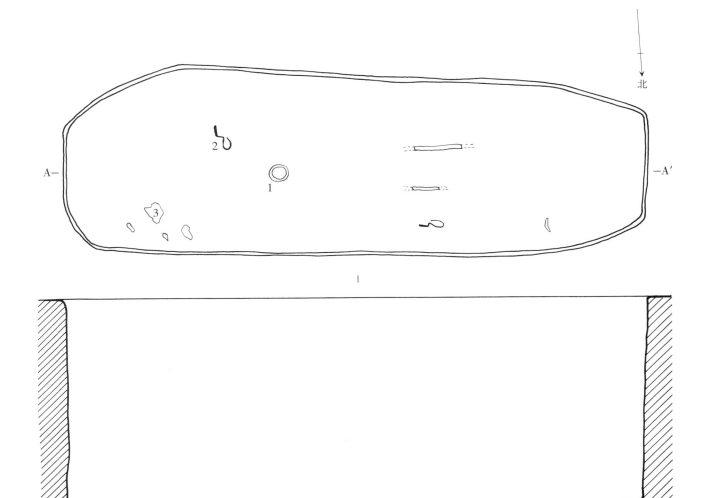

图五五 东区三十二号墓（DM32）平剖面图

1. 绿釉粗瓷玉壶春瓶 2. 铁剪 3. 青花缠枝菊花纹盘瓷片

墓圹内有一具木棺，朽甚，棺底朽木范围长 2.58、宽 0.8 米。棺内盛有一具人骨，保存极不好，仅残存两根腿骨，无法判断葬式。

2. 随葬品

共 3 件。

（1）种类和数量

瓷器 2 件，铁器 1 件。

（2）出土位置

在木棺底部近中间位置出土有 1 件绿釉粗瓷玉壶春瓶。还有 1 把分为二半铁剪，一半在棺内的头骨位置偏左，一半在棺内人骨右股骨和墓圹之间。另外，在墓内还出土有 14 块散碎瓷片，瓷片放置没有规律性，拼对后可看出是 1 件残破的青花缠枝菊花纹瓷盘。

（3）器物形制分类介绍

瓷器

绿釉粗瓷玉壶春瓶 1 件。

DM32：1，B 型，保存不完整，口部残缺一块。器型周正，敞口外撇，圆唇，细束颈，长溜肩，腹部下垂，圈足，肩、腹部各有两道凹弦纹。器身腹部有磕碰后的坑点。胎质略黄，细密坚致，施绿色釉，釉色不匀，有挂釉现象，施釉不到底，口与足均露胎。通高 21、口径 5.4、底径 6.9 厘米。（图版四一，图五三：3）

青花缠枝菊花纹盘 1 件。

DM32：3，Aa 型，器物不完整，缺损面积较大，几近一半。器型欠周正，敞口，撇沿，浅腹，矮圈足，足尖修整圆脊状。胎质灰白，细腻坚致，釉色白中闪青，光亮润泽，足尖无釉。盘口绘有连续斜线网格菱形纹加点组合纹饰，盘心绘有双重青花圆圈，圈内是一朵牡丹花和枝叶。外壁绘四组缠枝牡丹花卉。青花发色浓艳，蓝色鲜明，晕散适宜。通高 3.8、口径 15.6、足径 9.3 厘米（图版一二三，图五三：1）。

铁器

剪 1 件。

DM32：2，锻制，尖、把皆残缺甚。剪口与剪把的长度大致相等，形制基本一致，形状与现代的剪刀相同，残长 15 厘米，剪口残长 4 厘米（图五三：6）。

第三十三号墓

三十三号墓（DM33）位于东区中部，东邻 DM30，西邻 DM36，南面是 DM32，北面没有紧邻的墓葬。DM33 开口①层下，打破生土。

1. 形制和规格

DM33 是长方形土坑竖穴墓，墓圹呈圆角长方形，长 2.91、宽 1.03、深 1.03 米。填土为黄沙土和五花土，墓圹西南位置填土中发现马牙。墓向 250°（图五六）。

墓圹内发现有棺木朽烂痕迹，可知内盛有一具木棺，棺底朽木范围长 2.67、宽 0.87 米。棺内有

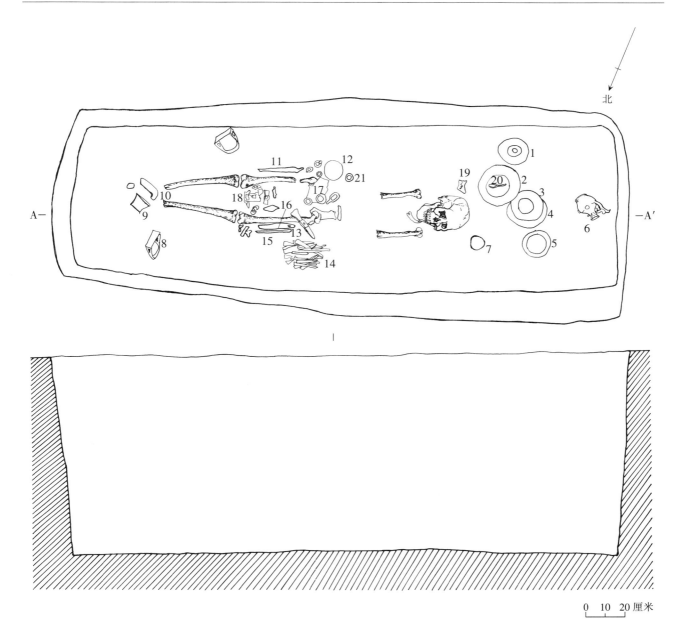

图五六 东区三十三号墓（DM33）平剖面图

1. 黄釉粗瓷壶 2. 红绿彩鸳鸯莲花纹瓷碗 3. 红绿彩花鸟纹瓷碗 4. 青花缠枝菊花纹瓷盘 5. 青花婴戏纹瓷盘 6. 青花喜鹊登高纹瓷执壶 7. 白釉高足瓷杯 8. 马镫 9. 铁斧 10. 铁镰 11. 铁匕 12. 铜钵 13. 铁镞 14. 骨镞、铁镞 15. 铁刀 16. 砺石 17. 铁饰件 18. 马鞍具 19. 金饰件 20. 铜匙 21. 铁环

一具人骨架，保存完好，仰身直肢葬。

2. 随葬品

共 55 件。

（1）种类和数量

瓷器 7 件，铁器 38 件，铜器 2 件，金器 1 件，骨器 6 件，石器 1 件。

（2）出土位置

瓷器均在人骨架的头骨顶部并排摆放，出土有1件残柄青花喜鹊登高蕉叶纹执壶，1件红绿彩鸳鸯莲花纹瓷碗，碗内有1件铜匙，1件红绿彩花草纹瓷碗，1件青花缠枝菊花纹瓷盘，1件青花婴戏纹瓷盘，1件黄釉粗瓷壶，1件白瓷高足杯。另外，在头骨顶部左侧靠近头骨处出土有1件金质头饰片。在盆骨右侧出土有铁镞15件和骨镞5件。在两股骨之间发现有1副十分残破不堪的马鞍具和6件铁环，同时还出土较多铁饰件，形制较丰富。在人骨架的右股骨外侧中部出土有1件铁匕首和1件砺石。左股骨外侧出土有1件铜钵。在两个小腿骨外侧靠近棺壁处各出土有1件铁马镫。两个脚骨下出土有1件铁镰和1件铁斧。另外还有1件骨鸣镝（记录没有）。

（3）器物形制分类介绍

瓷器

黄釉粗瓷壶1件。

DM33：1，B型，保存完整，撇口，短直颈略粗，广肩，敛腹，圈足较高并外撇。胎质灰白略粗，坚致，施黄釉，釉色光泽明亮，器表施釉不及底，底无釉，足尖有修整，肩部有两道凹弦纹。通高20.2、口径6.2、底径8.6厘米（图版四二，图五七：6）。

红绿彩鸳鸯莲花纹瓷碗1件。

DM33：2，器型完整，敞口，圆唇，腹壁弧曲，圈足。碗内壁口沿处绘有斜线菱形连续三角加点纹饰，碗心绘有莲花草叶纹。碗外壁口沿下绘两道弦纹，其下绘有两朵莲花，莲花间有一对鸳鸯，其一回首，其二相随，对视传情，形象逼真。莲花四周还绘有花草叶纹，身下有水波图案。近底处绘有四道弦纹。圈足有一道弦纹。通高8.9、口径21.5、足径8.8厘米（图版一八八，图五七：3）。

红绿彩花鸟纹碗1件。

DM33：3，保存完整，敞口，撇沿，尖唇，壁弧曲，圈足稍高。碗内壁口沿下绘有两道弦纹，碗心绘有三重圆圈，圈内有蕃莲一朵。碗外壁口沿下绘有一道弦纹，下面绘有喜鹊登枝和蝴蝶牡丹的图案，再下绘四道弦纹。圈足上有一道弦纹。通高7.2、口径16.5、足径6.3厘米（图版一八九，图五七：4）。

青花缠枝菊花纹盘1件。

DM33：4，Ab型，较完整，器身有多道裂纹，器型较周正，敞口，圆唇，壁弧，敛圈足，足尖修整如圆脊状。胎质灰白，细密坚致，釉色白中闪青，光亮润泽。盘口绘有一道青花粗弦纹，下绘五组缠枝菊花，缠枝花叶如点状密布，盘心绘有双重青花圆圈，中间绘一朵大菊花，下有一条枝蔓呈"9"字形绕出，将花周围隔出内外两个空间，各绘花蕾十六个。外壁口沿下绘有两道弦纹，近底部绘有两道弦纹，中间绘有缠枝蕃莲五朵，密布外壁。圈足也绘有一道弦纹，青花发色淡雅，浓重处呈黑褐斑状，晕散明显。通高4、口径19.6、足径11.1厘米（图版一二四，图五七：1）。

青花婴戏纹盘1件。

DM33：5，Aa型，完整，器型不周正，敞口，曲腹，腹较深，圈足较高。胎质灰白，细密坚致。釉色白中闪青，有光泽。盘口有三道弦纹，第一道弦纹和第二、三道弦纹间绘有连续三道交叉斜线菱形纹与圆点组合纹饰，盘心绘有双重青花圆圈，圆圈中间上部绘有一株大柳树，柳下左右绘有两婴孩在蹴鞠戏耍，婴孩的形象天真活泼可掬，周围有草地，假山和一只蝴蝶。外壁口沿下绘两道弦纹，下面绘五组缠枝蕃莲花，花形呈心状。青花发色浓艳，晕散适度。底有火石红。通高3.4、口径

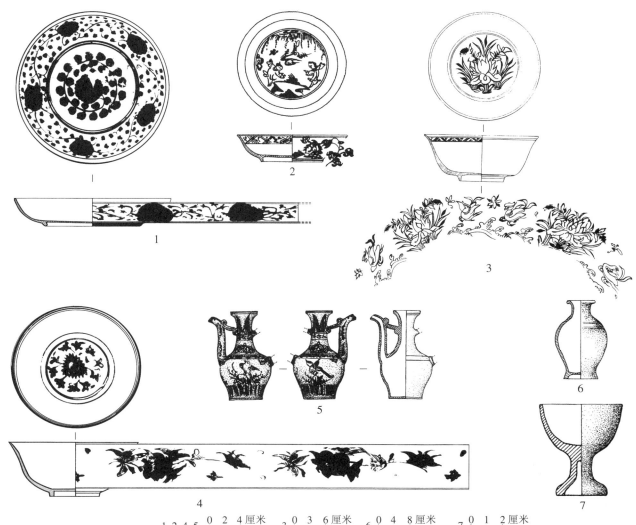

图五七 东区三十三号墓（DM33）出土的随葬品（1）

1. 青花缠枝菊花纹盘 2. 青花婴戏纹盘 3. 红绿彩鸳鸯莲花纹碗 4. 红绿彩花鸟纹碗 5. 青花喜鹊登高蕉叶纹执壶 6. B 型粗胎瓷壶 7. 白釉瓷杯

13.8、足径 7.8 厘米（图版一二五，图五七：2）。

青花喜鹊登高蕉叶纹执壶 1 件。

DM33：6，A 型，器物不完整，把手残缺。器型较规整，敞口，细颈，鼓腹，平底。壶腹上部有壶把与壶嘴对称在壶体两侧，壶颈部有弯曲如意形壶链，将流和壶身颈相连。胎质白且细腻坚致，釉色白略泛青，光亮润泽，底部无釉，有火石红痕。口沿处绘有一道青花粗弦纹，颈部绘有四片蕉叶纹，其下是两道弦纹，弦纹中间有花样点纹装饰，肩上纹饰是壶正反两面的各有一组三枚穿带圆钱纹组合，其下有两道弦纹，弦纹下是连续的覆莲如意云头纹。腹部正反面主题花纹是绘有两只神态各异的喜鹊，栖于奇石折枝之上，右上方绘有云朵图案，正面绘的是一只喜鹊立于石上，展翅昂首貌，反面绘的是喜鹊展翅落于石上，头向下啄食貌，生动形象。壶把与壶嘴的下部绘的是奇石花草，壶嘴正面及两侧各绘有两组火焰纹饰，近壶底部绘连续的莲瓣纹。青花发色浓艳，晕散适度。

通高 11.7、口径 3.8、底径 4.5 厘米（图版一二六，图五七：5）。

白釉高足瓷杯 1 件。

DM33：7，A 型，器物较完整，口有一处磕碰痕，形制周正。直口，圆唇，深腹，壁斜直，喇叭状高圈足，足尖修整无釉。胎质洁白，细腻坚致，釉色甜白光亮，润泽细腻，施釉较厚，有冰裂纹。通高 6.2、口径 5.3、足底径 3.1 厘米（图版一七八，图五七：7）。

铁器

马镫 1 副。

DM33：8，A 型，锻造。镫孔呈梯形，上窄下宽，顶端有横向穿孔，侧面有三角形镂孔，踏板为长方形。通高 16 厘米，镫孔上宽 8、下宽 13 厘米，踏板宽 6.8 厘米（图版二〇四，图五八：9）。

镢 1 件。

DM33：9，铸造。器身为楔形，上部为方柱状，下部为直刃。器身上部有长圆形銎孔，刃体较斜长。长 7.5、宽 5.5、銎深 4.2、刃宽 8.8 厘米（图版二〇三）。

镰 1 件。

DM33：10，C 型，残，背部内弧，直刃，尾部为圆銎。残长 115、宽 33、厚 0.5 厘米，銎长 3、径 3 厘米（图五八：4）。

匕首 1 件。

DM33：11，锻造，短柄，长刃，身扁平。通长 18.3、宽 2、厚 1.1 厘米。柄长 4.5 厘米（图五八：1）。

镞 15 件，形制较多。

DM33：22，A 型，通长 10.8、宽 0.7、铤长 4 厘米（图五九：6）。

DM33：46，A 型，通长 12.3、宽 0.6、铤长 2.5 厘米（图五九：5）。

DM33：39，A 型，通长 12.3、宽 2、厚 0.4、铤长 3.3 厘米（图五九：4）。

DM33：16，A 型，通长 1、宽 3.1、厚 0.4、铤长 3 厘米（图五九：2）。

XM33：7，A 型，通长 9.8、宽 2、厚 0.6、铤长 3.1 厘米（图五九：3）。

DM33：24，A 型，长 9、宽 1.5、厚 0.2 厘米（图五九：11）。

DM33：20，B 型，通长 18、厚 0.3、铤长 7.1 厘米（图版二〇六，图五九：8）。

DM33：21，B 型，通长 16.5、厚 0.2、铤长 8 厘米（图五九：12）。

DM33：23，B 型，通长 8.6、厚 0.4、铤长 5 厘米（图五九：10）。

DM33：40，B 型，镞首略残，残长 8.8、厚 0.6、铤长 5.5 厘米（图五九：9）。

DM33：41，B 型，通长 6.7、镞首厚 1、铤长 4.6、铤厚 0.3 厘米（图五九：1）。

DM33：18，B 型，镞首近长方形，锋刃方扁。通长 13.5、宽 3、厚 0.4、铤长 5 厘米（图五九：13）。

DM33：38，C 型，镞身长条状，锋扁平，中下部有两翼，呈倒刺状。下部有铤，为锥形。通长 12.6、宽 1.3、厚 0.3、翼长 0.6、铤长 3 厘米（图五九：7）。

环 6 件，形制一样。

标本 DM33：44，锻造，环铁截面为扁圆形。外径 4.6、内径 2.2、厚 0.3 厘米（图五八：10）。

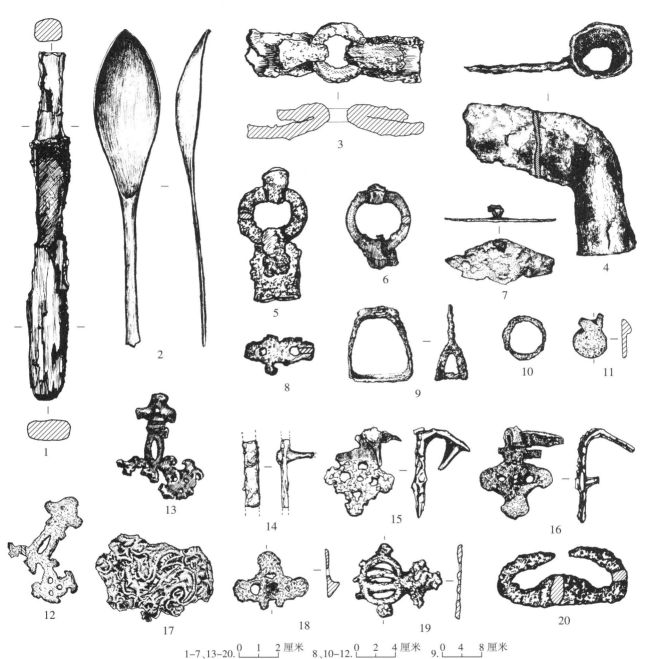

图五八　东区三十三号墓（DM33）出土的随葬品（2）

1. 铁匕首　2. 铜匙　3.5.6. 铁环链　4. 铁镰　7. 三角形带钮铁器　8. 三角形铁饰件　9. 铁马镫　10. 铁环　11. 圆形铁饰件　12. 带孔铁饰件　13. 束腰形铁饰件　14. 长条形铁饰件　15. 菱形镂空铁饰件　16. 十字形镂空铁饰件　17. 金片饰　18. 三角形铁饰件　19. 圆形镂空铁饰件　20. 铁火镰

火镰 1 件。

DM33：45，椭圆形状，铁片的中部弧形凸起，两侧上卷对接且中空，形状为椭圆。长径 6.2、短径 3 厘米（图版二〇七，图五八：20）。

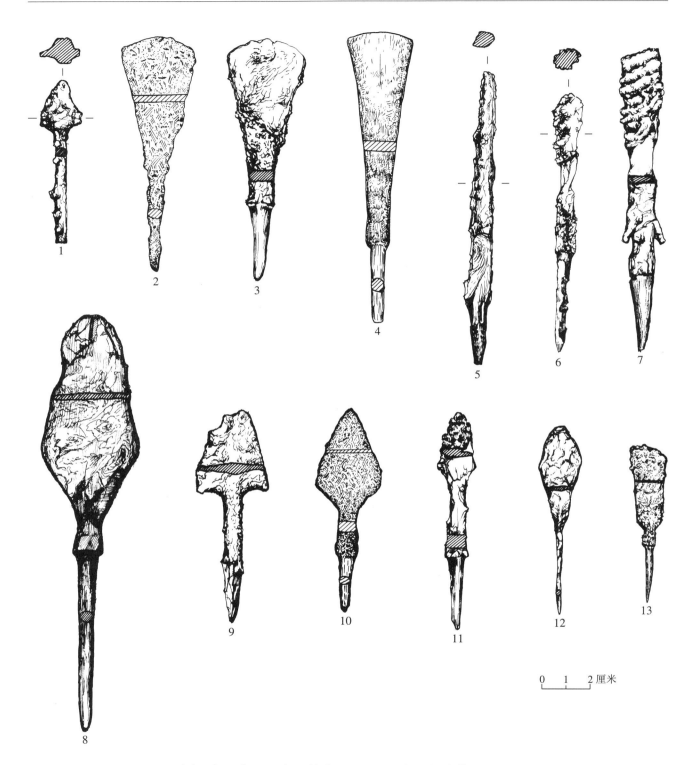

图五九　东区三十三号墓（DM33）出土的随葬品（3）

1－7.A 型铁镞　8－13.B 型铁镞

铁饰件 12 件。

数量较多，形制多样。锻造，形制较小且薄，多数应该是棺木上的装饰。

DM33：44，圆形，上有一个鼻状物，另一侧有帖木痕迹，直径3.5、厚7厘米（图五八：11）。

DM33：19，椭圆形，其上有一个鼻状物，另一侧有帖木痕迹，直径2.5、厚0.5厘米。

DM33：25，呈三角形，一角有一孔，另一角有折起的条形物，背面附有朽木痕迹。残长3.8、宽2.3、厚0.5厘米（图版二〇七，图五八：18）。

DM33：26，三角形，每角均有一孔，背面有朽木痕迹。长3.7、宽2.7、厚0.5厘米（图五八：8）。

DM33：28，长条形，长3.5、宽0.8、厚0.3厘米，一面有一钉，长1.1厘米，上附有朽木痕迹（图五八：14）。

DM33：29，已残，呈三角形，每角均有一圆孔，长3.7、残宽2.2、厚0.3厘米。

DM33：30，呈不规则菱形，器身有多处镂孔，一端背面有一弯钩样，背面有朽木痕迹。残长4.8、宽3.7、厚0.7厘米（图五八：16）。

DM33：31，呈近四边形，下部为菱形，有四个圆孔，上部弯折，一面有钉且附有朽木。残长5、宽3.8、厚0.3厘米（图版二〇七，图五八：15）。

DM33：32，圆形花瓣状，中间有三个椭圆型镂孔，长4.5、宽3.9、厚0.3厘米（图五八：19）。

DM33：18，残，近三角形，有镂孔，残长5、厚0.15厘米（图五八：12）。

不明铁器6件。

由于锈蚀较甚，现在无法断定其原有形状或看出形状而无法确定其具体用途和功能。

DM33：35，圆形环的两端有铁带相连，环直径3.3厘米（图五八：3）。

DM33：34，圆形环居中，一端为方形，一端被一铁器套绕，通长7、环径3.5厘米（图版二〇四，图五八：5）。

DM33：33，圆环居中，两端有铁器套连，通长7、环径3.5厘米（图版二〇四，图五八：6）。

DM33：36，已残。呈“丁”字形，扁平样，上端残，下端微弧内凹。中部束腰有一长圆形镂孔。长3.8、宽2、厚0.15厘米（图五八：13）。

DM33：15，上部三角形纽，下部为刃，底边长11.2、高4.9、厚0.4厘米（图五八：7）。

铜器

钵1件。

DM33：12，铸造，敞口，平沿，壁弧曲，小平底。壁与底均有腐蚀后的漏孔，器物较小，器壁较薄。通高2.7、口径7.7、底径1.8、壁厚0.2厘米（图版二一三）。

匙1件。

DM33：20，铸造，匙头呈椭圆形，柄弯曲呈窄条状，柄残断。残长16.7厘米，匙头长径8.7、短径3厘米（图版二一三，图五八：2）。

金器

片饰1件。

DM33：19，已残，形状不规则，在极薄的金片上压印有云纹边缘处有多处小穿孔。应为缝坠在其他什物上的装饰，原貌不清。残长6、宽3.8、厚00.5厘米（图版二二七，图五八：17）。

骨器

鸣镝 1 件。

DM33：13，首部为镞，尾部有带孔的鸣腔，铲形镞首，扁平，下部为蛇头样骨镝，上有二孔，尾部为锥形铤。通长 14.7、镞长 6.2、宽 3.4、骨镝长 3.5、直径 2、铤长 5 厘米（图六〇：5）。

镞 5 件。

DM33：37，B 型，2 件，形制相同，通长 8.9、宽 1、厚 1、铤长 4 厘米（图六〇：3）。

DM33：42，B 型 Ⅱ 式，通长 8.3、宽 1.5、厚 1.4、铤长 3.2 厘米（图六〇：2）。

DM33：44，B 型 Ⅱ 式，通长 8、宽 1、厚 0.7、铤长 2.8 厘米（图六〇：1）。

DM33：43，B 型 Ⅱ 式，通长 11.9、宽 2、厚 1.1、铤长 6 厘米（图六〇：4）。

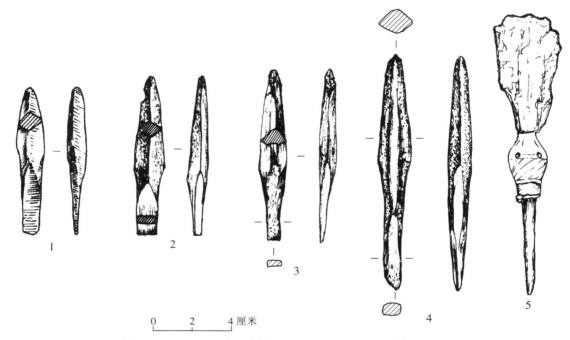

0　　2　　4厘米

图六〇　东区三十三号墓（DM33）出土的随葬品（4）

1. 2. 3. 4. B 型骨镞　5. 骨鸣镝

石器

砺石 1 件。

DM33：17，呈扁长条形，一端有折曲的铁条穿于砺石孔内作鼻，通体打磨，制作规整。长 16、宽 2.8、厚 1.5—1.9 厘米（图版二一九）。

第三十四号墓

三十四号墓（DM34）位于东区的最东端，西侧相邻 DM16，其余方位没有墓葬分布。DM34 开口①层下，打破生土。

1. 形制和规格

DM34 为长方形土坑竖穴墓，墓圹呈圆角长方形，长 2.6、宽 0.83、深 0.80 米。填土为五花土。墓向 265°（图六一）。

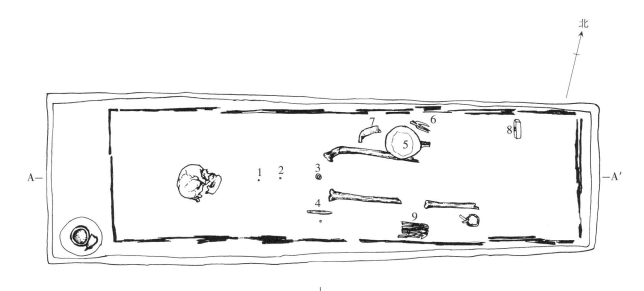

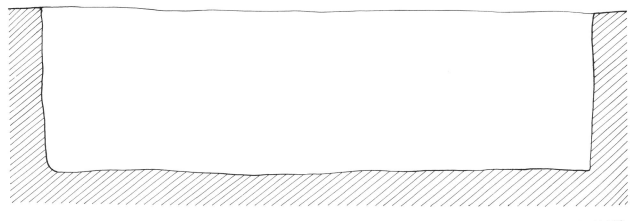

图六一　东区三十四号墓（DM34）平剖面图

1. 琉璃扣　2. 琉璃扣　3. 铁环　4. 砺石　5. 铜匜　6. 三齿铁叉　7. 铁镰　8. 铁锤　9. 铁镞骨镞　10. 酱釉粗瓷罐

墓圹内有木棺朽烂痕迹，可知内盛有一木棺，保存不好，棺底朽木范围长 2、宽 0.7 米。棺内有一具人骨，保存不完整，上肢骨不见，残存头骨和下肢骨，仰身直肢葬。棺首前有一头厢，长 0.83、宽 0.23 米。

2. 随葬品

共 19 件。

（1）种类和数量

瓷器 2 件，铜器 2 件，铁器 8 件，骨器 5 件，石器 1 件，琉璃器 2 件。

（2）出土位置

在头厢左侧靠近墓圹处出土有1件酱釉粗瓷大口罐、1件黑釉瓷碗。另外，在人骨架胸部位置出土有2件琉璃扣，盆骨右侧股骨头上端位置出土有1件铜环，盆骨左侧有1件砺石，右股骨下方位置出土有1件铜匦，铜匦旁还出土有1件铁镰和1件三齿铁叉。左股骨靠近棺壁出土有5件铁镞和5件骨镞。棺右下角位置出土有1件铁锤。

（3）器物形制分类介绍

瓷器

酱釉粗瓷罐1件。

DM34：1，B型，较完整，口部有残损，器身有裂痕，直口，广肩，收腹，平底，器身有多道接胎的凸棱，胎质粗糙坚致，施酱色釉，无光泽，釉不及底。通高21.6、口径11.5、底径9.5厘米（图版四三，图六二：1）。

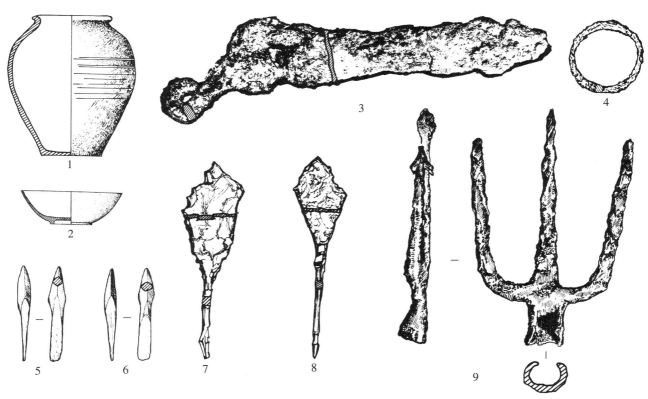

1、2 0 4 8厘米   3、4 0 1 2厘米   余 0 2 4厘米

图六二 东区三十四号墓（DM34）出土的随葬品
1. B型粗胎瓷罐 2. 黑釉瓷碗 3. 铁镰 4. 铁环 5、6. 骨镞 7、8. 铁镞 9. 铁叉

黑釉瓷碟1件。

DM34：2，完整，器型较周正，敞口，圆唇，斜直壁，圈足。胎质坚致，色黄白，较粗糙，施黑色釉，外壁有裂纹，釉色不均，碗心有涩圈，内壁有两处较大的无釉斑点，釉面有小开片，外壁下部

和圈足无釉。通高5.3、口径15.2、足径6.4厘米（图版四四，图六二：2）。

铜器

匜1件。

DM34：5，铸造，口作圆形，壁微弧，有一长方形短流，平底残，器壁较薄。通高5.4、口径16.8、底径11.7、流长4厘米（图版二〇八）。

环2件。

DM34：11、12，圆形，环截面为椭圆形环径不均。内径2.5、外径2.9厘米。环截面0.2厘米（图六二：4）。

铁器

镰1件。

DM34：3，B型，锻造，锈蚀较甚。器身直，背稍有外弧曲。镰尾内转变细成柄，柄梢锻成圆环。残长16、宽2.6、背厚0.5厘米（图版二〇二，图六二：3）。

锤1件。

DM34：4，B型，铸造，仅有锤头。楔形，正面为长方形，侧面为梯形。正面中部有圆角长方形穿孔。锤头一端有横刃，另一端为锤头。锤头一端有使用敲打的痕迹。通长7.8、宽2厘米，穿孔长1.7、宽0.9厘米。

叉1件。

DM34：8，B型，锻造，圆筒形銎柄，下分三个叉齿，齿呈"山"字形。中齿与銎孔一体相连，尖锋锐；左右二齿等距分两侧，有倒刺。通长20厘米，齿长分别为11、14、13厘米，銎径1.9厘米（图版二〇八，图六二：9）。

镞5件。

标本DM34：6，B型。锻造，镞首扁且宽，没有镞身，首和铤直接相连，铤细长，锥样尾。通长16.2、厚0.2、铤长8厘米（图六二：8）。

标本DM34：7，B型。首略残，三角形镞首，锋刃尖锐。残长15.5、厚0.3、铤长6.5厘米（图六二：7）。

骨器

均为镞，5件。

标本DM34：20，B型，通长7、宽1.3、厚0.8、铤长4.2厘米（图六二：5）。

DM34：16，B型。通长8、宽1.8、厚0.8、铤长4厘米（图六二：6）。

石器

砺石1件。

DM34：15，砺石。长条形，制作规整，通体打磨光滑。一端残断处可件有一穿孔，另一端圆弧有磨痕。残长13.8、宽1.7、厚1厘米（图版二二〇）。

琉璃器

扣饰2件，形制相同。

DM34：9、10，白色，圆球形纽扣状，主要特征为上部是圆形穿孔状纽，下部为球形实心扣，通高 0.9、直径 0.6 厘米。

第三十五号墓

三十五号墓（DM35）位于东区的中部，北邻 DM32，东邻 DM23，南邻 DM24，西邻 DM38。DM35 开口①层下，打破生土。

1. 形制和规格

DM35 是长方形土坑竖穴墓，墓圹呈圆角长方形，长 2.65、宽 1.01、深 0.43 米。填土为五花土和黄沙土。墓向 235°（图六三）。

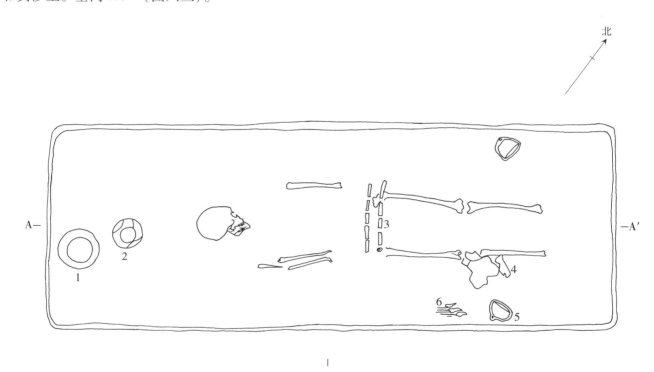

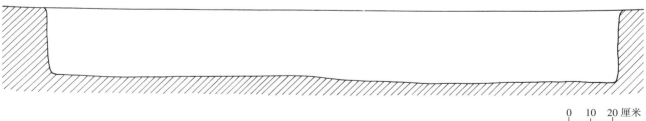

图六三　东区三十五号墓（DM35）平剖面图
1. 青花勾栏瓶花纹瓷盘　2. 黑釉粗瓷碗　3. 铜带饰　4. 铁片　5. 铁马镫　6. 铁锹

该墓墓坑浅，葬具保存不好，墓圹内有一具木棺，朽烂，木棺底长 2.6、宽 0.98 米。棺内有一具人骨架，保存完整，头向西偏南，仰身直肢葬。

2. 随葬品

共 14 件。

（1）种类和数量

瓷器 2 件，铁器 5 件，铜器 7 件。

（2）出土位置

瓷器放置于棺内头骨顶部，出土有 1 件青花瓶花栏杆纹瓷盘和 1 件黑釉瓷瓷碗。另外，在人骨架的两股骨之间出土有一条（7 件）铜条形带饰。人骨架的右股骨下发现有许多残碎铁片和一个铁条互缠器，右股骨外侧靠近棺壁出土有 3 件铁镞。在人骨架的两个小腿骨外侧各放置有 1 件铁马镫。

（3）器物形制分类介绍

瓷器

青花勾栏瓶花纹盘 1 件。

DM35：1，Ab 型，完整，磨损较甚，器型不周正，直口，圆唇，斜弧腹，圈足，足尖修整，外圆内直，微内敛。胎质灰白，细密坚致，釉色白中闪青，无光泽，足尖无釉。内壁盘口绘有两道青花弦纹，在盘内心处也绘双重青花圆圈，圈内中央绘一株向阳花插在花瓶中，花形近圆，花与瓶的大小比例失调，花大瓶小，在花的两侧各有一只蝴蝶，花瓶四周绘有勾栏和假山石，花的上方有花叶衬托。盘外壁口沿下有两道弦纹，外壁上绘有五组缠枝菊花图案，菊花为主，等距分布，每组之间花叶缠枝连缀，花叶呈四尖状，遍布器身。青花发色淡雅，花朵晕散较重。通高 3.7、口径 20.4、足径 12 厘米（图版一二七，图六四：1）。

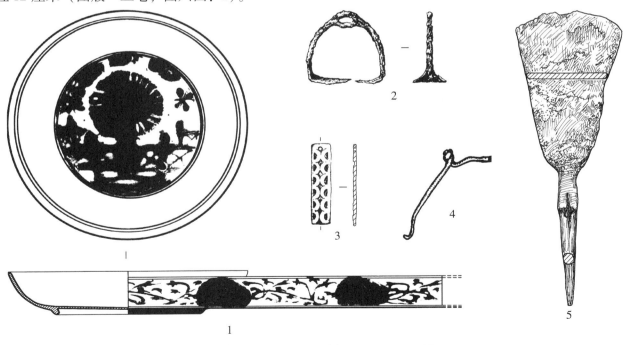

1、3、4. 0 ⎯⎯ 2 ⎯⎯ 4 厘米　　2. 0 ⎯⎯ 4 ⎯⎯ 8 厘米　　5. 0 ⎯⎯ 1 ⎯⎯ 2 厘米

图六四　东区三十五号墓（DM35）出土的随葬品

1. 青花勾栏瓶花纹盘　2. 铁马镫　3. 铜带饰　4. 铁条　5. A 型铁镞

黑釉粗瓷碗 1 件。

DM35：2，敞口，微侈沿，斜腹，圈足。口部有一处较大的缺损，通体有过火的痕迹，釉色不太清晰，外壁施釉不到底，胎质黄白坚致，圈足较宽，上有支钉痕。直径 13.8、高 6、足径 6.9 厘米（图版四五）。

铁器

马镫 1 副。

DM35：4，B 型，镫孔顶端的穿孔为开口，即穿孔是镫桥孔顶端锻打出一个亚腰形葫芦圈，锻造成活口穿孔。通高 13.8、镫孔宽 14、踏板宽 5.8 厘米（图版二〇四，图六四：2）。

铁条互缠器 1 件。

DM35：5，残。为两根铁条拧成，一端上折。长 12 厘米，铁条直径 0.5 厘米（图六四：4）。

镞 3 件，均为 A 型。

标本 DM35：5，A 型，凿形镞首，刃部宽，铤尖，呈圆锥状，首长 8.5、铤长 6.9、厚 3.5 厘米（图六四：5）。

铜器

条形带饰 1 条（9 件）。

标本 DM35：3，长方形，正面凸起，背面平直，一端有一圆孔，两侧各饰有凸起弧线纹。长 7.4、宽 1.8、厚 0.3 厘米（图版二一〇，图六四：3）。

第三十六号墓

三十六号墓（DM36）位于东区的中部，其东面邻 DM33，西面是 DM9，北面是 DM10，南面是 DM22。DM36 开口①层下，打破生土。

1. 形制和规格

DM36 是长方形土坑竖穴墓，墓圹呈圆角长方形，长 2.95、宽 0.7、深 0.7 米。填土为五花土。墓向 270°（图六五）。

在墓圹的南北壁圹口上方各有两个豁槽，呈长方形，互相对称。其中，北壁东豁槽距墓圹东端 0.35 米，长 0.45、宽 0.25、深 0.25 米。西豁槽距墓圹西端 0.55 米，长 0.38、宽 0.2、深 0.18 米。两沟槽间距 1.6 米。南壁的豁槽与北壁豁槽的形制大小、深浅如出一辙。

墓内发现有棺木朽烂痕迹，可以知道内盛有一具木棺，棺底朽木范围长 2.9、宽 0.68 米。棺内保存有一具人骨架，保存状况一般，头向西，为仰身直肢葬。

2. 随葬品

共 63 件。

（1）种类和数量

瓷器 5 件，铁器 23 件，铜器 3 件，骨器 5 件，石器 1 件，琉璃器 24 件，玉器 1 件。

（2）出土位置

瓷器摆放于墓底的人头骨顶部，其中出土有 1 件墨绿釉粗瓷小口罐，1 件青花"寿"字纹瓷盘，1 件白瓷盘，1 件龙泉青瓷碗，1 件青花漩涡云气纹碗，1 件铜匙。另外，在人骨架的头骨右侧出土有

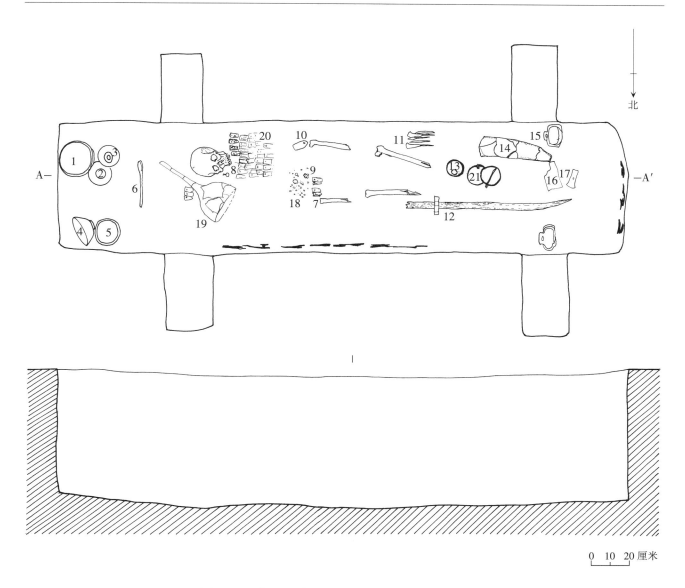

图六五　东区三十六号号墓（DM36）平剖面图

1. 白瓷盘　2. 青花漩涡云气纹瓷碗　3. 绿釉粗瓷壶　4. 青釉瓷碗　5. 青花"寿"字纹瓷盘　6. 铜勺　7. 铜环　8. 扣3件　9. 花瓣扣饰2件　10. 砺石　11. 铁镞16件、骨镞5件　12. 铁刀　13. 铁环　14. 箭囊　15. 马镫2件　16. 砺石　17. 铁锤　18. 串珠　19. 铁头盔　20. 甲　21. 马衔

1件铁头盔。胸骨上方部位出土有大量铁甲片，在铁甲片和胸骨四周散布有1件玉饰件、1件水晶牌饰以及3件琉璃扣饰，绿色串珠20件。左上肢骨肘部位置出土有1件残断的砺石和1件铜顶针。左股骨外靠近棺壁处有16件铁镞和5件骨镞。右股骨外侧有1把铁剑，铁剑内侧旁出土有1件铁环和1件马衔，旁边另出土有1个铜箭囊，1件铁锤，位于两脚骨下端还各出土有铁马镫1件。

（3）器物形制分类介绍

瓷器

绿釉粗瓷壶1件。

DM36：3，Ab型，较完整，口部有磕碰痕，器型较周正，小敞口，束颈，筒形腹，腹部有接胎的几道凸棱，平底。缸胎厚重，坚致，施墨绿色釉，釉不到底。通高 22.2、口径 5.2、底径 8 厘米（图版四六，图六六：5）。

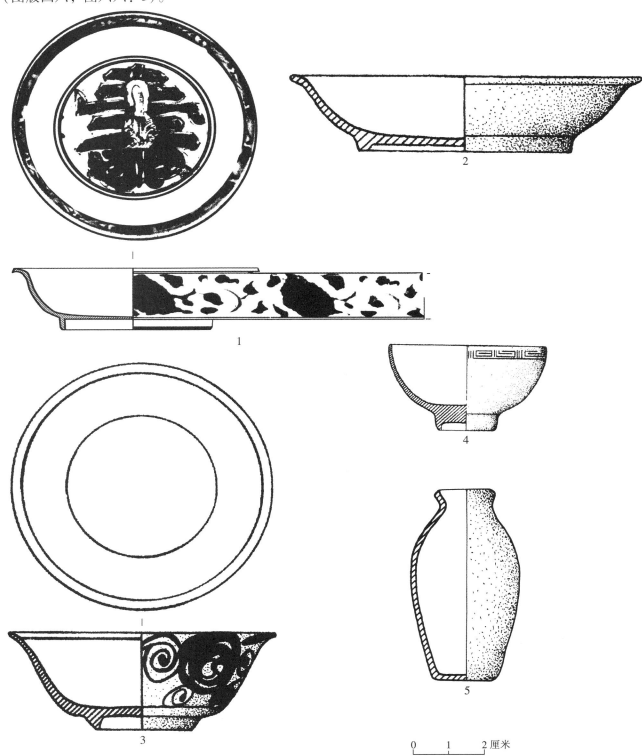

图六六　东区三十六号墓（DM36）出土的随葬品（1）

1. 青花"寿"字纹盘　2. 白釉瓷盘　3. 青花漩涡云气纹碗　4. 龙泉青釉瓷碗　5. Ab 型粗胎瓷壶

龙泉青釉碗 1 件。

DM36：4，器物完整，器型周正，直口，圆唇，深腹，腹壁弧收，圈足，挖足不过肩。胎质厚重坚硬，施釉较厚，釉色青绿，有开片，圈足内有坐烧的涩圈，中心有一圆点釉。内壁是压印的人物故事图案，内容无法辨识。通高 10.2、口径 17.9、足径 6.2 厘米（图版八五，图六六：4）。

青花"寿"字纹盘 1 件。

DM36：2，Aa 型，完整，口部有轻微磕碰，器型不周正，敞口，平沿，浅腹，矮圈足，足尖修整圆脊状。胎质灰白，细腻坚致，釉色白中闪青，光亮润泽，施釉不匀，有粘沙漏釉现象，足尖无釉。盘口有两周青花弦纹，弦纹中间是断续交叉斜线网格与圆点纹组合。盘心有双重青花圆圈，中间一个硕大"寿"字，字中央有一寿山石和老寿星图案，满绘盘底。外壁上下各有两道青花弦纹，中间绘有五组蕃莲花，四周是缠枝花叶连缀。青花发色淡雅，晕散适度，浓重处色较黑。通高 3.8、口径 14、足径 8.1 厘米（图版一二八，图六六：1）。

青花漩涡云气纹碗 1 件。

DM36：5，A 型，器物完整，器型较周正，敞口，侈沿，深腹，腹壁斜收，圈足，足尖修整。胎质白且细腻坚致，釉色白泛青，光亮润泽，有开片，圈足内底无釉。碗内壁口沿有一周青花弦纹，碗心有一道青花弦纹，弦纹内有一周涩圈，无其他纹饰。外壁绘有三组漩涡云气纹，粗细相结合，挥洒自如，云气逼真。青花发色暗淡，浓重处近黑色，晕散较好。通高 5.7、口径 14.6、足径 5.3 厘米（图版一二九，图六六：3）。

白釉瓷盘 1 件。

DM36：1，残，口部有一处缺损，小的裂纹一道。器型不周正，敞口，宽平沿，弧壁内收，圈足，足尖修整。胎质洁白，细密坚致，釉色净白清亮，釉面较厚，有粘沙和锈色斑点，足尖无釉。通高 4.2、口径 19.6、足径 11.2 厘米（图版一七九，图六六：2）。

铁器

盔 1 件。

DM36：20，残，铁质，呈不规则半弧形，锈朽甚，无法采集。残长 4.3、宽 6.8、厚 0.3 厘米（图六七：9）。

铠甲 1 副。

铁质，甲片多为长方形，规整，扁平，成片状，锈蚀严重，出土时有 20 千克。呈整体分布，相互粘连在一起。

标本 DM36：28，A 型甲片，圆角长方形，有数量不同的穿孔。残长 5.7、宽 2.4、厚 0.2 厘米。边缘有九个圆形穿孔（图六七：3）。

标本 DM36：21，B 型甲片，叶片状，一端平直，一端略圆弧，有多个圆形穿孔。出土时，六片相连缀。长 6.4、宽 2.1、厚 0.3 厘米（图版二〇七，图六七：2）。

刀 1 件。

DM36：12，B 型，柄略残。锻造，有剑柄、剑格、剑身三部分。通体修长，剑身略有弧曲，剑格为梅花状，剑柄扁平。通长 84 厘米，身长 73.5、宽 2.1、厚 0.3 厘米（图版二〇八，图六七：1）。

锤 1 件。

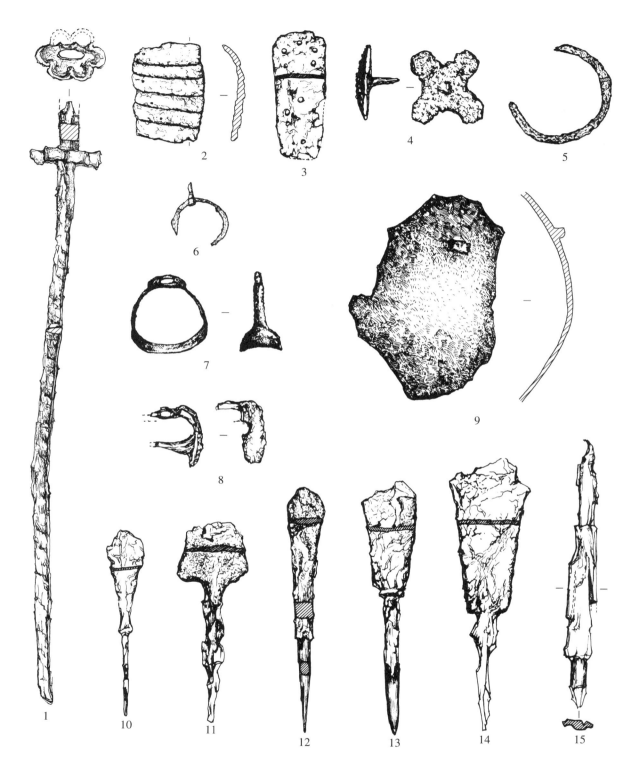

图六七　东区三十六号墓（DM36）出土的随葬品（2）

1. 铁刀　2. 铁甲局部　3. 铁甲片　4. 带帽顶的铁饰件　5. 铁环　6. 铁马衔　7. 铁马镫　8. 铁饰件
9. 铁头盔　10－15. 铁镞

DM36：7，B型，仅有锤头。铸造，楔形，正面为长方形，侧面为梯形。正面中部有圆角长方形穿孔。锤头一端有横刃，另一端为锤头。锤头一端有使用敲打的痕迹。通长11.8、宽3.8、厚2.5厘米。穿孔长2、宽1厘米（图版二〇三）。

镞16件。

标本DM36：22，A型，通长10.6、宽1.5、厚0.3、铤长4.2厘米（图六七：12）。

标本DM36：23，B型，首略残，残长11.3、宽3.5、厚0.3、铤长6.2厘米（图六七：13）。

标本DM36：25，C型。锋残，残长11.8、宽1、厚0.3厘米，翼残，残长2、铤长2.3厘米（图六七：15）。

标本DM36：24，B型，三角形镞首，首略残，残长9、厚0.5、铤长6厘米（图六七：11）。

标本DM36：26，B型，首略残，残长11.3、宽3.5、厚0.3、铤长6.2厘米（图六七：10）。

标本DM36：21，B型，首残缺，残长11、宽2.5、厚0.3、铤长6厘米（图六七：14）。

马衔1件。

DM36：13，残，现存的衔和环均不完整。锻造，中部有两个衔杆相连，衔杆外端有圆形穿孔，各套连一个可活动圆环。衔残长4厘米，环内径8、外径10厘米（图六七：6）。

环1件。

DM36：12，残，锻造，环铁截面为扁圆形。外径9.1、内径7、厚0.3厘米（图六七：5）。

马镫1副。

DM36：15，完整，B型，锻造，镫孔呈椭圆形，踏板两侧有弧形翘起，穿孔在镫孔的顶端，镫桥孔顶端的穿孔为死口。穿孔和马镫桥为一体，锻造死口穿孔。通高14、镫孔宽12、踏板7.2厘米（图版二〇四，图六七：7）。

铁饰件1件。

DM36：16，残，有双钉样，形状不清，长3厘米（图六七：8）。

铜器

共3件。

匙1件。

DM36：6，勺柄略有残缺。铸造，形制相同。勺碗呈椭圆形，勺柄弯曲呈窄条状，柄尾端略宽。残长26.8厘米，勺碗长径9.5、短径3.3厘米。勺柄中部有一圆形穿孔（图六八：2）。

顶针1件。

DM36：8，完整，扁长条片卷成的圆筒形，外表戳有数个坑点。直径1.7、宽0.8、厚0.1厘米（图版二一三）。

箭囊包饰1件。

DM36：14，残，仅残留少部，略呈长方形，中空，朽甚，无法采集。残长6.7、宽8、厚1.9厘米（图版二一五，图六八：1）。

骨器

均为镞，形制相同，5件。

标本DM36：11，B型Ⅰ式。通长12、宽1.7、厚1、铤长4.8厘米（图六八：3）。

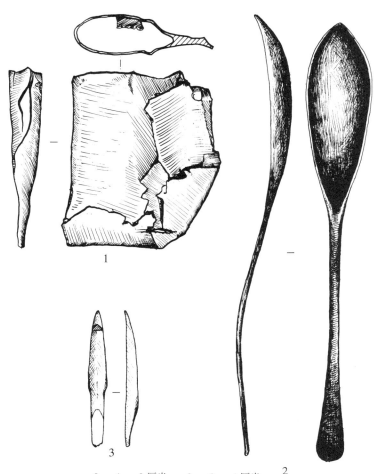

图六八　东区三十六号墓（DM36）出土的随葬品（3）

1. 铜箭囊包饰　2. 铜匙　3. 骨镞

石器

砺石 1 件。

DM36：10，长条状，略显粗大，中间内凹，一角有缺损。长 15、宽 8、厚 0.6—1.4 厘米（图版二二二）。

琉璃器

串珠 20 件，形制相同。

标本 DM36：18，琉璃质，绿色，直径 0.3、孔径 0.1 厘米。

扣饰 3 件，形制相同。

标本 DM36：9，琉璃质，白色，圆球形纽扣，主要特征为上部是圆形穿孔状钮，下部为球形实心扣。通高 1.9、直径 1.4 厘米。

牌饰 1 件。

DM36：17，残，琉璃质。扁平，圆形。顶端为覆莲状钮，中间有一穿孔。花下方是圆形牌面，边缘有一周凹弦纹，中部略有凸起，内雕有一骏马，回首长鸣，四蹄腾空，尾上扬，蹄下是祥云，造型十分精美。直径 3、厚 0.3 厘米。

玉器

圆形花样饰件 1 件。

DM36：27，玉质，圆形，环状，周围是以花瓣为主体的装饰纹样或变体为连珠纹，中间有竖向圆形穿孔。直径 1.8、孔径 0.2、厚 0.15 厘米。

第三十七号墓

三十七号墓（DM37）位于东区的南部偏西，其东邻 DM12，西邻 DM7，南、北没有墓葬相邻。DM37 开口①层下，打破生土。

1. 形制与规格

DM37 为长方形土坑竖穴墓，墓圹呈圆角长方形，长 2.5、宽 1.15、深 0.8 米。填土为沙土和五花土。墓向 265°（图六九）。

墓圹内有朽木痕迹，可知内有一具木棺，棺底朽木长 2.46、宽 1.1 米。棺内有一具人骨架，稍有移位，保存较好，轮廓清楚，头向西，仰身直肢葬。棺底板躯干位置中部铺有一张桦树皮，形状不规则，近于长方形，长 0.1、宽 0.08 米。

2. 随葬品

共 5 件。

（1）种类和数量

瓷器 4 件，铁器 1 件。

（2）出土位置

瓷器摆放于棺内头骨顶部，并排放置有 1 件青花花卉结带宝杵纹瓷碗，1 件青花四出云头菊花纹瓷盘，1 件龙泉青瓷碗，1 件青花蝴蝶蕉叶纹"寿"字纹高足瓷杯，另外，在人骨架的盆骨右侧靠近墓壁处出土有 1 把铁剪。

（3）器物形制分类介绍

瓷器

龙泉青釉碗 1 件。

DM37：2，器物较完整，口部有一道裂纹。器型较规范，圆唇，直口，深腹，腹部弧收，圈足，挖足不过肩。胎质厚重坚致，施酱黄色釉，光亮油润，有开片，圈足内有涩圈，中心有一圆点釉。碗内外壁口沿处是压印的一周雷纹，内壁有压印的人物故事图案，分三组：第一组为二人弹唱，一人抱琵琶，一人演唱；第二组为二人对坐相谈，二人中间有压印"昔故事"字样；第三组为三人出行，其中有二人徒步在前，一人骑马紧随其后。碗心是一驮物骏马图案。通高 10.8、口径 17.2、足径 6.3 厘米（图版八六，图七〇：4）。

青花四出如意云头梵字菊花纹盘 1 件。

DM37：1，Aa 型，完整，器型较周正，敞口，平沿，圆唇，浅腹，壁弧，圈足略高，足尖修整圆脊状。胎质白，细腻坚致，釉色白中泛青，光亮润泽。盘口绘有两道弦纹，其下绘有七出云头，云

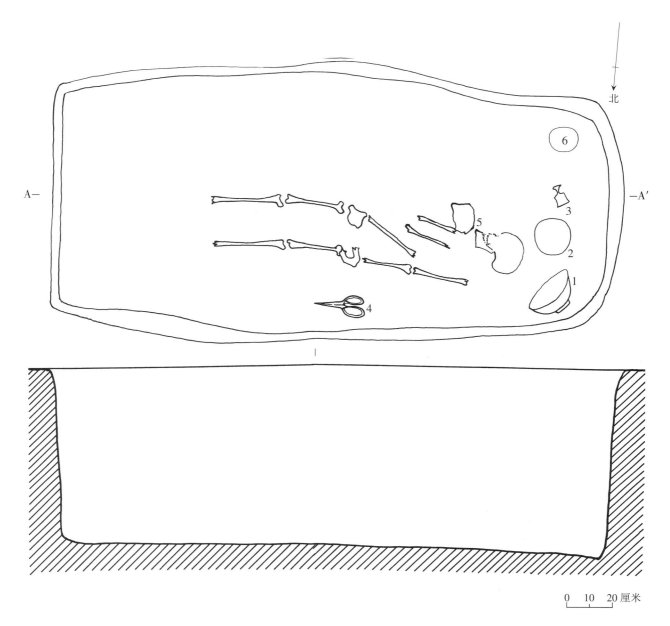

图六九　东区三十七号墓（DM37）平剖面图

1. 青釉瓷碗　2. 青花如意云头纹瓷盘　3. 青花"寿"字纹高足杯　4. 铁剪　5. 桦树皮　6. 青花结带宝杵纹碗

头中间有类似中国结样的装饰图案，云头外侧间绘有七朵菊花。盘心绘有双重圆圈，中间绘有四出云头，每个云头中有一相同的"梵文"字装饰，盘正中绘有五朵花蕾，青花打底，图案是露白处展示。盘外壁口沿下有两道弦纹，壁上满绘连续的小漩涡纹，近底部和圈足上各绘有两道弦纹。青花发色淡雅，晕散较轻。通高4.1、口径15.3、足径8.5厘米（图版一三〇，图七〇：2）。

青花花卉结带宝杵纹碗1件。

DM37：3，Bc型，完整，敞口，斜沿，腹壁微斜弧，圈足。胎质白，坚硬；釉色泛青光亮，青花纹饰釉色较深，色泽艳丽。碗内壁口沿下绘二方连续菱形网格纹，下绘四朵花卉，其中石榴花二，

图七〇 东区三十七号墓（DM37）出土的随葬品

1. 青花花卉结带宝杵纹碗 2. 青花四出如意云头纹盘 3. 青花蝴蝶蕉叶"寿"字纹高足杯
4. 龙泉青瓷碗 5. 铁剪

海棠花二，碗心绘结带宝杵纹。碗外壁绘有六朵缠枝莲花纹，下饰十二瓣宝相花叶纹。器物有裂纹，可见修补过的痕迹。通高7.4、口径16.7、足径6.5厘米（图版一三一，图七〇：1）。

青花蝴蝶蕉叶纹"寿"字纹高足杯1件。

DM37：4，A型，器物不完整，杯口有一处残缺。器型不周正，敞口，尖唇，斜沿，斜直腹，腹下有节，高圈足。胎质白且细腻坚致，釉色泛青，较为光亮润泽，圈足内底无釉。杯内壁口沿绘两道弦纹，杯心绘双重圆圈，中间有一草书"寿"字。杯外壁口部一道弦纹，下部一道弦纹，中间绘有四只蝴蝶，两个正绘，两个横绘。高足上绘有倒置蕉叶图案。青花发色淡雅，蓝色明显。通高9.1、口径8.3、足底径3.8厘米（图版一三二，图六九：3）。

铁器

剪1件。

DM37：5，锻造，锈蚀较甚。剪口与剪把的长度大致相等，形状与现代的剪刀相同，通长 21.3 厘米，剪口长 11.6 厘米（图版二〇八，图七〇：5）。

第三十八号墓

三十八号墓（DM38）位于东区的中部，西北邻 DM22，东南邻 DM35。DM38 开口①层下，打破生土。

1. 形制和规格

DM38 为长方形土坑竖穴墓，墓圹为圆角长方形，长 2.2、宽 0.8、深 0.30—0.38 米。填土为黄色沙土。墓向 290°（图七一）。

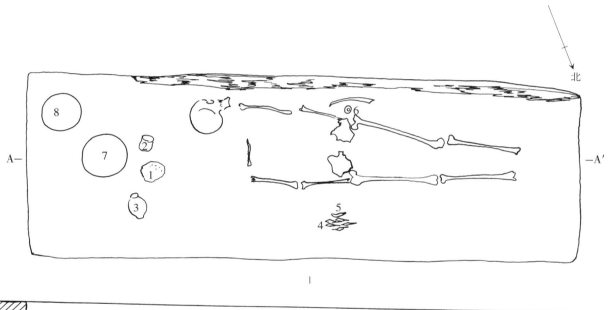

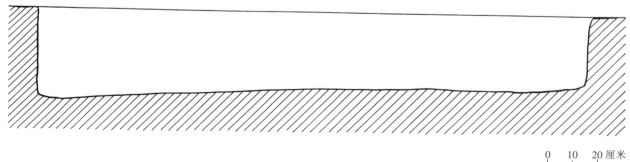

图七一　东区三十八号墓（DM38）平剖面图

1. 青花犀牛望月纹盘　2. 青花缠枝菊花纹碗　3. 绿釉粗瓷壶　4. 铁马衔　5. 铁镞　6. 铁环　7. 青花松枝纹大碗　8. 青花缠枝菊花纹碗

墓圹中棺木朽甚，仅在墓圹内北侧发现有棺木朽烂的痕迹，无法判断棺木大小，墓圹底部发现一具人骨架，保存较好，稍有向左侧移位，头向西，仰身直肢葬。

2. 随葬品

共 13 件。

（1）种类和数量

瓷器 5 件，铁器 7 件，骨器 1 件。

（2）出土位置

瓷器摆放于墓底人头骨顶部，并列放有 1 件青花缠枝菊花纹瓷碗，1 件青花松枝纹大碗，1 件青花草叶法螺"寿"字纹碗，1 件青花犀牛望月纹瓷盘，1 件绿釉粗瓷壶。另外，在人骨架的腰部位置出土有 1 件铁环，盆骨左侧出土有 1 件骨镞和一把铁刀，在人骨架的盆骨右侧出土有 5 件铁镞和一个残断的铁马衔。

（3）器物形制分类介绍

瓷器

青花缠枝菊花纹碗 1 件。

DM38：1，Ba 型，器物完整，器型不周正，敞口，侈沿，深腹，腹壁斜收，短圈足修整较尖。胎质灰白，细密坚致，施釉不匀且色泛青，有开片，碗内底和外壁下部有漏釉。碗心是一朵心形菊花，外壁绘有四组菊花和缠枝花叶，密布全身，菊花的外缘有齿状修饰。青花发色暗淡，花纹淡雅。通高 6、口径 16、底径 7.2 厘米（图版一三三，图七二：1）。

青花松枝纹碗 1 件。

DM38：2，Bb 型，直口，圆唇，腹壁略斜直内收，圈足。胎质细腻，洁白坚硬，釉色纯净，光泽晶亮。器型规整，制作精良。碗内壁口沿下有一道"十"字形纹饰带，碗心有双重圆圈，中间绘有花叶图案。碗外壁绘有繁茂的松枝图案，圈足上有两道弦纹。圈足内底施釉，并绘有双重圆圈，内写"长春富贵"四字，字体呆板，不规整。通高 8.4、口径 18、足径 7 厘米（图版一三四，图七二：5）。

青花草叶法螺纹碗 1 件。

DM38：3，Ba 型，口沿有残缺，敞口，撇沿，腹壁微弧，圈足。胎质灰白，釉色泛青。碗内壁口沿处绘有连续梵文字组合的图案，下绘水草，碗心有双重青花圆圈，圆圈内绘有海螺和海水的图案。碗外壁口沿部绘有交错斜带条纹，斜带纹下有双弦纹，其下绘花草叶纹和松竹梅图案。高 5.5、口径 10.3、足径 4.5 厘米（图版一三五，图七二：3）。

青花犀牛望月纹盘 1 件。

DM38：4，Aa 型，器物不完整，口部缺损较甚，器身有两道裂纹，形制欠周正，敞口，圆唇，壁弧曲，敛圈足，足尖修整，状如圆脊。胎质白且细腻坚致，釉色白中泛青，有光泽，足尖无釉。盘口有一周米色釉，口沿处绘一道青花弦纹，盘心绘双重圆圈，中间绘一长鬃瑞兽，头上毛发上扬直立，脖颈粗壮有力，身躯圆润，画法简洁，张势明显，尾部飘扬貌，头尾大小对比鲜明，回首望月貌，其右上角有一个半圆月亮。青花发色浓重，深处呈紫黑色。通高 2.8、口径 12、足径 7 厘米（图版一三六，图七二：2）。

酱绿釉粗瓷壶 1 件。

DM38：5，Ab 型，不完整，口部残缺一处，器身有一破损的洞。小直口，束颈，筒腹，器身较

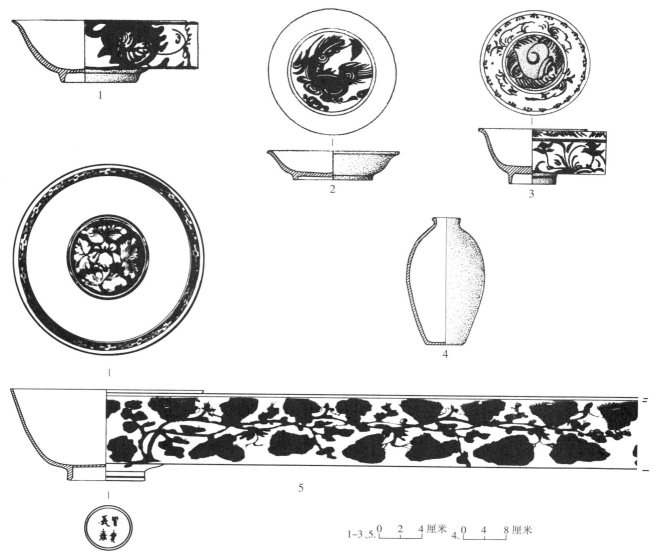

图七二　东区三十八号墓（DM38）出土的随葬品（1）

1. 青花缠枝菊花纹碗　2. 青花犀牛望月盘　3. 青花草叶法螺"寿"字纹碗　4. Ab 型粗胎瓷壶　5. 青花松枝纹"长春富贵"款碗

长，腹壁弧形，上下腹壁较为一致，平底。口径小于底径。胎质灰黄，粗糙坚致，施浅酱绿色釉，表面不平等，欠光泽，釉不及底。通高 24.4、口径 4.8、底径 8.4 厘米（图版四七，图七二：4）。

铁器

镞 5 件，形制相同

标本 DM38：6，Bb 型，镞首略残，三角形镞首，锋刃尖锐。残长 18.2、厚 0.2、铤长 9.8 厘米（图七三：6）。

刀 1 件。

DM38：15，A 型，锈蚀略残，锻造，仅残存刀身和柄芯，锻造一体，弧形，较宽且短。通长 32、宽 2、厚 0.5 厘米，柄芯长 7.8 厘米（图版二〇八，图七三：7）。

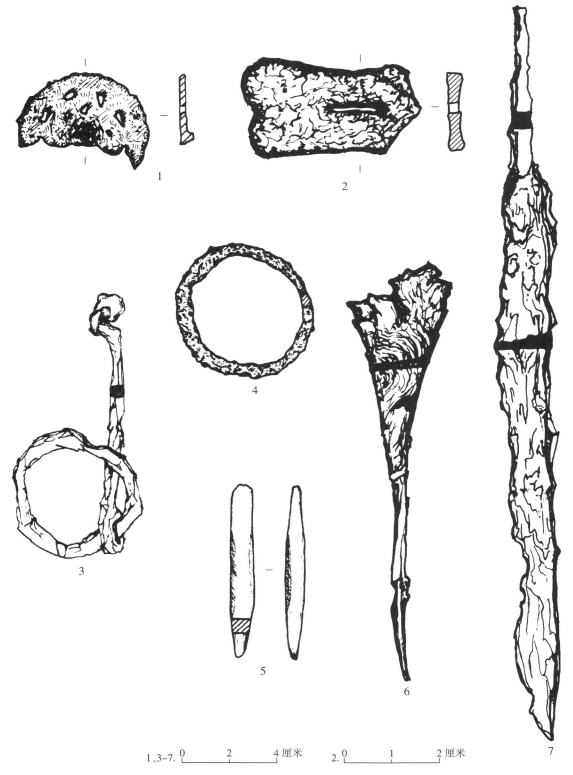

图七三　东区三十八号墓（DM38）出土的随葬品（2）

1. 圆形铁饰件　2. 束腰形铁饰件　3. 铁马衔　4. 铁环　5. 骨镞　6. 铁镞　7. 铁刀

（3）环，1件

DM38：16，锻造，环铁截面为扁圆形。外径5.8、内径4.8、厚0.4厘米（图七三：4）。

马衔1件。

DM38：13，仅残存一半。锻造。中部有两个衔杆相连，衔杆外端有圆形穿孔，各套连一个可活动圆环。衔长11、环内径4.2、外径5.8厘米（图七三：3）。

（5）束腰形饰件，1件

DM38：14，长方形，器身扁平，上端残断折弧，下端微弧内凹。束腰中部有一长条镂孔。锈蚀较甚，无法判断用途，长3.8、宽2、厚0.2厘米（图版二○七，图七三：2）。

（6）饰件，1件。

DM38：12，锻造，圆形，残缺近一半，一侧中部有一纽，形制较小且薄，多数应该是棺木上的装饰。有明显残断痕迹。直径5.5、厚0.5厘米（图版二○七，图七三：1）。

骨器

镞1件。

DM38：11，锋较短，四面均磨制，无铤，柳叶形，尾部修整成扁平样。通长7.5、宽0.8、厚0.8厘米（图七三：5）。

第三十九号墓

三十九号墓（DM39）位于东区的南部，周围没有紧邻的墓葬，西侧是DM42，东侧是DM41。DM39开口①层下，打破生土。

1. 形制和规格

DM39是长方形土坑竖穴墓，墓圹为圆角长方形，长2.28、宽0.6、深0.65米。填土为黄沙土。墓向245°（图七四）。

墓圹内有一口棺，棺木朽甚，仅在发掘中看到不多的朽木痕迹，无法判定棺的形制大小。棺内有一具人骨，骨架保存较相对完整，趾骨与肋骨皆无。头向西南，是仰身直肢葬。

2. 随葬品

共17件。

（1）种类和规格

瓷器1件，铁器4件，骨器12件。

（2）出土位置

瓷器放置在人骨架的头骨顶部左侧，出土有1件酱釉粗瓷壶。另外，在人骨架右股骨外侧靠近墓圹壁处出土有1件铁镰，铁镰下有1件铁锅残片，不规则形状，锈蚀几乎无法辨识其为何物，铁锅残片下面压有3件铁镞和12件骨镞，其中有一件骨镞已残。

（3）器物形制分类介绍

瓷器

酱釉粗瓷壶1件。

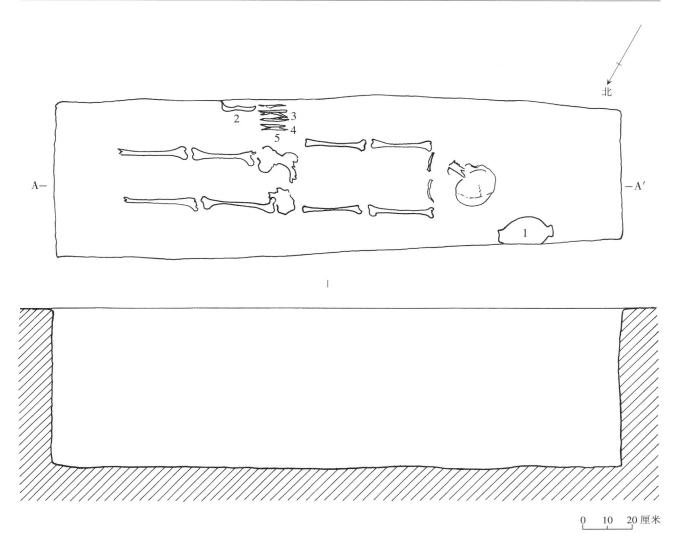

0　10　20厘米

图七四　东区三十九号墓（DM39）平剖面图
1. 酱釉粗瓷壶　2. 铁镰　3. 铁残片　4. 铁镞　5. 骨镞

DM39：1，Ab型，完整，胎质粗且坚硬，腹部最大径上移至近肩部，下腹壁内收，口径小于底径，平底，底微内凹，酱釉不施到底，有挂釉现象。通高19.2、口径5.8、底径8厘米（图版四八，图七五：1）。

铁器

镰1件。

DM39：2，锻制，单面刃，镰尖有缺损。器身呈向内弧刃曲背状，较为修长。镰尾内转变细成柄，柄梢锻成圆环。镰身刃口尾部上方有一圆孔。残长18.8、宽3.6、背厚0.6厘米（图版二〇二，图七五：2）。

镞3件，形制相同。

标本DM39：4，Aa型，凿形镞首，宽厚几乎相等。铤为圆柱或四棱柱状，尾部呈圆锥形。通长11、宽0.4、铤长3.5厘米（图七五：5）。

骨器

镞12件，均为A型。

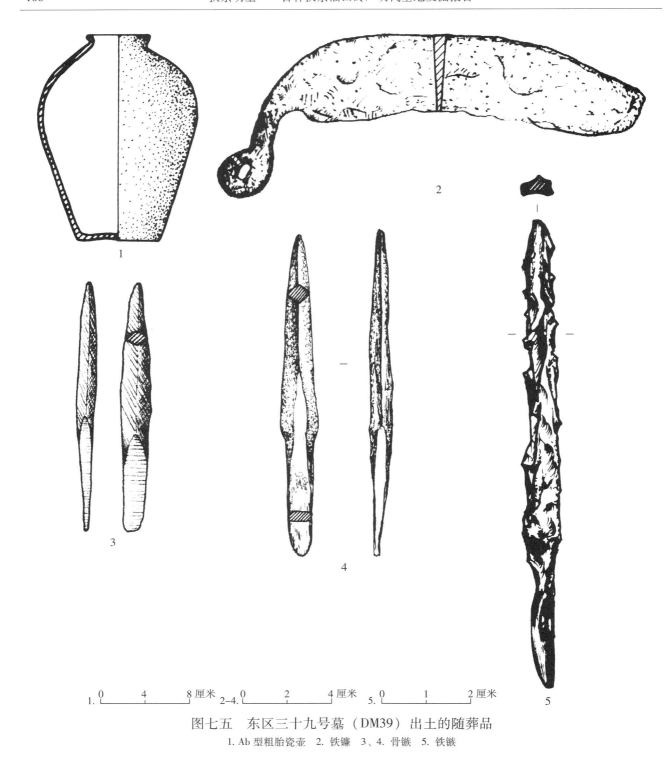

图七五　东区三十九号墓（DM39）出土的随葬品

1. Ab 型粗胎瓷壶　2. 铁镰　3、4. 骨镞　5. 铁镞

标本 DM39：6，无铤，柳叶形，尾部修整成扁平样。镞身单面出脊，另一面为槽，有磨光。通长13.5、宽1.9、厚1 厘米（图七五：4）。

标本 DM39：7，锋规整，为等腰三角形，镞身单面出脊，另一面为槽，有磨光，尾部扁平。通长11.5、宽1.1、厚0.8 厘米（图七五：3）。

第四十号墓

　　四十号墓（DM40）位于东区的最南端，其西北侧是 DM25，北面是 DM30。DM40 开口①层下，打破生土。

1. 形制和规格

　　DM40 为长方形土坑竖穴墓，墓圹呈圆角长方形，长 2.45、宽 0.93、深 1.04 米。填土为黄沙土和五花土，墓葬的填土中发现有很多红烧土块。墓向 260°（图七六）。

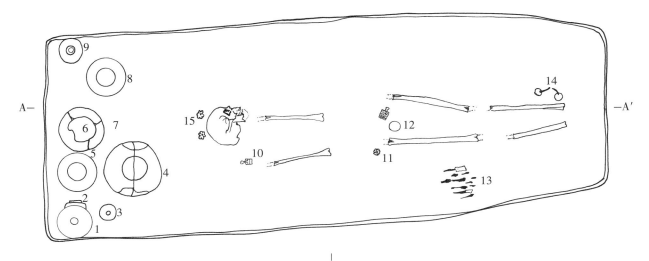

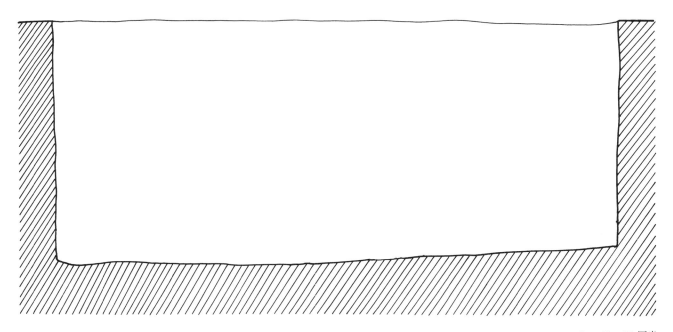

图七六　东区四十号墓（DM40）平剖面图

1. 酱釉粗瓷壶　2. 青花"寿"字纹瓷盘　3. 白釉瓷杯　4. 青釉瓷盘　5. 青釉瓷碗　6. 青花葵口舞狮纹瓷盘　7. 青花勾栏瓶花纹瓷盘　8. 青花缠枝菊花纹瓷碗　9. 酱釉粗瓷壶　10. 铜带铐　11. 饰件　12. 铜牌饰　13. 铁镞　14. 铁马衔　15. 饰件

墓圹内发现有一木棺，朽烂较甚，残留棺底部，范围长 2.4、宽 0.9 米。棺内人骨保存不好，仅残存头骨和四肢骨，从残存的肢骨看，应是仰身直肢葬。

2. 随葬品

共 23 件。

（1）种类和数量

瓷器 9 件，铁器 12 件，铜器 1 件，玛瑙器 1 件。

（2）出土位置

瓷器都摆放于头骨顶部，出土时并列放置有 1 件酱釉粗瓷壶，1 件黄褐釉粗瓷壶，1 件青花"寿"字纹瓷盘，1 件白瓷盅，1 件龙泉青瓷盘，1 件龙泉青瓷碗，1 件残青花葵口舞狮纹瓷盘，1 件青花勾栏瓶花纹瓷盘，勾栏瓶花纹瓷盘内放有 1 件青花缠枝菊花纹瓷碗，头骨周围散布出土有 1 个玛瑙珠和一些琉璃饰件。另外，在人骨架的两股骨之间出土有 1 件铜带銙和一个铁质圆形器，推测为火镰。在人骨架的右股骨外侧出土有 10 件铁镞。在人骨架的左脚位置附近出土有 1 件铁马衔。

（3）器物形制分类介绍

瓷器

酱釉粗瓷壶 2 件。

DM40：1，Ab 型，较完整，器型欠周正，小直口，筒形腹，腹部最大径上移至近肩部，下腹壁内收，口径小于底径，平底。酱釉釉色侵蚀，现为灰褐色，有局部脱落，器表不光洁。通高 24.3、口径 4.8、底径 7.8 厘米（图版四九，图七七：2）。

DM40：9，B 型，不完整，口部稍有残缺，撇口，短颈，溜肩，肩部有三道凹弦纹，筒形腹近底内收，器身修长，圈足外撇，底外凸。胎质灰白，粗糙坚硬，施黄褐釉，有光泽，釉不到底，圈足修整，足底无釉。通高 18.9、口径 4.2、底径 7.2 厘米（图版五〇，图七七：1）。

龙泉青釉盘 1 件。

DM40：4，器体较完整，有三道裂痕。敞口，宽平折沿，腹壁微弧，矮圈足。胎质灰白厚重，青绿色釉，釉色润泽晶莹，圈足内底施白釉，足尖修整无釉。盘体大且沉厚，有模压的装饰图案，内壁是多道竖直细密带条纹，外壁是竖道稀疏宽带纹，犹似菊花花瓣。通高 5.8、口径 25.5、足径 11 厘米（图版八七，图七七：3）。

龙泉青釉碗 1 件。

DM40：5，器物较完整，器身有两道裂纹。器型欠周正，圆唇，直口，深腹，腹壁弧曲，圈足，挖足不过肩。胎质呈黄褐色，厚且粗重。施釉较厚，釉为浅绿色，有开片，足底有支烧的涩圈。碗内壁口沿下压印有一周连续雷纹，下有六人出行图案，中心是一副马车，车上乘坐一人，手持马鞭。车后有一骑马随从，肩扛大刀，依次有一人徒步，手举仪仗，一人乘马，手举长枪，一人徒步，手持旌旗，一人乘马，手持大刀。碗心有一刻画的鹿回头图案。外壁口沿下有一周雷纹。通高 9.6、口径 17、足径 6.3 厘米（图版八八，图七七：9）。

青花"寿"字纹盘 1 件。

DM40：2，Aa 型，完整，器型不周正，敞口，平沿，浅腹，圈足，足尖修整如圆脊状。胎质灰白，细腻坚致，釉面白中闪青，施釉不均，有多处露胎，圈足足尖无釉，内底有火石红痕。制作工艺

图七七　东区四十号墓（DM40）出土的随葬品（1）

1. B 型粗胎瓷壶　2. Ab 型粗胎瓷壶　3. 龙泉青釉瓷盘　4. 青花勾栏瓶花盘　5. 青花缠枝菊花纹碗　6. 青花"寿"字纹盘
7. 白釉瓷杯　8. 青花葵口舞狮纹盘　9. 龙泉青釉碗

不规整，器体已有变形。盘口沿绘有两周弦纹，中间添加连续正反斜线纹，盘心有双重青花圆圈，圈中满写一个大的"寿"字，笔画较粗，布满盘心底部。字中间绘有寿山石与寿星图案。外壁口沿有两道弦纹，下绘有六朵缠枝蕃莲花，布满外壁，圈足有两道弦纹。青花发色暗淡，晕散较明显。通高3.6、口径14.4、足径8.2厘米。（图版一三七，图七七：6）

青花葵口舞狮纹盘1件。

DM40：6，Aa型，较完整，中有一道长裂纹，有三个铜钉修补痕迹。器型较周正，敞口，平折沿，腹壁较深，敛圈足。胎质厚重，釉色白中闪青，润泽明亮，盘内壁是白釉青花，外壁是仿龙泉青绿色釉，圈足内底无釉。盘口绘有二道粗弦纹和涡纹的组合纹饰，盘心绘三道同心圆圈，中间绘有一舞狮，狮子头的两侧各有一条飘带，身子周围有小的点缀。盘的外壁施有青绿色釉，无纹饰。青花发色淡雅，晕散适度。通高4.4、口径18.9、足径9.8厘米（图版一三八，图七七：8）。

青花勾栏瓶花纹盘1件。

DM40：7，Ab型，通高3.7、口径20.4、足径12厘米。较完整，器身有两道交汇裂纹，器型不周正，敞口，斜弧腹，圈足，圈足内底略凸，足尖修整圆脊状，粘有细沙粒。釉色白中闪青，光亮润泽，足尖无釉。盘内壁口沿下绘有两道青花弦纹，盘心双重青花圆圈，圆圈中央绘一株心形向阳花，花插在花瓶里，明显花大瓶小，花左右两侧各有一只蝴蝶在飞舞，花瓶后方有一道勾栏栏杆，花上部是三个花叶装饰。盘外壁口沿下有两道弦纹，外壁上绘有五组缠枝菊花，菊花等距分布，花形写意，每组间以缠枝花叶，花叶呈四角样。圈足有一道弦纹。青花发色浓艳，晕散较重。通高4、口径20.7、足径12.2厘米（图版一三九，图七七：4）。

青花缠枝菊花纹碗1件。

DM40：8，Ba型，器物较完整，口部有一处小的磕碰。器型欠周正，敞口，侈沿，尖唇，深腹，腹壁弧收，圈足。胎质细腻，灰白坚致，釉色白中泛灰。碗内壁口沿处绘有两道弦纹，碗心绘有双重青花圆圈，中有一朵菊花，外展五片花叶。外壁口沿处绘有一道弦纹，下有四组菊花及枝叶，叶片肥大，花朵饱满，圈足上绘有两道弦纹。青花发色暗淡，颜色蓝灰，浓重处发黑，青花为地，露白成图。通高7.2、口径17.2、足径7厘米（图版一四○，图七七：5）。

白釉瓷杯1件。

DM40：3，C型，器物较完整，壁较薄，口有残缺，器壁有两处裂痕。形制较周正，敞口，尖唇，斜直壁呈喇叭形，内凹底足。胎质纯白细腻坚致，釉色净白光亮，内底有一周涩圈。圈足内底有一青花押字款，无法释读。通高3.7、口径7.6、足径2.5厘米（图版一八○，图七七：7）。

铜器

带扣1件。

DM40：10，铸造，近方形。中间有一长条曲尺形镂孔。正面平整，背面有两道竖向穿鼻，下部为三角形穿环。长4.2、宽3.6、厚0.9厘米（图七八：5）。

铁器

镞10件，均为Ab型。

标本DM40：11、铲形镞首，扁平镞身，镞锋变为弧刃，通长7.5、宽2.3、厚0.3、铤长2.5厘米（图七八：2）。

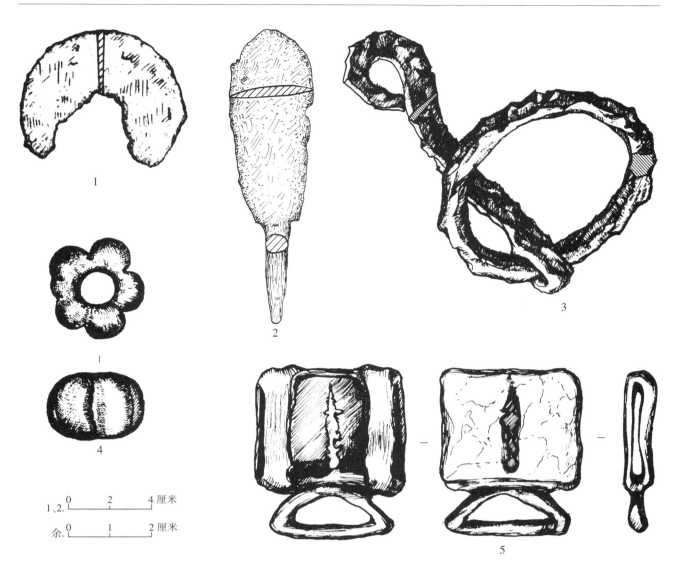

图七八 东区四十号墓（DM40）出土的随葬品（2）
1. 圆形铁饰件 2. 铁镞 3. 铁马衔 4. 玛瑙珠 5. 铜带饰

马衔 1 件。

DM40：22，锻造，中部有一个衔杆相连，衔杆外端有圆形穿孔，各套连一个可活动圆环。残存一半，仅有一衔杆和一环。衔长 7.5、环内径 4、外径 4.8 厘米（图版二○五，图七八：3）。

圆形器 1 件。

DM40：20，残。直径 8.1、厚 0.3 厘米（图七八：1）。

玛瑙器

串珠 1 件

DM40：21，瓜棱外表，棱线突出，呈红、蓝、白三色，纵看呈六片花瓣样，中有一穿孔。直径 2.5、高 1.7、孔径 0.8 厘米（图版二二三，图七八：4）。

第四十一号墓

四十一号墓（DM41）位于东区的东南角，北面与 DM23 相邻。DM41 开口①层下，打破生土。

1. 形制和规格

DM41 是长方形土坑竖穴墓，墓圹呈圆角长方形，长 2.46、宽 0.9、深 0.65 米。墓葬填土的上层是 8 厘米厚的沙土，下面皆是五花土。墓向 280°（图七九）。

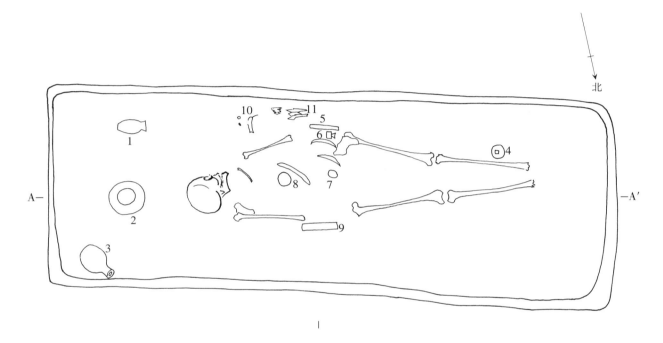

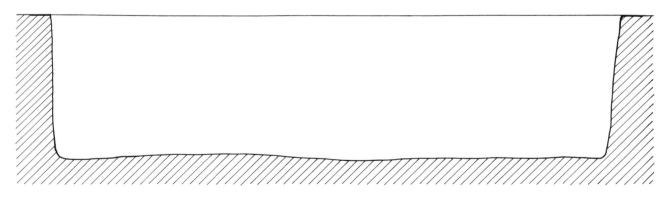

0　10　20 厘米

图七九　东区四十一号墓（DM41）平剖面图

1. 酱釉粗瓷壶　2. 青花漩涡云气纹瓷碗　3. 绿釉粗瓷玉壶春瓶　4. 铜钱　5. 砺石　6. 铜带扣　7. 铁环　8. 铜环　9. 铁器　10. 铁镰　11. 铁镢

墓圹底部有棺木朽烂痕迹，可知圹内有一具木棺，棺底残存，棺木朽烂范围长 2.38、宽 0.84 米。棺内有一具人骨架，保存不好，头向西，面向北，仰身直肢葬。

2. 随葬品

共 16 件。

（1）种类和数量

瓷器 3 件，铁器 9 件，铜器 2 件，石器 1 件，铜钱 1 枚。

（2）出土位置

瓷器均摆放于人骨架的头骨顶部，出土时并列放置有 1 件酱釉粗瓷壶，1 件绿釉粗瓷玉壶春瓶，1 件青花漩涡云气纹瓷碗。另外，在人骨架的左侧上肢骨外侧出土有 1 件铁镰，铁镰下方靠近墓圹壁处出土有 7 件铁镞，人骨架的左侧股骨外侧与墓圹壁间出土有 1 件砺石和 1 件铜带铐，左侧小腿骨上出土有 1 枚"崇宁重宝"铜钱。此外，还在人骨架的胸骨间和盆骨处出土有 1 件铜环、1 件铁环。

（3）器物形制分类介绍

瓷器

酱釉粗瓷壶 1 件。

DM41：1，Ab 型，较完整，盘口，束颈，溜肩，筒形腹，平底。口部有磕损，器身矮小，腹部最大径在中间。口径与底径约相等。胎质粗糙，器身施酱釉，不到底，底无釉。通高 13.2、口径 3、底径 4.2 厘米（图版五一，图八〇：2）。

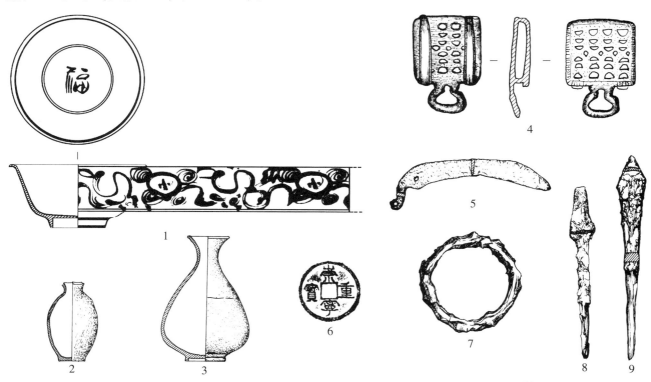

图八〇 东区四十一号墓（DM41）出土的随葬品

1. 青花漩涡云气纹碗 2. Ab 型粗胎瓷壶 3. C 型玉壶春瓶 4. 铜带饰 5. 铁镰 6. "崇宁重宝"铜钱 7. 铁环 8、9. 铁镞

绿釉粗瓷玉壶春瓶 1 件。

DM41：3，B 型，口部微残，器型规整。大敞口外撇，束颈略粗，长溜肩；垂腹，腹部最大径几近底部，急收，圈足。口径与底径相差不大。胎质灰白，细腻坚致，施绿色釉，不到底，圈足及足内底没釉。器身有多道不明显的弦纹。通高 21、口径 6.6、底径 6.6 厘米（图版五二，图八〇：3）。

青花漩涡云气纹碗 1 件。

DM41：2，Ba 型，器物完整，器型较周正。敞口方唇，侈口外撇，深腹，腹壁弧曲，圈足。胎质灰白坚致，釉色白中闪青，光亮润泽，口部唇沿有檀香口，圈足外侧足尖修缘，底无釉。内壁口沿处有一周弦纹，底有双重青花圆圈，中有青花隶书的一个"福"字。碗外壁口部有一道弦纹，下有三组漩涡云气纹图案，每组一大四小，大涡纹居中，四小涡纹居四角，笔路粗细相间，挥洒自如，云气缭绕，气象逼真。云气图案下绘两道弦纹，圈足上也绘有一道弦纹。青花发色深，颜色浓重近紫黑色，有锈斑。通高 7、口径 14.3、足高 0.6、足径 6 厘米（图版一四一，图八〇：1）。

铁器

镰 1 件。

DM41：10，双面磨刃，刃锋。器身呈向内弧刃曲背状，较为修长。镰尾内转变细成柄，柄梢锻成圆环。镰身刃口尾部上方有一圆孔。长 18.6、宽 3.7、背厚 0.5 厘米（图版二〇二，图八〇：5）。

环 1 件。

DM41：7，锻造，环铁截面为扁圆形。外径 5.8、内径 4.8、厚 0.4 厘米。（图八〇：7）

镞 7 件，均为 A 型。

标本 DM41：11，Ac 型镞，蛇头形首，镞身略扁。通长 9.5、宽 0.9、厚 0.4 厘米，铤残，残长 3 厘米（图八〇：8）。

标本 DM41：12，Ac 型镞，三角形镞首，镞身略扁。通长 11.1、宽 0.9、厚 0.7、铤长 4.9 厘米（图八〇：9）。

铜器

带扣 1 件。

DM41：6，呈长方形。铸造，正面有一周边框且修饰锯齿纹，中间为若干菱形和半月形镂孔。背面有两道竖向穿鼻，下部是一圆形穿环。长 5.6、宽 3.8、厚 1 厘米（图版二一五，图八〇：4）。

环 1 件。

DM41：8，圆形，环内壁有一凸棱，环径锈蚀，粗细不均。环截面为椭圆形。直径 2.7 厘米。

石器

砺石 1 件。

DM41：5，长条形，一端残缺，可见有一穿孔，另一端圆弧，背面较平直。长 10.4、宽 2.4、厚 1—1.5 厘米（图版二二〇）。

铜钱

"崇宁重宝" 1 枚。

DM41：4，略厚重，直径 3.5、孔径 0.8、厚 0.4 厘米（图八〇：6）。

第四十二号墓

四十二号墓（DM42）位于东区的西部，南与 DM25 为邻。DM42 开口①层下，打破生土。

1. 形制和规格

DM42 为长方形土坑竖穴墓，墓圹呈圆角长方形，长 1.9、宽 1、深 0.65 米。填土表层 5 厘米为沙土，下层是五花土。墓向 265°（图八一）。

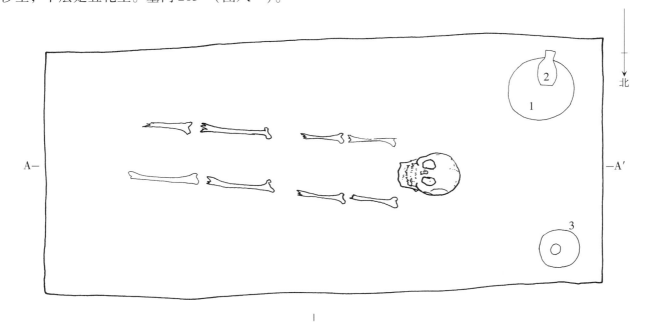

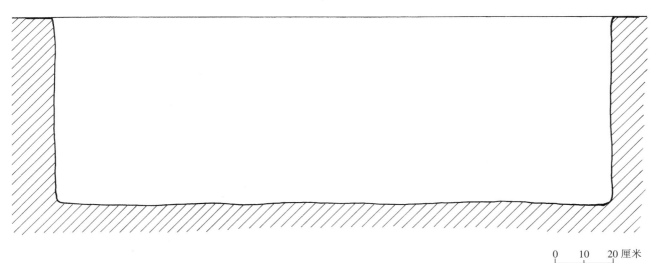

图八一　东区四十二号墓（DM42）平剖面图

1. 青花缠枝菊花纹瓷碗　2、3. 绿釉粗瓷壶

清理墓葬底部时，发现有棺木朽烂的痕迹，确定内盛有一具木棺，但已无法判断棺木大小。墓圹底部发现有一具人骨，保存也不完整，仅残存有头骨和部分肢骨，可以看出是仰身直肢葬。

2. 随葬品

共 3 件。

（1）种类和数量

瓷器 3 件。

（2）出土位置

随葬品均摆放于人骨架的头骨顶部左右两边，出土时右侧放置有 1 件青花缠枝菊花纹瓷碗，碗内有 1 件 B 型绿釉粗瓷小口瓶，左侧出土的是一件 B 型绿釉粗瓷小口瓶。

（3）器物形制分类介绍

瓷器

青花缠枝菊花纹碗 1 件。

DM42：1，Ba 型，器物完整，器型不周正。敞口，侈沿，深腹，腹壁弧收，圈足。胎质灰白，细腻坚致，釉色泛青，较明亮有光泽，足尖修整无釉。碗内壁口沿处绘有青花两道弦纹，碗心绘有一粗一细青花双重圆圈，圈中有绘团菊一朵和重笔点绘外展的五片花叶。外壁口沿绘有青花两道弦纹，下绘有五朵心形菊花，花尖朝上，花间有缠枝花叶填充，花叶肥大，密布器身，圈足绘有两道弦纹。青花暗淡，蓝色发灰，青花为地，露白成图。通高 8.1、口径 18.2、足径 7.2 厘米（图版一四二，图八二：1）。

图八二　东区四十二号墓（DM42）出土的随葬品

1. 青花缠枝菊花纹碗　2、3. B 型粗胎瓷壶

绿釉粗瓷壶 2 件。

DM42：2，B 型，不完整，口部残缺，器型周正，，撇口，短直颈略粗，广肩，敛腹，肩部有两道凹弦纹，器身较矮，圈足外撇，足尖修整。胎质灰白，细腻坚致。施绿色搅胎釉，不施全身，挂釉到底，圈足内底无釉。残高 13.5、底径 5.8 厘米（图八二：2）。

DM42：3，B 型，不完整，口部残损，器型较周正，撇口，短直颈略粗，广肩，敛腹，圈足较高并外撇，足尖修整。胎质灰白且细腻坚致，施绿色搅胎釉，釉色不均，有挂釉现象，流至圈足内底，器表施釉不及底。肩部有两道凹弦纹。残高 20、底径 8 厘米（图版五三，图八二：3）。

（二）西区（34 座）

第一号墓

一号墓（XM1）位于最西端，北面是 XM3，东邻 XM6，XM1 开口①层下，打破生土。

1. 形制和规格

XMI 为长方形土坑竖穴墓，墓圹呈圆角长方形，长 2.64、宽 0.77、深 0.8 米。墓葬填土为五花土，其中杂有少量沙土，并见有炭渣，在墓葬西侧，墓口开口下 5 厘米处出土有一块布纹瓦残块，在东侧墓口下的填土里出土有 1 颗马的牙齿。墓向 265°（图八三）。

圹内有棺木朽烂痕迹，可知内有一具木棺，残存的棺底长 1.86、宽 0.64 米。棺内有一具人骨架，保存完好，头向西，仰身直肢葬。棺首上方有二层台，构成头箱，头箱长 0.7、宽 0.7、高 0.65 米。

2. 随葬品

共 7 件。

（1）种类和数量

瓷器 3 件，铁器 1 件，铜器 3 件。

（2）出土位置

瓷器有摆放于二层台的台面上，出土有 1 件青花瑞鸟花草纹盘。另外，在棺内人骨架的头骨顶部还出土有 1 件青花缠枝牡丹纹瓷碗，1 件青花缠枝蕃莲纹瓷碟，头骨左右两侧各出土 1 件耳饰。在人骨架的盆骨左侧偏下位置，股骨与墓圹壁间出土有 1 件铁剪，左股骨上出土有 1 件铜带饰。

（3）器物形制分类介绍

瓷器

青花瑞鸟花草纹盘 1 件。

XM1：1，Ab 型，器物不完整，盘口残损，器身有两道裂纹，器型不周正，敞口，腹壁斜直，圈足较高，足尖修整如圆脊状。胎质灰白，细腻坚致，釉色白中泛青，有光泽，足尖有米色釉。盘内壁口沿处绘有一周四组正反斜线间有四组波浪线组合纹，外有三周青花弦纹，盘心绘有双重青花圆圈，圈中绘有一只瑞鸟，单足而立，额部高起，四周绘有几样不同的花卉。外壁也绘有弦纹和叶片纹。

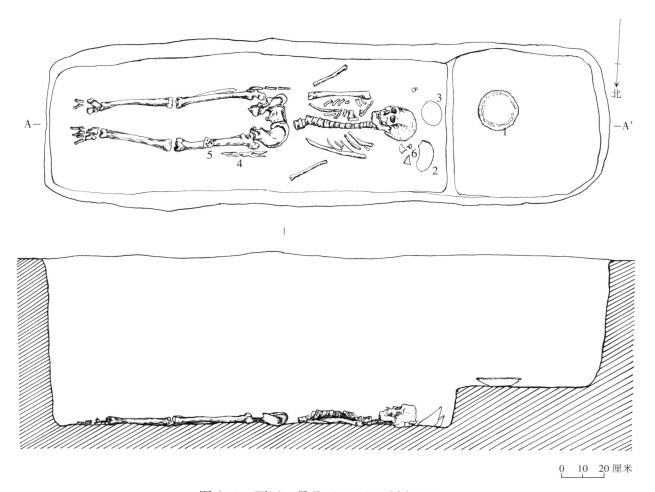

0   10   20 厘米

图八三   西区一号墓（XM1）平剖面图
1. 青花瑞鸟花草纹瓷盘 2. 青花缠枝牧丹纹瓷碗 3. 青花缠枝蕃莲纹瓷碟 4. 铁剪 5. 铜带饰 6. 耳饰

青花发色雅致，晕散轻。通高 3.8、口径 19.2、足径 10.4 厘米（图版一四三，图八四：3）。

青花缠枝牡丹纹碗 1 件。

XM1：2，Ba 型，器物较完整，器身有三处裂纹，口有粘补修复。器型欠周正，敞口，撇沿，尖唇，深腹，腹壁弧斜内收，圈足。胎质灰白坚致，釉色白中闪青，器表施釉不均，内壁有绣点样痕迹，外壁底部有釉裂现象，显得凸凹不平，足尖修整，无釉。碗内壁口沿绘有两道青花弦纹，碗心绘双重青花圆圈，圈中间绘有一朵青花牡丹。碗外壁口沿下绘两道青花弦纹，底部和圈足也有青花弦纹，中间绘有青花缠枝牡丹六组。绘制方法是先勾花叶轮廓，后填充青花料。青花发色暗，颜色青灰，不艳丽。通高 6.8、口径 16.7、足径 6.8 厘米（图版一四四，图八四：1）。

青花缠枝蕃莲纹碟 1 件。

XM1：3，完整，口有轻微磕碰，器型欠周正，敞口，侈沿，圆唇，浅腹，敛圈足，圈足足尖修整如圆脊状。胎质白，细腻坚致，釉色白中闪灰，光亮润泽，仅足尖无釉。盘心有双重圆圈，圈内绘有大的花叶，花叶中心有一牡丹花朵，盘口沿外壁有一道青花弦纹，其下外壁是绘有等距的三组蕃莲和缠枝花叶，靠近圈足的足跟有双重青花弦纹。青花发色淡雅，有褐色斑。通高 2.8、口径 11.8、

图八四 西区一号墓（XM1）出土的随葬品

1. 青花缠枝牡丹纹碗 2. 青花缠枝蕃莲纹碟 3. 青花瑞鸟花草纹盘 4. 铜带饰

足径6.3厘米（图版一四五，图八四：2）。

铁器

剪1件。

XM1：4，与现代剪子形状相仿。长10厘米，剪口残长4厘米。

铜器

带饰1件。

XM1：5，铸造，呈长方形。正面饰二竖道凸起串珠样纹饰，背面有二道竖向穿鼻，下部是一圆形穿环，出土时环内有皮革残块。长4.4、宽1.7、厚0.9厘米（图版二一五，图八四：4）。

耳饰2件。

XM1：6、7，上部为圆环，带有缺口，通长3.5、环径2.2厘米。

第二号墓

二号墓（XM2）位于西区的西北角，南邻XM3，东北相邻XM23。XM2开口①层下，打破生土。

1. 形制和规格

XM2是长方形土坑竖穴墓，墓圹呈圆角长方形，长2.46、宽0.68、深0.6米，填土表层30公分为沙土，沙土下面是五花土，沙土与五花土之间发现马牙。墓向270°（图八五）。

墓圹口处南北壁有两组对称的沟槽，沟槽尺寸、形制相同，长0.18、宽0.18、深0.1米，等距分布。以南壁为例，西侧沟槽距墓圹西端0.8米，东侧沟槽距墓圹东端0.75米，两沟槽间距0.65米。沟槽内有朽木渣痕迹。

墓圹内有一具木棺，木棺朽烂，可见部分残渣，残存的木棺底长1.75、宽0.6米。棺内殓有两具人骨，均为仰身直肢葬。人骨保存不好，两个头骨保存尚可，部分肢骨仅残存部分，其余朽烂无存。棺首上方是一个二层台，形成头箱式的格局，二层台长0.6、宽0.5、高0.45米（图版八）。

2. 随葬品

共84件。

（1）种类和数量

瓷器6件，铜器1件，玉器5件，水晶4件，琉璃与玛瑙74件，石器1件，贝壳饰件2件。

（2）出土位置

瓷器摆放于二层台上，器物下有朽木痕迹，其中靠里侧放置有1件白釉瓷盘，1件青花缠枝菊花纹瓷碗，外侧放置有1件绿釉粗瓷壶，1件龙泉青瓷碗，龙泉青瓷碗下覆有1件三彩鲤鱼水草纹扁执壶，1件白釉瓷盏，盏内放有贝壳饰件2件。

在棺内两头骨的四周散布许多饰件，有水晶串珠3件；水晶环2件；蓝色琉璃串珠2件；蓝色大串珠12件，小串珠20件，大玛瑙串珠2件；紫色大串珠1件；紫红色瓜棱形玛瑙串珠2件；白色琉璃串珠10件，大串珠6件，小串珠20件；椭圆形玛瑙坠饰1件；石坠饰1件；玉牌饰1件；阶坛形水晶串珠饰件1件；梅花形铜饰件1件；白玉圆形花样饰件2件；蓝玉圆形花样饰件1件；蓝琉璃饰件1件，蓝色葡萄纹玉饰件2件；海贝饰件2件；残玉璧1件。

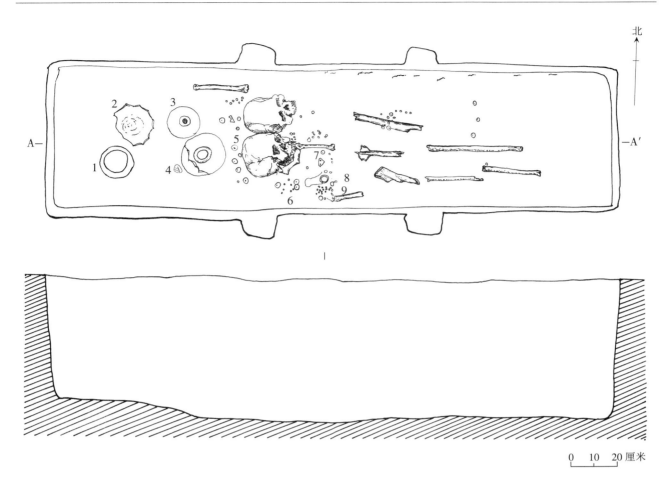

图八五 西区二号墓（XM2）平剖面图

1. 自釉瓷盘 2. 青花缠枝菊花纹碗 3. 绿釉粗瓷壶 4. 青釉瓷碗 5—9. 饰件

（3）器物形制分类介绍

瓷器

绿釉粗瓷壶 1 件。

XM2:3，Aa 型，不完整，口部残缺，器型较周正，束颈，广肩,，肩部有二道凹弦纹，收腹，平底，腹部最大径上移至近肩部，下腹壁内收，口径小于底径。器表有磕碰的坑点。胎质黄白，施绿色搅胎釉，不及底。残高18.3、底径7.5厘米（图版五四，图八六：2）。

龙泉青釉碗 1 件。

XM2:4，器物较完整，器身有三道裂痕，其中一条横纹较长。器型较规整，直口，圆唇，深腹，腹壁弧曲，圈足，挖足不过肩。胎质粗糙厚重，施釉较厚，较光亮，有细小开片，圈足有支烧的涩圈，内底釉呈圆点样。内壁是压印的人物故事图案，其中可辨识的有一组出行图，一人骑在马上，前后各有一个随从。器物中心有一圆圈，圈中压印一个"宣"字。外壁口部有一周雷纹。通高10.2、口径17.9、足径6厘米（图版八九，图八六：4）。

青花缠枝菊花纹碗 1 件。

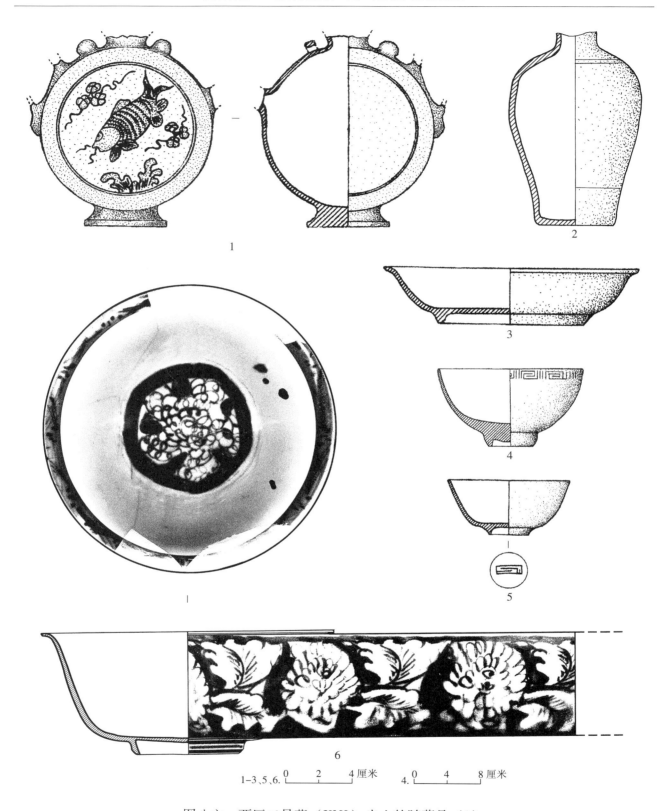

图八六　西区二号墓（XM2）出土的随葬品（1）

1. 素三彩鲤鱼水草纹扁执壶　2. Ab 型壶　3. 白釉瓷盘　4. 龙泉青釉瓷碗　5. 白釉瓷盅　6. 青花缠枝菊花纹碗

XM2：2，Bc 型，器物不完整，器口缺损四处，形制不周正。敞口，侈沿，圆尖唇，深腹，圈足微敛。胎质灰白坚致，釉色明亮泛青，施釉不匀，有坑点，圈足足尖修整，有粘沙，仅足尖无釉。碗内壁口沿处绘有三道青花弦纹，第一道弦纹与第二、三道弦纹中间相距 0.7 厘米，绘交叉斜线网格纹和隔点组合的纹饰，内底心绘有一个粗圆形青花圆圈，圈内有五个粗莲瓣纹，衬一个写意菊花图案。外壁口沿下绘有一粗一细两道弦纹，下有五组菊花与缠枝花叶，花呈长圆形，叶片肥大，线条明快简洁。圈足上有两道弦纹。青花发色艳丽，蓝色较深且明亮。通高 7.4、口径 18.2、足径 6.5 厘米（图版一四六，图八六：6）。

白釉瓷盘 1 件。

XM2：1，器物较完整，口有磕碰痕，器型较周正，敞口，平沿，壁弧曲内收，矮圈足内敛。胎质洁白，细腻坚致，釉色净白光亮，釉面均匀，无纹饰，圈足足尖修整如圆脊状，无釉。通高 3.5、口径 15.4、足径 8.8 厘米（图版一八一，图八六：3）。

白釉瓷杯 1 件。

XM2：5，B 型，完整，器型周正，口部不规整。敞口，圆尖唇，斜直壁，下部微弧，内收，小圈足，形如碗状。胎质纯白，细腻坚致，釉色净白光亮，杯内有宽 0.4 厘米的涩圈，足内足尖无釉，有露胎，圈足内底有青花押款，不能识读。通高 3.5、口径 7.7、足径 2.5 厘米（图八六：5）。

素三彩鲤鱼水草纹扁执壶 1 件。

XM2：6，A 型，不完整，口部以及流、把均残断，器身扁圆呈鼓状，腹两圆形侧面各压印有一只鲤鱼，鲤鱼的上下各有一组三簇水草和一组水浪图案，口两侧的肩部有一对顺穿梁鼻，鼻内径 0.9 厘米，腹部有流和把手，方形底足。胎质洁白坚致，黄绿釉色鲜明，光润。从现存情况看，器身为绿釉，口、穿鼻、以及圆形腹壁周缘和鲤鱼为黄釉，流云和水浪纹为白釉，形象逼真生动。残高 12.4、口径 2.2、腹径 11、厚 4.5 厘米，足长 5、宽 4、高 1.7 厘米（图版一九五，图八六：1）。

铜器

花叶形饰件 1 件。

XM2：10，压制，器体薄，圆形，中间为圆形花心，四周有九片圆形联珠花叶纹饰。直径 2.4、厚 0.1 厘米（图版二一一）。

玉器

璧 1 件。

XM2：15，大部分残缺，圆形，肉倍好，玉质白色。好径 1.9、孔径 0.8、厚 0.4 厘米。（图版二二三，图八七：5）

牌饰 1 件。

XM2：9，玉质，白色半透明质，扁平状，正方形，四角均有穿孔，两角略残，四边边缘处均有两条凸棱。中间有一骏马，回首，奋蹄，扬尾，作奔驰状，脚下和尾上有祥云图案。两角略残，四边边缘处均有两条凸棱，边长 2.5、厚 0.3 厘米（图版二二三，图八七：9）。

圆形花样饰件，3 件。

XM2：13，玉质，白色半透明，由 8 个花瓣组成。直径 1.8、孔径 0.2、厚 0.15 厘米（图八七：4）。

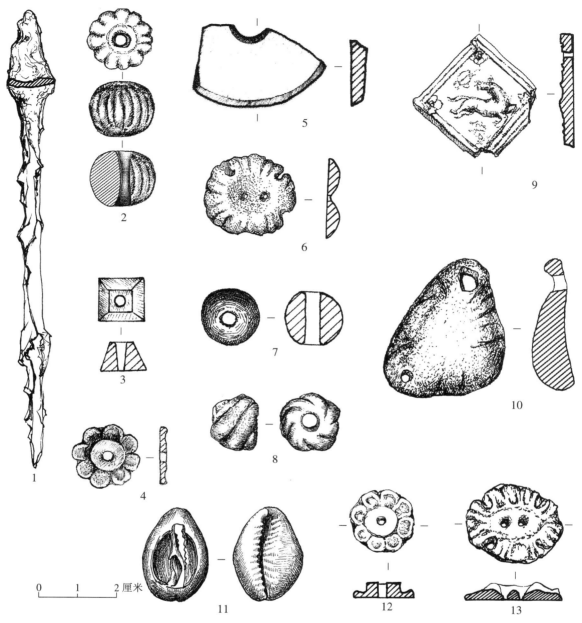

图八七　西区二号墓（XM2）出土的随葬品（2）

1. 铁镞　2、3、7、8. 水晶饰件　4、12、13. 玉花样饰件　5. 玉璧　6. 琉璃饰件　9. A 型牌饰　10. 石饰件
11. 贝饰件

　　XM2：24，玉质，白色泛绿，由 8 个莲花瓣组成，一面平直，另一面中部凸起。直径 1.7、厚 0.4 厘米（图版二二六，图八七：12）。

　　XM2：25，玉质，蓝色，扁平，椭圆形，4 个花瓣组成，中间有两个针孔。长径 2.7、短径 2.3、厚 0.5 厘米（图版二二六，图八七：13）。

水晶

串饰 4 件。

XM2：20，水晶质，球形，素面，有一穿孔。直径1.1、孔径0.3厘米（图版二二三，图八七：7）。

XM2：23，水晶质，球形，瓜棱面，竖向沟纹，有一穿孔。上下径1.4、宽径1.7、孔径0.3厘米（图八七：2）。

XM2：22，水晶质，近圆柱形，外雕螺旋纹，中有一个穿孔。直径1.5、高1.5、孔径0.35厘米（图版二二三，图八七：8）。

XM2：21，水晶质，阶坛状，上下面为正方形，竖截面为等腰梯形。中间有一竖向穿孔，上粗下细。上面边长0.6厘米，下面边长1.2、高0.8、孔径0.1—0.3厘米（图版二二六，图八七：3）。

玛瑙

均为串饰，74件。

XM2：26，玛瑙质，素面，近球形，中有一穿孔，橘红色，直径1、高0.5、孔径0.2厘米（图版二二六）。

XM2：27，玛瑙质，近球形，中有一穿孔。颜色紫红色半透明。直径1.2、高0.7、孔径0.2厘米。

XM2：28，玛瑙质，白色泛红，半透明。椭圆形，扁平，有4片花瓣组成，中间有一针孔。长径2、短径1.5、厚0.3厘米（图版二二六）。

XM2：30，琉璃质，扁平状，圆形，蓝色，中间略凸，四片花瓣中并排二个小穿孔。直径2.3、厚0.5厘米（图八七：6）。

XM2：14，同类标本有10件，琉璃质，白色，素面，珠状，有一穿孔，直径0.4、孔径0.1厘米。

XM2：16，琉璃质，形制相同。蓝色13件，白色6件，素面，珠状，均有一穿孔。直径0.8、孔径0.1厘米。

XM2：17，琉璃质，形制相同。蓝色21件，白色20件，素面，珠状，直径0.3、孔径0.1厘米。

石器

饰件1件。

XM2：12，由石子磨制而成，浅褐色，略近三角形，两角各有一穿孔，正面边缘处有刻画纹，背面中间略内凹。长边3.5、短边3、厚0.4—1厘米（图版二二三，图八七：10）。

贝壳

贝饰2件。

标本XM2：29，贝壳加工成装饰物，形状以贝壳原形为主，形如鸭蛋，长圆型，一端有一穿孔。长径2.6、短径1.8、孔径0.1厘米（图八七：11）。

第三号墓

三号墓（XM3）位于西区的西部，南面相邻是XM1，北相邻XM2。XM3开口①层下，打破生土。

1. 形制和规格

XM3 为长方形土坑竖穴墓，墓圹基本呈圆角长方形，长 2.5、宽 0.75、深 0.8 米。填土表层有 3 厘米的黄沙土，其下面皆是五花土。墓向 278°（图八八）。

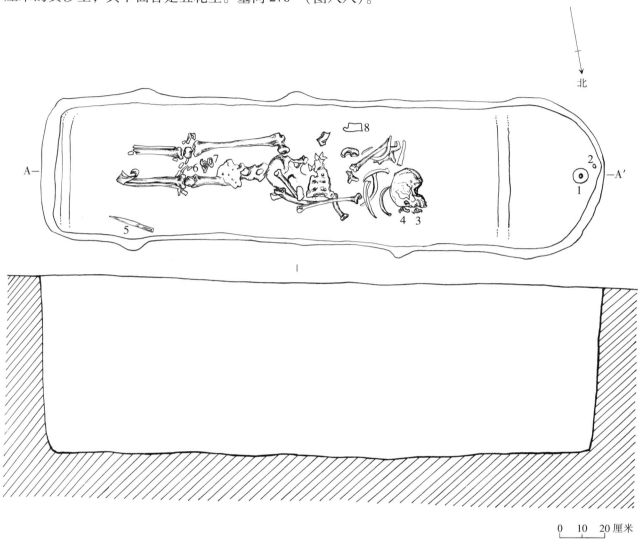

图八八　西区三号墓（XM3）平剖面图

1. 白釉瓷杯　2. 扣饰　3. 佩饰　4. 佩饰　5. 骨镞　6. 玉佩饰　7. 铜环　8. 骨板

墓圹一端平直，一端略呈外弧半圆形。在墓圹圹口处的南北两壁上方各有两个豁槽，一组对应，一组不对应，交错分布。豁槽呈半圆形，弦径 0.05、深 0.4—0.5 米。北壁第一个豁槽距墓圹东端 0.3 米，豁槽宽 0.3 米。第二个豁口与第一个相距 1.10 米，大小相近。南壁第一个豁槽距墓圹西端 0.4 米，豁槽宽 0.4 米。第二个豁槽与第一个相距 0.55 米，豁槽宽 0.5 米。棺首前有一头厢，长 0.62、宽 0.4 米。

墓圹内有朽烂棺木痕迹，可知内盛有一木棺，棺底朽木范围长 2、宽 0.65 米。木棺内有一具人骨架，保存较为完整，是仰身直肢葬（图版九）。

2. 随葬品

共 8 件。

（1）种类和数量

瓷器1件，铜器1件，骨器2件，琉璃器3件，贝饰1件。

（2）出土位置

随葬品有部分置放于头箱之内。在头厢内出土有1件白釉瓷杯，1件琉璃扣。另外，在棺内人骨架的头骨左侧出土有1件鸡心形坠饰，1件贝饰，在人骨架的左脚骨外侧靠近墓圹壁处出土有2件骨镞，两股骨下有2件鸟形琉璃饰件和1件铜环，还出土1件骨板。

（3）器物形制分类介绍

瓷器

白釉瓷杯1件。

XM3：1，B型，侈口，斜直腹，矮圈足，足底有一青花押记。釉色甜白，光亮。通高3.4、口径7.2、足径4厘米（图版一八二，图八九：1）。

铜器

环1件。

XM3：10，锈蚀，环径不均，直径3.6厘米。环截面呈圆形或椭圆形。

骨器

镞2件。

XM3：5，B型，通长18.4、宽1.1、厚1.1、铤长6.4厘米（图八九：7）。

XM3：8，B型，通长12、宽1.4、厚1.1、铤长5厘米（图八九：5）。

板，1件。

XM3：3，长方形，磨制精细，一面光滑略鼓，另一面平略粗糙，一角已残缺。长8.2、宽3.7、厚0.3厘米（图版二一七，图八九：6）。

琉璃

扣饰1件。

XM3：6，琉璃质，深紫色，半透明，由5个花瓣组成梅花样。底面平直，正面凸起，中间有一圆形穿孔。直径1.9、厚0.8、孔径0.2厘米（图八九：3）。

鸟形坠饰2件。

XM3：2，琉璃质，蓝色，鸟形，形象逼真，翅膀刻画明显，尾部有羽毛的线纹，翅膀和尾部有3个穿孔。长2.8、宽1.7、厚0.7厘米（图版二二四，图八九：2）。

鸡心形坠饰1件。

XM3：7，琉璃质，白色，长圆形，呈鸡心状，心尖朝上，有缺损，中有一不到底的穿孔。长2.5、宽1.4厘米（图八九：4）。

贝壳

饰件1件。

XM3：4，由贝壳磨制而成，近圆形，扁平状，正面略鼓，似四朵花瓣，两两相对，中间有两个针孔。长径2.8、短径2.3、厚0.4厘米（图版二二三，图八九：5）。

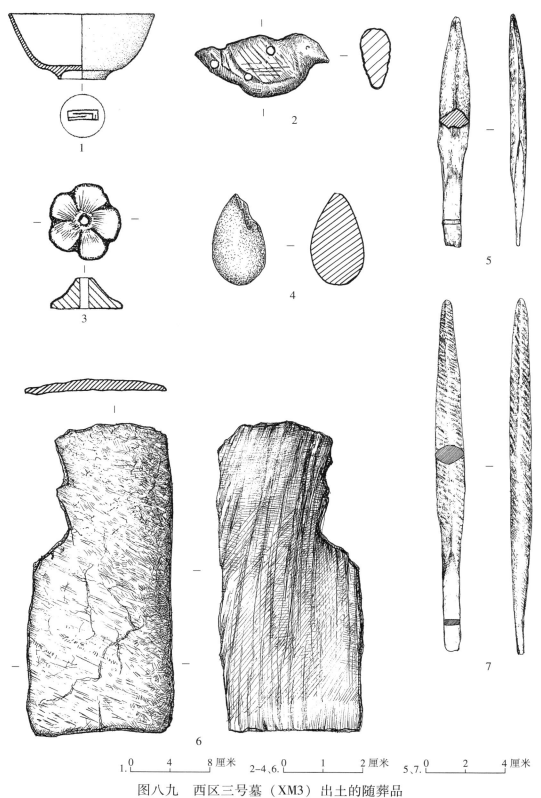

图八九　西区三号墓（XM3）出土的随葬品

1. 白釉瓷杯　2. 琉璃鸟形坠饰　3. 琉璃扣饰　4. 鸡心形坠饰　5、7. 骨镞　6. 骨板

第四号墓

四号墓（XM4）位于西区西部，东邻 XM12，西南相邻 XM6。西侧是 XMM1。XM3 开口①层下，打破生土。

1. 形制和规格

XM4 为长方形土坑竖穴墓，墓圹呈圆角长方形，长 2.83、宽 0.85、深 1.1 米，填土表层 22 厘米为黄沙土，下皆为五花土，在墓葬的中部偏南的五花土内出土有马牙。墓向 267°（图九〇）。

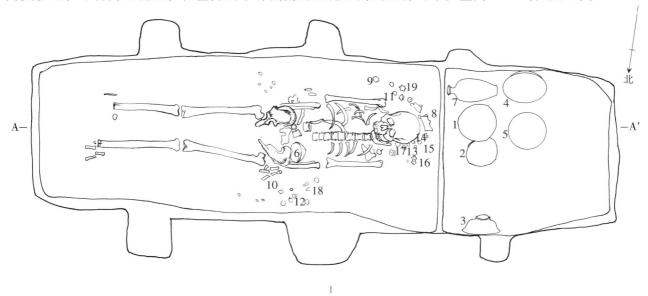

图九〇　西区四号墓（XM4）平剖面图

1. 青釉瓷碗　2. 青花寿山石纹瓷盘　3. 青花缠枝菊花纹瓷碗　4. 葵口青釉瓷盘　5. 青花勾栏瓶花纹瓷盘　6. 青花缠枝蕃莲纹瓷碗　7. 小口罐　8. 金片　9. 铁器残段　10. 铜环　11. 桃形饰件　12. 琉璃扣　13. 玉饰件　14. 白色串珠　15. 白玉环　16. 玉饰件　17. 铜饰件　18. 蓝色饰件　19. 蓝色串珠

墓圹圹口处南北壁上端各有三个豁槽，大小相仿，对称分布。其中南壁东数第一个沟槽距墓圹的东端 0.52 米，长 0.21、宽 0.18、深 0.2 米；第二个沟槽与第一个相距 0.61 米，长 0.19、宽 0.15、深 0.19 米；第三个沟槽不规整，呈近圆形豁口状，直径 0.2 米。北壁东数第一个豁槽距墓圹东端 0.48 米，长 0.2、宽 0.17、深 0.2 米；第二个沟槽与第一个沟槽相距 0.57 米，长 0.2、宽 0.24、深 0.2 米；第三个沟槽长 0.18、宽 0.15、深 0.2 米。

墓圹底部发现棺木腐烂的残渣，可知内盛有一具木棺，棺底朽木范围长 2、宽 0.8 米，棺内有一具人骨架，保存较完好，仅有少量小的趾骨和掌骨缺失，为仰身直肢葬。棺首前有一个二层台，台面长 0.8、宽 0.72、高 0.3 米，构成头箱式的格局（图版一〇）。

2. 随葬品

共 18 件。

（1）种类和数量

瓷器 7 件，金器 2 件，铜器 2 件，玉器 2 件，琉璃器 5 件。

（2）出土位置

瓷器多数摆放于二层台上，分成两排放置，内侧一排放有 1 件青花勾栏瓶花纹瓷盘，1 件龙泉青葵口鱼鳞纹瓷盘。外侧一排放置有 1 件青花寿山石菊花纹瓷盘，1 件龙泉青瓷碗，1 件酱釉粗瓷壶，还有 1 件青花缠枝菊花纹碗碗口侧扣在北壁上。另外，在人骨架的头骨顶部正中出土有 1 件薄的金质"山"字形冠饰和 1 件薄的金质花样饰件，在头骨以及左右上臂外侧的四周散布有白色、蓝色串珠和各种形状的饰件。还有，在人骨架的盆骨上压放有 1 件青花缠枝蕃莲纹瓷碗，人骨架的左前臂骨外侧出土有 1 件桃形玉饰件和 1 件琉璃扣饰，右上肢骨下端有 1 件铜环和 1 件铁器残段，右侧盆骨外出土有铜饰件 1 件。

（3）器物形制分类介绍

瓷器

龙泉青釉碗 1 件。

XM4：1，器物完整，器型较周正，直口，圆唇，深腹，腹壁弧曲，高圈足，挖足不过肩。胎质粗糙厚重，施釉较厚，呈豆绿色，较光亮，有细小开片，圈足内底有支烧的涩圈。碗内外壁口沿下 2.3 厘米压印有一周连续雷纹，内壁压印有一组人物图案，共六人，中间是案堂，两侧各分立一武官，身披盔甲，手执宝剑，武官旁各立有一文官，左侧手执笏板，右侧直身而立，文官旁各立侍从一人，其中一人打拱，一人托物。碗心压印有一周圆圈，圈内刻印有一只挺立的梅花鹿，并刻有一个"江"字。通高 9.8、口径 17、足高 1.8、足径 5 厘米（图版九〇，图九一：1）。

青花勾栏瓶花纹盘 1 件。

XM4：2，Ab 型，较完整，口部有一处破损。器型不周正，直口，弧腹，内底略凸，圈足，足尖修整如圆脊状，粘有细沙粒。釉色白中闪青，有光泽，足尖无釉。盘内壁口沿处绘有粗细两道青花弦纹，盘心绘有一株硕大向阳花插在花瓶中，比例不相称，花旁有两只蝴蝶飞舞，花瓶周围有勾栏装饰。盘外壁口沿下有两道弦纹，近底部也有两道弦纹，器身上绘有五组缠枝菊花图案，等距分布，相间处有缠枝花叶装饰，花叶呈四尖角形，如鸟状，圈足根部有一道弦纹。青花发色艳丽，晕散较重。通高 4、口径 20、足径 13.4 厘米（图版一四七，图九二：2）。

1、5. 0　4　8厘米　　2-4. 0　2　4厘米

图九一　西区四号墓（XM4）出土的随葬品（1）

1. 龙泉青釉瓷　2. 青花缠枝菊花纹碗　3. 青花缠枝蕃莲纹碗　4. 龙泉青釉葵口鱼鳞纹盘　5. Ab 型粗胎瓷壶

青花缠枝菊花纹碗 1 件。

XM4：3，Ba 型，器物完整，器型较周正，敞口，侈沿，尖圆唇，深腹，腹壁斜弧曲，圈足内敛。胎质灰白坚致，釉色白中闪灰，光亮润泽，有坑疤和釉裂，内外壁均有冰裂纹，但分布不均，足尖修整无釉，有粘沙。碗内壁口沿绘有两道弦纹，碗心绘有粗青花圆圈，圈内有五朵莲瓣样纹饰，重笔点绘，一笔形成，底有一朵写意菊花。外壁口沿处施两道弦纹，下有五组菊花及缠枝草叶，布满器表，圈足墙有两道弦纹。青花发色淡雅，晕散轻，浓重处呈紫黑色。通高 7.8、口径 17.9、足径 6.5 厘米（图版一四八，图九一：2）。

青花寿山石缠枝菊花纹盘 1 件。

XM4：4，Aa 型，完整，器型不周正，敞口，侈沿，圆唇，圈足，足尖修整如圆脊状。胎质洁白，细腻坚致，釉色白中闪青，釉面莹润，青花表面有褐色晶斑，足尖无釉。盘口沿绘有两道弦纹，腹壁绘有五朵菊花和缠枝花叶，花叶呈飞鸟状，密布腹壁内侧，盘心外绘双重青花圆圈，中间绘有耸立的一块寿山石，石的两侧各绘有两朵菊花以及缠枝花叶，占满盘心。外壁口沿下绘两道弦纹，近底处还有两道弦纹，中间绘的也是缠枝菊花，与内壁相仿，花叶密布器身外侧，圈足上也绘有两道弦纹。青花发色浓艳。通高 3.1、口径 15、足径 8.4 厘米（图版一四九，图九二：1）。

图九二　西区四号墓（XM4）出土的随葬品（2）
1. 青花寿山石菊花纹盘　2. 青花勾栏瓶花纹盘

龙泉青釉葵口鱼鳞纹盘 1 件。

XM4：5，完整，器型不周正，敞口，侈沿，葵口花边外展，壁斜收至底部内折，圈足，修整的外足墙足尖部分较圆，内足墙足尖部分直。胎质黄且不细腻，形制厚重，釉色呈青绿色，釉感温润，较光亮，圈足内底有一层淡酱色釉。纹饰是釉下刻画施就，内壁为细密鱼鳞纹，鱼鳞纹深浅不一，颇具立体感，盘心作向心弯曲放射状，类似一朵菊花团簇。外壁随意刻画，似有两组草叶纹。通高3.7、口径 19.3、足径 10 厘米（图版九一，图九一：4）。

青花缠枝蕃莲纹碗 1 件。

XM4：6，Ba 型，器物较完整，器型不周正，敞口，侈沿，圆唇，深腹，腹壁弧曲内收，圈足。胎质灰白坚致，釉色白中泛青，光亮润泽，外壁近碗底施釉不均，有积釉和坑点现象。圈足足尖修整，呈脊样，圈足内底无釉。碗内壁口沿处有一道粗弦纹，碗心绘有双重青花圆圈，圈内有一草体"寿"字。外壁口沿下也有一道弦纹，下绘有三朵蕃莲以及缠枝花叶，花叶连续统一，画法简单，布满器身。青花发色暗淡，浓重处现黑紫色。通高 5、口径 11.7、足径 4.7 厘米（图版一五〇，图九一：3）。

酱釉粗瓷壶 1 件。

XM4：7，Ab 型，口部略有残损，腹部最大径上移至近肩部，下腹壁内收，口径小于底径。胎质粗糙，腹部有几道浅弦纹，施酱釉，肩部有两块斑，施釉不到底，器底无釉。通高 21.2、口径 5、底径 6.8 厘米（图版五五，图九一：5）。

金器

"山"字形冠饰 1 件。

XM4：8，如"山"字形笔架状。不完整，片极薄，边缘处有多处小穿孔。应为缝坠在其他什物上的装饰，原貌不清。通体压印有梅花与圆泡纹饰，以叶脉纹衬底。长 8.8、最宽 3.6、厚 0.05 厘米（图版二二七，图九三：3）。

梅花纹片饰 1 件。

XM4：9，已残，片极薄，边缘处有多处小穿孔。剩余部分呈花瓣状，中间压印有梅花图案，用叶脉纹衬底。最宽处 5、厚 0.05 厘米（图版二二七，图九三：1）。

铜器

环 1 件。

XM4：14，环小，中间为圆孔样。环截面为圆形。直径 1.8、孔径 0.9 厘米。

长方形饰件 1 件。

XM4：15，长方形，正面凸起，背面平直，一端有一圆孔，两侧各饰有凸起弧线纹。长 7.4、宽 1.8、厚 0.3 厘米。

玉器

瑗 2 件，形制一样。

标本 XM4：12、13，好径 0.8、肉径 0.3 厘米。

琉璃

扣饰 4 件，形制相同，有白、蓝色。

标本 XM4：11，蓝色，圆球形纽扣，主要特征为上部是圆形穿孔状纽，下部为球形实心扣，通高 1.9、直径 1.4 厘米（图版二二五，图九三：2）。

桃形饰件 1 件。

XM4：10，桃形，叶子在上，果实在下，叶子和果实间有一穿孔。长 2.3、宽 2、厚 0.4 厘米。

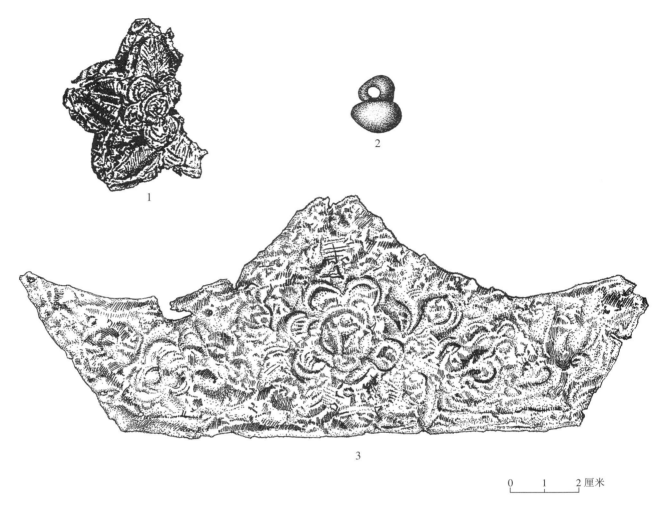

图九三　西区四号墓（XM4）出土的随葬品（3）

1. 梅花形金饰　2. 琉璃纽扣　3. 金冠饰

第五号墓

五号墓（XM5）位于西区西部，西侧与 XM27 相邻，北面是 XM22，东南邻 XM9。XM3 开口①层下，打破生土。

1. 形制和规格

XM5 为长方形土坑竖穴墓，墓圹呈圆角长方形，长 2.65、宽 0.75、深 0.8 米。填土表层 30 厘米厚为黄沙土，下为五花土，填土沙土层中有马的牙齿出土。墓向 270°（图九四）。

在墓圹圹口处的南北壁上方有三组对称的豁槽，豁槽大小不一。北壁东起第一个豁槽距墓圹东端 0.32 米，长 0.2、宽 0.15、深 0.2 米。第二个豁槽距第一个豁槽有 0.5 米，长 0.35、宽 0.18、深 0.2 米。第三个豁槽距第二个 0.65 米，呈小折角与墓圹西端点相接，长 0.55、宽 0.05、深 0.2 米。南壁东起第一个豁槽距墓圹东端 0.32 米，长 0.25、宽 0.1、深 0.4 米。第二个豁槽距第一个豁槽有

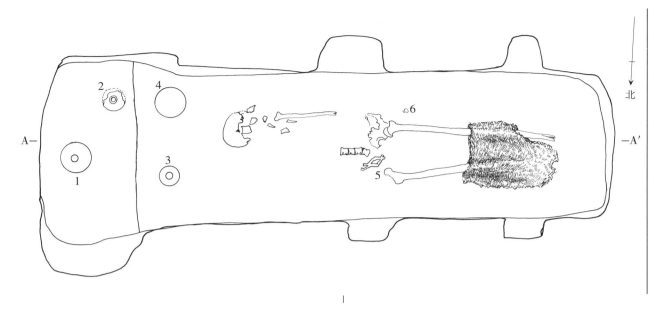

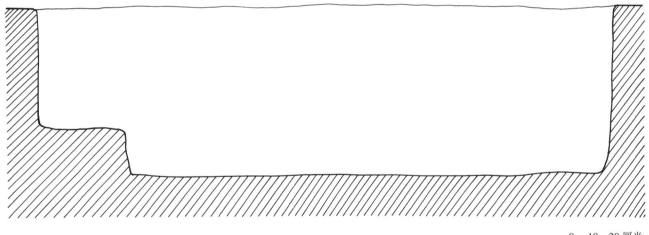

图九四　西区五号墓（XM5）平剖面图

1. 黑釉粗瓷壶　2. 茶叶末绿粗瓷壶　3. 青花兰花纹瓷盅　4. 青花缠枝菊花纹瓷碗　5. 剪刀　6. 琉璃扣

0.5 米，长 0.25、宽 0.1、深 0.23 米。第三个豁槽与第二个豁槽相距 1 米，呈半圆形，豁槽宽 0.5、径 0.2、深 0.2 米。

墓圹内棺木朽烂的痕迹，可知内殓有一具木棺，棺底朽木范围长 2.1、宽 0.68 米。棺内人骨保存不好，躯干部分几乎缺失，是仰身直肢葬。在小腿骨上铺盖有一块长方形的桦树皮，长 0.4、宽 0.3 米。

棺首前有二层台，形成头箱样格局，二层台长 0.85、宽 0.45、高 0.42 米。

2. 随葬品

共 6 件。

（1）种类和数量

瓷器4件,铁器1件,琉璃器1件。

(2) 出土位置

部分瓷器在二层台上摆放,出土有2件残破的粗瓷小口罐,一件为黑釉粗瓷壶,一件为茶叶末绿釉壶。另外,在棺内人骨架的头骨顶部摆放1件青花缠枝菊花纹瓷碗,1件扣放的青花高足兰花纹瓷杯。还有,在人骨架的盆骨右侧出土有1把铁剪,左侧股骨外侧出土有1枚琉璃扣。

(3) 器物形制分类介绍

瓷器

绿釉粗瓷壶1件。

XM5:1,Ab 型,不完整,口部残缺,器身有一纵向裂纹。器型不周正,溜肩鼓腹,腹部最大径上移至近肩部,下腹壁内收,口径小于底径,平底。茶叶末绿色釉,釉面粗糙,器身肩部有明显的横向接胎的浅凸棱。残高22.8、底径8.4厘米(图版五六,图九五:2)。

| 1.|0   2   4厘米 | 2.|0   3   6厘米 | 3.|0   4   8厘米 | 4.|0   1   2厘米 |

图九五　西区五号墓(XM5)出土的随葬品

1. 青花缠枝菊花纹碗　2. Ab 型粗胎瓷壶　3. B 型粗胎瓷壶　4. 青花兰花瓷杯

黑釉粗瓷壶 1 件。

XM5：2，B 型，不完整，口部有残损，器身有一处残缺，有裂痕，盘口，沿外展，短直径，广肩，斜腹微弧渐内收，矮圈足，凹底。胎质白，较细腻坚致，施黑色釉，釉汁肥厚，油润有光泽，施釉不到底，足底无釉。通高 18.8、口径 4.5、底径 8.2 厘米（图版五七，图九五：3）。

青花兰花纹杯 1 件。

XM5：3，B 型，器物完整，展沿侈口，圆唇，斜直壁，深腹，底部微内收，内底心略塌，圈足。胎质灰白，釉色泛青，釉色光亮润泽，器身可见小的开片，圈足足尖修整如鱼脊，外壁挂釉不满，足内底无釉，有火石红痕迹。杯内壁绘有叶点纹。杯内底心有一个"点"样青花纹饰，外壁绘有三组兰花和草叶青花纹案，等距排列。通高 4.7、口径 9、足底径 2.8 厘米（图九五：4）。

青花缠枝菊花纹碗 1 件。

XM5：4，Ba 型，器物完整，形制规整。敞口，尖唇，沿外撇，深腹，腹壁斜弧内收，圈足。胎质白且细密坚致，釉色泛青，施釉不均，无釉处呈坑样斑点，青花发色艳丽，晕散明显，圈足挂釉不满，足尖修整无釉。碗内壁口沿处绘有上一下二组成青花三道弦纹，弦纹中间是网格纹和点组合的复合图案。碗内主题花纹以菊花和枝叶相绕为主。碗心绘有一周圆圈，圈内绘有一朵菊花，花外圈有重笔点绘的五个向心花瓣轮样修饰，碗外壁口沿下施有一道弦纹，下绘有五朵菊花，以枝叶相衬，叶子肥大，笔路粗细相间，率意流畅，布满整个外壁。圈足有一道弦纹。通高 8、口径 18.1、足径 6.8 厘米（图版一五一，图九五：1）。

铁器

剪 1 件。

XM5：5，锻造，锈蚀较甚。剪口与剪把的长度大致相等，形状与现代的剪刀相同，通长 21.3 厘米，剪口长 11.6 厘米。

琉璃

扣饰 1 件。

XM5：6，蓝色，上部是圆形穿孔状纽，下部为球形实心扣。通高 1.9、直径 1.4 厘米。

第六号墓

六号墓（XM6）西区的西部，南紧邻 XM27，规模小，XM6 开口①层下，打破生土。

1. 形制和规格

XM6 为长方形土坑竖穴墓，墓圹为圆角长方形，长 2、宽 0.88、深 1.2 米。填土为五花土，在发掘距墓口 60 厘米处时，填土内出土 2 颗马牙和一块青花瓷片。墓向 260°（图九六）。

2. 随葬品

墓圹清理到底部，没有发现棺木痕迹，亦无人骨和其他遗物。

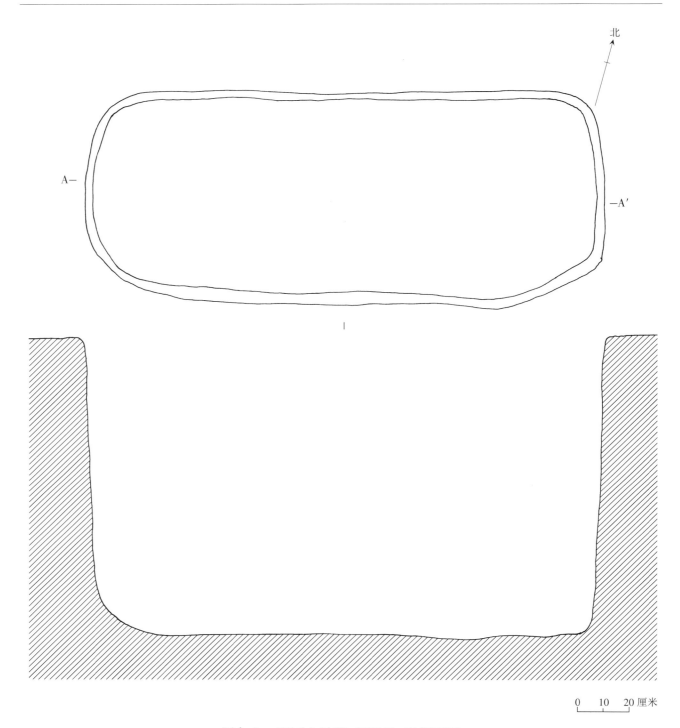

北

A—

—A′

0　10　20厘米

图九六　西区六号墓（XM6）平剖面图

第七号墓

七号墓（XM7）位于西区的南部，其西北侧邻 XM8，东邻 XM11，XM7 开口①层下，打破生土。

1. 形制和规格

XM7 为长方形土坑竖穴墓，墓圹呈圆角长方形，长 2.4、宽 0.87、深 0.9 米。填土为五花土，墓葬底部棺木上方的填土中出土有 10 多个马牙，杂乱放置。墓向 265°（图九七）。

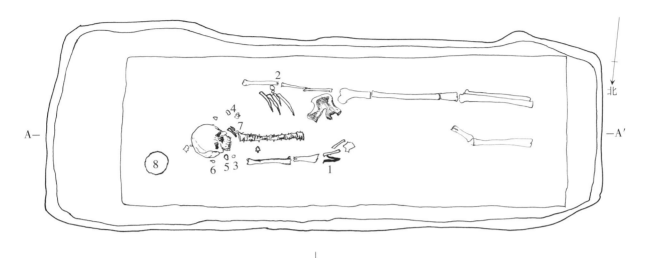

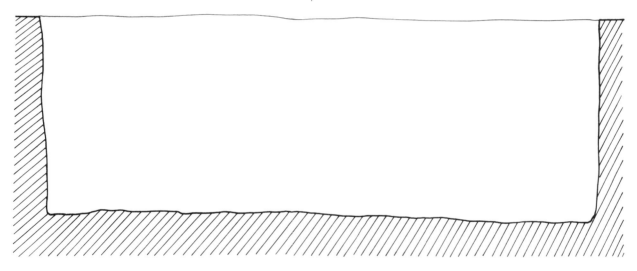

图九七 西区七号墓（XM7）平剖面图

1. 铁剪 2. 铜环玛瑙饰件 3. 梅花形饰件 4. 圆形饰件 5. 兰花饰件 6. 耳坠 7. 串珠 8. 青花堆塑鱼纹卧足盘

墓圹北壁上方有二个呈半圆形的豁槽，第一个在人骨架脚部下方的位置处，距墓圹东端 0.12 米，豁口宽 0.2、弦径 0.03 米。第二个豁槽与第一个相距 1.2 米，大致位于人骨架头骨的位置处，豁槽宽 0.3、弦径 0.02 米。

墓圹内有棺木朽烂的痕迹，可以知道内盛有一具木棺，现存的棺木朽痕范围长 1.95、宽 0.67 米。棺内人骨架保存不完整，部分肢骨和肋骨缺失，是仰身直肢。

2. 随葬品

共 26 件。

（1）种类和数量

瓷器1件，铜器3件，铁器1件，玉器1件，琉璃器21件。

（2）出土位置

在棺内人骨架的头骨顶部左上方出土有1件青花堆塑鱼纹卧足盘，头骨周围出土有3件梅花形饰件、1件琉璃蓝色花形饰件、2件耳坠、15个串珠和2件长圆形坠饰，左侧肋骨处有1件铜环和1件玉瑗。右侧股骨旁出土有1把铁剪。

（3）器物形制分类介绍

瓷器

青花堆塑鱼纹卧足盘1件。

XM7：5，B型，完整，内壁口沿处有一周青花弦纹，盘心是青花双圈纹，圈中心有一条堆塑的鲤鱼，通体施红彩，鱼眼点黑且大，鱼尾下摆。双圈内侧有三组水草和波浪纹饰，相间分布。外壁无纹饰，卧足。胎质灰白，细密坚致，釉色白中闪灰，青花发色淡雅，红彩鲜艳。直径11、高3.4、足径4.6厘米（图版一五二，图九八：6）。

铜器

环1件。

XM7：6，圆形，环外侧有一舌形短柄。器身正面凸起，背面平直。柄长1.6厘米，环直径2.2、厚0.3厘米（图版二一六）。

耳坠1副。

XM7：2，上部为一圆环，下部缠绕一圭形玉片，玉片上面有两个圆形穿孔。通长4.8厘米，环径2.4厘米，玉片长2.1、宽2.3厘米（图版二二六）。

铁器

剪1件。

XM7：1，锻造，锈蚀较甚。剪口与剪把的长度大致相等，形状与现代的剪刀相同，尖略残，把有缺损。长20厘米，剪口残长10厘米（图版二〇八，图九八：1）。

玉器

瑗1件。

XM7：4，玉质，蓝色。好径0.8、肉径0.3厘米（图九八：3）。

琉璃器

花形饰件4件。

标本XM7：3，B型，3件，形制相同，琉璃质，都是由5个花瓣均匀叠压成梅花形，花瓣边缘略突起，每两个花瓣叠压处有一穿孔，梅花中心有一穿孔。直径2.5、厚0.4—0.7厘米（图版二二四，图九八：5）。

标本XM7：9，C型，1件，椭圆形，琉璃质，蓝色，四片花瓣间有豁口，中间有并排二穿孔。长径2.5、短径2.3、厚0.4厘米（图九八：2）。

标本XM7：7，长圆形坠饰，2件，形制相同琉璃质，一蓝色，一深蓝色，形制相同，顶端有一圆形穿孔。长2.3、宽1.2、厚0.8、孔径0.1厘米（图版二二四，图九八：4）。

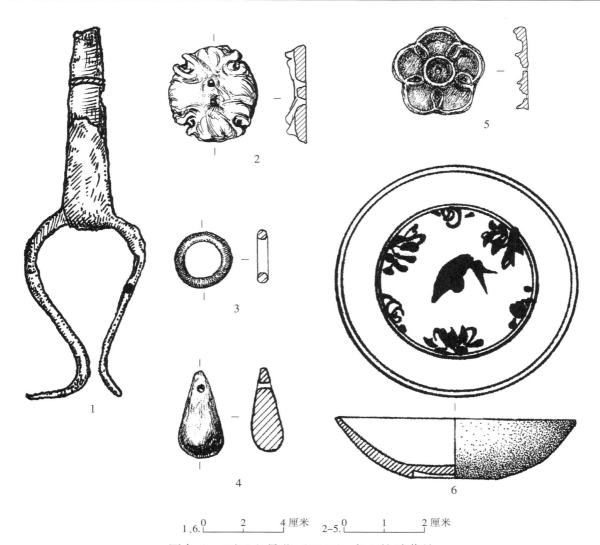

1、6.　0　　　2　　　4厘米　　2-5.　0　　　1　　　2厘米

图九八　西区七号墓（XM7）出土的随葬品

1. 铁剪　2、5. 琉璃花形饰件　3. 铜环　4. 长圆形琉璃饰件　6. 青花堆塑鲤鱼纹卧足盘

串珠 15 件，形制相同。

标本 XM7：8，琉璃质，素面，珠状，形制相同，大小不一。颜色有三种，多为蓝、白色，少有黑色。

第八号墓

八号墓（XM8）位于西区的南部，西侧紧邻 XM9，东南与 XM7 相邻。XM8 开口①层下，打破生土。

1. 形制和规格

XM8 为长方形土坑竖穴墓，墓圹呈圆角长方形，长 2.65、宽 1、深 1.1 米。填土为五花土，墓口下 4—5 厘米直至棺木的填土中均杂乱放置马骨。墓向 255°（图九九）。

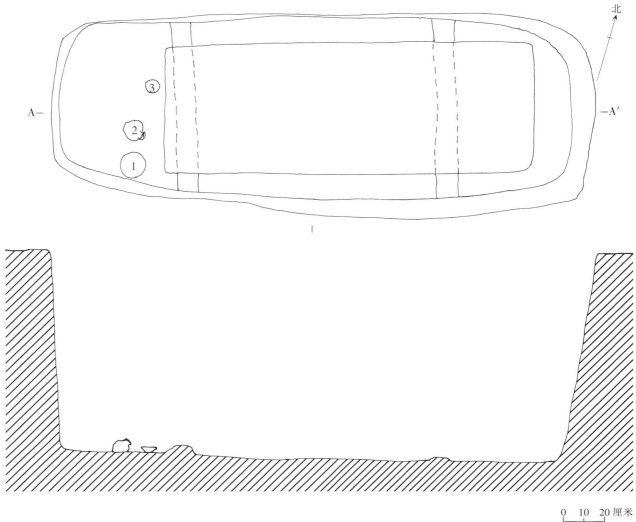

图九九　西区八号墓（XM8）平剖面图
1. 青花漩涡云气纹碗　2. 酱釉粗胎瓷壶　3. 景泰蓝杯

　　墓圹内发现有棺木的朽烂痕迹，可知内殓有一具木棺，棺底朽木范围长 1.76、宽 0.65 米。木棺底部有两根垫木朽后的炭痕，其中东边的木方长 0.9、宽 0.08 米，距墓圹东端 0.53 米。西边木方长 0.9、宽 0.08 米，距墓圹西端 0.55 米。墓圹内不见人骨，墓圹西端有头厢，长 0.8、宽 0.45 米。

2. 随葬品

共 3 件。

（1）种类和数量

瓷器 3 件。

（2）出土位置

厢内摆放 1 件青花漩涡云气纹瓷碗，1 件酱釉粗瓷壶，1 件景泰蓝杯。

（3）器物形制分类介绍

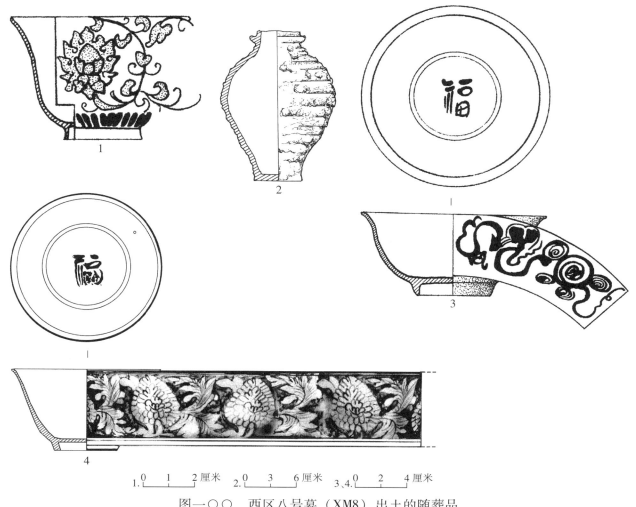

图一〇〇　西区八号墓（XM8）出土的随葬品
1. 景泰蓝杯　2. Ac 型壶　3. 青花漩涡云气纹碗　4. 青花缠枝菊花"福"字纹碗

瓷器

青花漩涡云气纹碗 1 件。

XM8：1，Ba 型，器物完整，形制不规整，有变形，碗壁有一处裂痕。敞口，卷平沿，深腹，腹壁内收，圈足，足尖修如鱼脊，足尖与底无釉。胎质白，釉色白中闪灰，青花发色暗淡，浓重处呈黑色。碗口有芝麻糊釉，口内沿有一道不规则弦纹，底部中心绘有双重青花圆圈，内有一个隶书的"福"字。外壁口沿下绘有一道弦纹，其下绘有三组连续漩涡云气纹饰，主题花纹是在碗的外壁绘有三组相同的漩涡云气纹，每组五个漩涡，中间一个较大，线条较粗，在它的四角各有一个小的漩涡纹，线条纤细。每组漩涡纹之间是以带状云气或飘带云气纹相连，圈足跟部施有一道弦纹。青花发色浓艳，晕散重。通高 6.5、口径 14.4、足径 6 厘米（图版一五三，图一〇〇：3）。

酱釉粗瓷壶 1 件。

XM8：2，Ac 型，子母口，束颈，溜肩，筒形腹，平底。器型极不规整，口部有变形，器身有多道不规则横向接胎凸起和乳突，胎质粗糙，较厚重。施酱釉，有光泽，底有粘沙，无釉。通高 18、口径5.1、底径5.7厘米（图版五八，图一○○：2）。

青花露白菊花"福"字纹碗1件。

XM8：3，Bb型，器物完整，形制规整，敞口，弧腹内收，圈足，足尖修整。内壁口沿有一周弦纹，底部有两周弦纹，中间有一隶书"福"字。外壁饰满菊花图案，菊花与叶子均为外勾轮廓，填满外部空间，留白成花叶，菊花与叶片硕大，布满整个外壁，有5组。青花发色重，艳丽。通高6.6、口径11.6、足径4.8厘米（图一○○：4）。

景泰蓝

杯1件。

XM8：4，器物完整，器表锈蚀斑驳，青铜内胎，器型规整，敞口，圆唇，深腹，底微凸，圈足略外撇。内壁锈蚀较甚，看不出装饰。外壁饰有四朵牡丹花，牡丹花为珐琅质镶嵌，呈淡蓝色。花朵之间的缠枝花叶呈绿色，花蕾呈黄色，器身下部为天蓝色花瓣纹饰相衬。器型优美，色彩艳丽，制作精致。通高5、口径7.5、足径3.8厘米（图版二○○，图一○○：1）。

第九号墓

九号墓（XM9）位于西区的南部，东侧相邻的是XM8，西北与XM5相邻。XM9开口①层下，打破生土。

1. 形制和规格

XM9为长方形土坑竖穴墓，墓圹呈圆角长方形，长2.35、宽0.88、深0.7米。填土表层为一层沙土，下面为五花土。墓向249°（图一○一）。

墓圹内有木棺朽烂的残渣痕迹，朽烂较重，可知有一具木棺，现残存的木棺地板的范围长1.85，残宽0.5米。棺内发现一具人骨架，保存较好，头骨和四肢骨都保留，是仰身直肢葬。

2. 随葬品

共21件。

（1）种类和数量

铁器1件，铜器4件，金器2件，琉璃器14件。

（2）出土位置

随葬品多出土在头骨四周，基本是装饰品，散布出土有1副金耳坠、1件牡丹形琉璃扣，1件桃形坠饰，1件扇形坠饰，1件鸡心形坠饰，2件琉璃A型串饰，1件白色带五道沟槽串珠、1件黑色圆球纽扣、2件蓝色串珠、1件蓝色花样方形扣饰、1件白色圆形扣饰、1件蓝色带多道沟槽串珠、1件铜环。另外，在人骨架的盆骨右侧出土有1件残坏铁剪、1件桃形琉璃扣饰、1件铜花叶形饰件，1件椭圆形亚腰铜饰件、1件铜管饰等。

（3）器物形制分类介绍

铁器

剪1件。

XM9：18，锈蚀残缺，形状与现在剪刀相似，剪刃口残长10厘米。

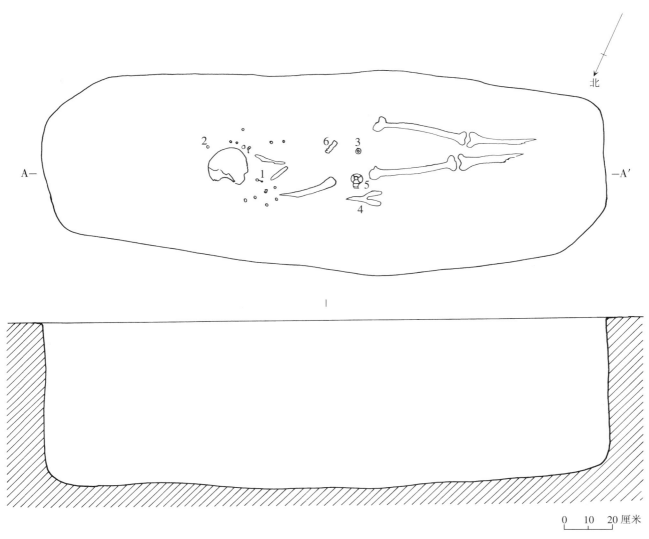

图一〇一　西区九号墓（XM9）平剖面图
1. 金耳饰　2. 铜环　3. 铜饰件　4. 铁剪　5. 蓝色、白色串珠　6. 钢管饰

铜器

共4件。

环1件。

XM9：2，形制较小，中间为圆孔样。环截面为圆形。直径1.8、孔径0.9厘米（图版二一六）。

花叶形装饰件1件。

XM9：3，制作精致，器体较薄，呈长条叶状，周边和中间布有细密圆点纹，中部有一朵四瓣团花，四角各有一花蕾。长3.8、宽2、厚0.1厘米（图版二一一）。

椭圆形亚腰饰件1件。

XM9：18，椭圆形，中部有两个对称的长方形亚腰豁口，平面看似"工"字形，两端圆弧状，各有一圆孔。长3.6、宽1.3、厚0.1厘米（图版二一六，图一〇二：14）。

铜饰件1件。

XM9：19，长条形，中部亚腰，两端圆尖状，两端中心各有一圆孔，长3、宽1.5厘米。

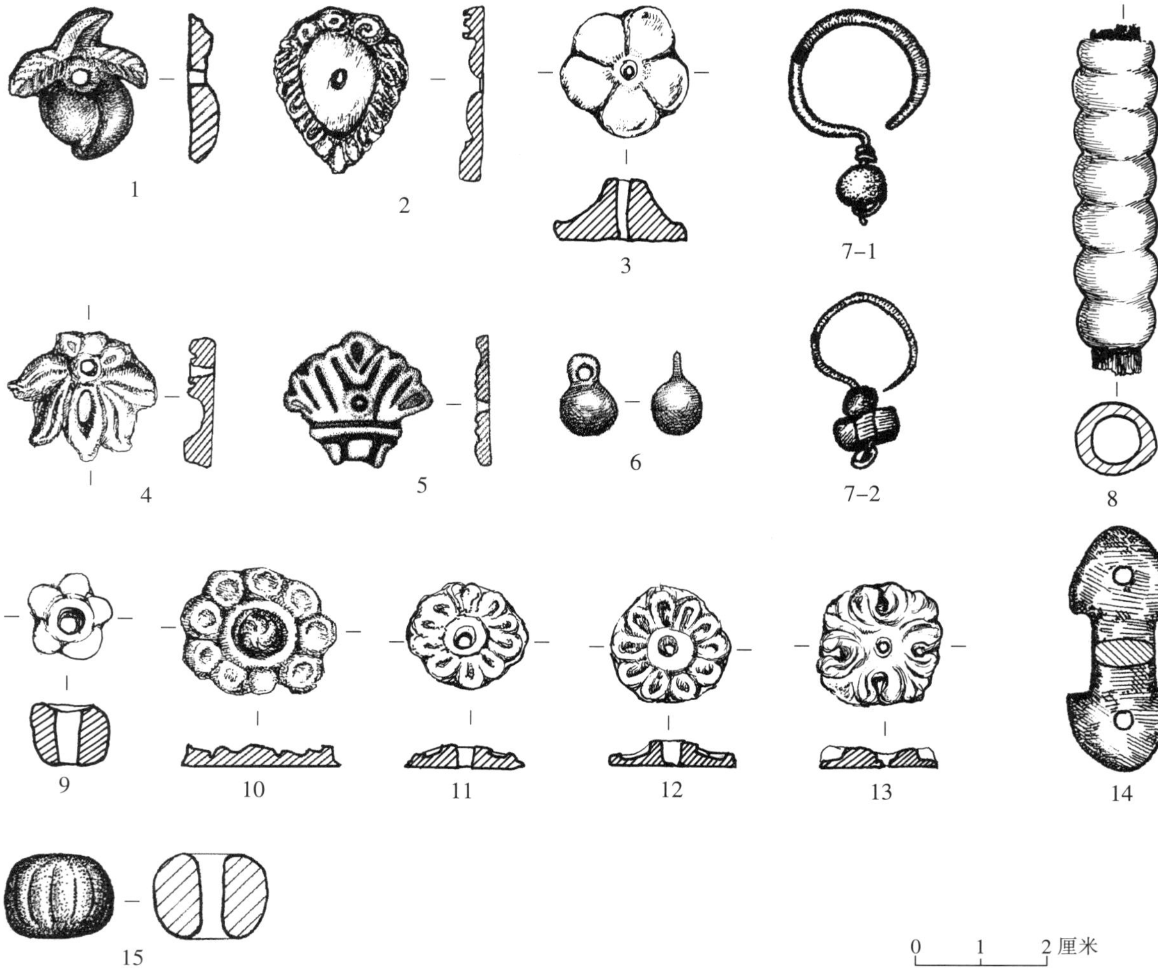

图一〇二　西区九号墓（XM9）出土的随葬品

1. 桃形坠饰　2. 鸡心形坠饰　3. 梅花形串饰　4. 牡丹花形坠饰　5. 扇形坠饰　6. 球形纽扣　7. 金耳饰　8. 铜管饰
9－13. 坠饰　14. 铜饰件　15. 琉璃串珠

圆筒形管饰1件。

XM9：8，圆筒形，中空，管身作六连串珠状。长5.5、管径1.3、壁厚0.2厘米（图版二一〇，图一〇二：8）。

金器

耳坠1副。

形制大体相同，均为上部是开口圆环，下部坠有玛瑙等饰物。

XM9：1—1，通长3.3厘米。下有红色玛瑙珠坠饰，并用一条细丝缠绕珠上以固定（图版二二七，图一〇二：7—1）。

XM9：1—2，通长2.8厘米。上端为小圆环，下连有一圆形蓝色料珠与扁棱形红色玛瑙珠（图版二二七，图一〇二：7—2）。

琉璃饰件

扣饰 7 件。

XM9：4，黑色，圆球形纽扣，主要特征为上部是圆形穿孔状钮，下部为球形实心扣。通高 0.9、直径 0.6 厘米（图版二二五，图一〇二：6）。

XM9：5，蓝色，近正方形，四片花瓣对称分布，中间略凸有一穿孔。边长 2、厚 0.4 厘米（图版二二五，图一〇二：11）。

XM9：6，白色，近方形，扁平状，底平直，正面雕有牡丹花形，花蕊处有一穿孔。长径 2.4、短径 2.1、厚 0.4、孔径 0.15 厘米（图一〇二：4）。

XM9：10，白色，由 9 个连珠组成圆形，中间略凹，心有一穿孔。直径 2.4、厚 0.4 厘米，连珠直径 0.4 厘米（图版二二三，图一〇二：10）。

XM9：13，浅绿色，由 11 个花瓣组成圆形，中间略凸且有一穿孔。直径 1.9、厚 0.4、孔径 0.3 厘米（图版二二六，图一〇二：12）。

XM9：14，形状颜色如 XM9：13，。直径 2、厚 0.4、孔径 0.3 厘米（图一〇二：13）。

XM9：16，扁平状，形如鸡心，周边刻画绿叶文饰，心顶有 3 个圈点纹，心体中间有一穿孔。长 2.7、宽 2、厚 0.4 厘米（图版二二四，图一〇二：2）。

坠饰 3 件。

XM9：7，坠饰，桃形，2 件。叶子在上，果实在下，叶子和果实间有一穿孔，形制相同。长 23、宽 2、厚 04 厘米（图版二二五，图一〇二：1）。

XM9：9，扁平状，上部呈展开扇形，中间有一圆形穿孔。扇宽 2.3、高 2.1、厚 0.4 厘米（图版二二四，图一〇二：5）。

串饰 4 件。

XM9：11，蓝色，串饰，由 5 个花瓣组成的梅花样。底面平直，正面凸起，中间有一圆形穿孔。白色。直径 2、厚 0.6、孔径 0.2 厘米（图一〇二：3）。

XM9：12，白色，圆形，珠样，竖刻五道沟槽，截面呈梅花样，中间有孔。直径 1.1、高 1、孔径 0.3 厘米（图一〇二：9）。

XM9：15，串饰，颜色大小形状如同 XM9：11。

XM9：17，蓝色，圆形，珠状，竖刻多道沟槽，中间有孔。直径 1.4、高 1.3、孔径 0.35 厘米（图版二二五，图一〇二：15）。

第十号墓

十号墓（XM10）位于西区最南端，北邻 XM11 和 XM7，XM10 开口①层下，打破生土。

1. 形制和规格

XM10 是长方形土坑竖穴墓，墓圹基本为圆角长方形，长 2.22、宽 0.7、深 0.2 米。填土表层有 5 厘米厚的黄沙土，其下为五花土。在清理填土接近至人头骨时，发现有一个马牙和一块马骨。墓向 275°（图一〇三）。

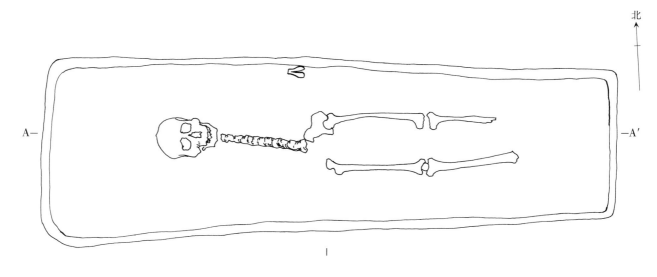

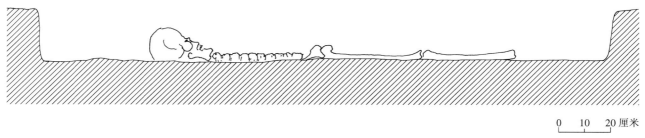

图一〇三　西区十号墓（XM10）平剖面图

　　圹内没有发现有棺木痕迹。仅发现有一具人骨架，但腐朽较甚，头骨和下肢骨保存较好，仰身直肢葬。墓圹的南壁中部墓底处发现有 1 块桦树皮，近方形，长 0.2、宽 0.2 米。

2. 随葬品

共 1 件。

（1）种类和数量

铁器 1 件。

（2）出土位置

桦树皮上出土有一把锈蚀较甚的铁剪。

（3）器物形制分类介绍

铁器

剪 1 件。

XM10：2，剪。锻造，锈蚀较甚。剪口与剪把的长度大致相等，形状与现代的剪刀相同，长 20 厘米。

第十一号墓

　　十一号墓（XM11）位于西区南端，西南毗邻 XM10，西北与 XM7 相邻。XM11 开口①层下，打破生土。

1. 形制和规格

XM11 为长方形土坑竖穴墓，墓圹为圆角长方形，土坑竖穴，圹长 2.45、宽 0.8、深 0.39 米，填土为黄沙和五花土，表层 15 厘米以下为黄细沙，其下为五花土。墓向 260°（图一〇四）。

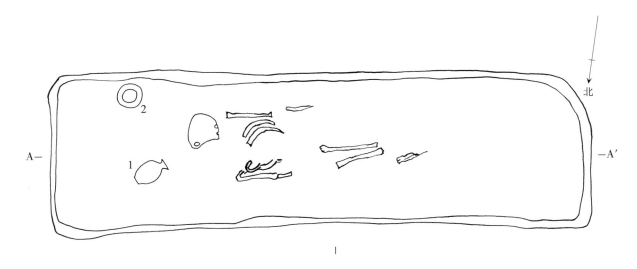

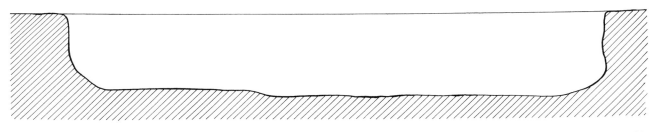

图一〇四　西区十一号墓（XM11）平剖面图
1. 酱釉粗瓷壶　2. 青花漩涡云气纹瓷碗

依稀可辨有木质棺具部分残渣，已无法辨明棺木大小。墓圹底部有一具人骨，人骨朽甚，残存有头骨和部分肢骨，可辨为仰身直肢葬（图版一一）。

2. 随葬品

共 2 件。

（1）种类和数量

瓷器 1 件。

（2）出土位置

随葬品放置于人骨架的头骨顶部，分别出土有 1 件酱釉粗瓷壶和一件青花漩涡云气纹瓷碗。不见其他随葬品。

（3）器物形制分类介绍

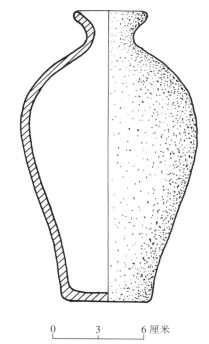

0 ____ 3 ____ 6 厘米

图一〇五　西区十一号墓（XM11）
出土酱釉粗瓷壶

瓷器

酱釉粗瓷壶 1 件。

XM11：1，Ab 型，不完整，口部有残缺，器身有裂纹，器型较周正，喇叭口，广肩收腹，平底，胎质黄，粗糙坚致，施酱釉，不及底。通高 20、口径 4.9、底径 6.6 厘米（图版五九，图一〇五）。

青花漩涡云气纹碗 1 件。

XM11：2，Ba 型，器物完整，器型不周正。敞口，侈平沿，深腹，腹壁弧曲内收，圈足。胎质白且坚致，釉色白闪青，光亮润泽，施釉不匀，有漏釉现象，碗心有黑色斑，碗外壁下部釉有粘沙现象，圈足修整如鱼脊，底无釉。碗口内沿有一周浅青花弦纹，中心有一个青花简写的"福"字。外壁是三组漩涡云气纹，每组云气图案以粗重浓彩圆圈并在圈内上部绘三至五个圆点为中心，四角各绘一个螺旋圆圈构成，每组有云气连接，布满器身，青花发色浓淡适宜。通高 7.5、口径 13.1、足径 5.8 厘米（图版一五四）。

第十二号墓

十二号墓（XM12）位于西区中部偏西，南邻 XM5，西邻 XM4，北邻 XM15。XM12 开口①层下，打破生土。

1. 形制和规格

XM12 是长方形土坑竖穴墓，墓圹呈圆角长方形，长 2.84、宽 0.8、深 1.1 米。填土表层有 15 厘米厚的黄沙土，其下为五花土。墓向 272°（图一〇六）。

在墓圹开口的南北壁上方各有三个对称的豁槽，豁槽内可见朽烂的木头痕迹。豁槽呈长方形，大小不一，深度一致，均为 0.35 米。南壁东边第一个豁槽距墓圹的东端 0.35 米，豁槽长 0.35、宽 0.24 米，在该豁槽内发现有一块红松朽木，朽木残长 0.28、宽 0.05 米。第二个豁槽与第一个豁槽相距 0.6 米，其长 0.4、宽 0.18 米。第三个豁槽与第二个相距 0.62 米，其长 0.46、宽 0.23 米。北壁东边第一个豁槽距墓圹东端 0.4 米，长 0.5、宽 0.23 米。第二个豁槽距第一个豁槽 0.65 米，其长 0.4、宽 0.24 米。第三个豁槽距第二个豁槽 0.55 米，其长 0.4、宽 0.30 米。

墓圹内有木棺的朽木痕迹，零星分布，不成形状。可知内盛有一具木棺，棺内有一具人骨，人骨架保存完好，从头骨和肢骨的摆放看，应为仰身直肢葬（图版一二）。

2. 随葬品

共 17 件。

（1）种类和数量

瓷器 1 件，铜器 2 件，玉器 9 件，琉璃器 3 件，贝饰 1 件，铜钱 1 枚。

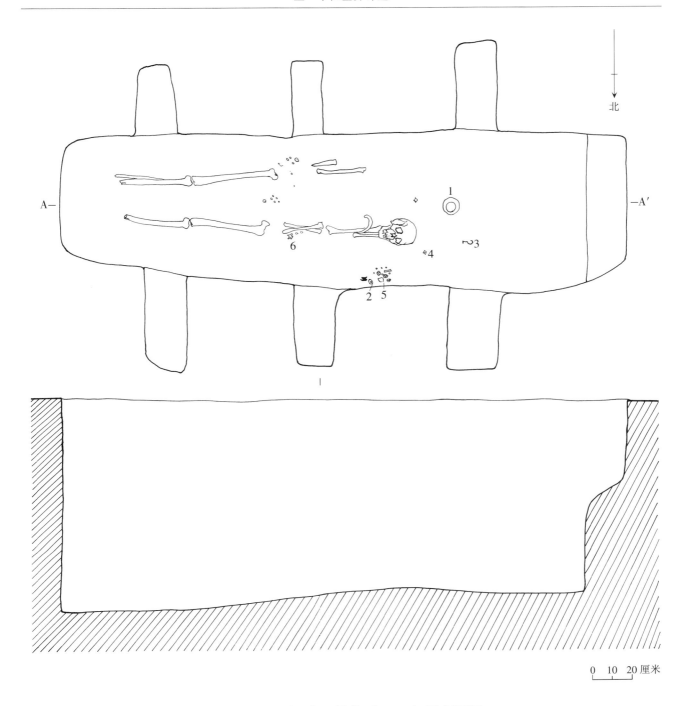

图一〇六　西区十二号墓（XM12）平剖面图

1. 青花花草纹瓷碗　2. "天禧通宝"铜钱　3. 耳坠　4. 梯形饰件　5. 蚌壳　6. 铜饰件

（2）出土位置

瓷器和部分随葬品放于棺内人骨架的头骨顶部，随葬有 1 件青花花草纹碗，2 件葡萄形坠饰，2 件玉瑗。另外，在人骨架的头骨左侧靠近墓圹壁处出土有"天禧通宝"铜钱一枚，铜钱四周散布有若干的贝蚌壳。在人骨架的左上肢骨旁出土有 2 件铜动物形饰件。以及在盆骨位置出土有若干个的串珠、1 件玉壁和 1 件残玉饰件、2 件四棱台形串饰。

（3）器物形制分类介绍

瓷器

青花花草纹碗 1 件。

XM12：1，Ba 型，器物完整，器型不周正。敞口，斜折沿，深腹，腹壁斜内收，圈足亦微内收。胎质灰白坚致，釉呈淡青色，有光泽，釉有坑疤，圈足足尖修整圆钝，底无釉，青花发色淡雅，晕散明显。碗心会有莲池纹饰，布满整个碗心。外壁是连续的三组变形莲花兰草图案，写意效果，分布整个外壁。通高 4.8、口径 9.6、足径 2.8 厘米（图版一五五，图一〇七：12）。

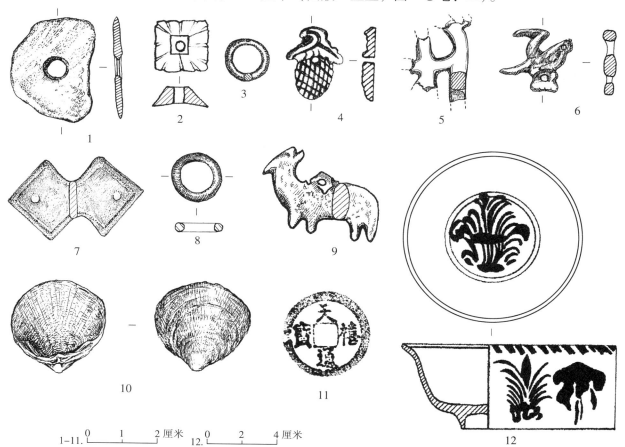

图一〇七　西区十二号墓（XM12）出土的随葬品

1. 玉璧　2. 琉璃串饰　3、8. 玉瑷　4. 琉璃葡萄坠饰　5. 玉饰件　6. 铜鸟形饰件　7. 双菱形坠饰　9. 铜羊形饰件　10. 贝饰　11. "天禧通宝"铜钱　12. 青花花草纹小碗

铜器

羊形饰件 2 件。

XM12：6，羊形，背凸起且有一穿孔，体薄。长 3.5、高 2.5、厚 0.3 厘米（图版二一四，图一〇七：9）。

鸟形饰件 1 件。

XM12：5，鸟形，呈展翅飞翔状。下部有托，托上有一圆形穿孔。器型小且制作精致。最长2、高1.9、厚0.4厘米（图版二一一，图一〇七：6）。

玉器

瑗2件。

XM12：3，玉质，白色，好径0.8、肉径0.3厘米（图一〇七：3）。

XM12：8，玉质，绿色，好径0.8、肉径0.2厘米（图版二二六，图一〇七：8）。

串珠5件，形制相同。

标本XM12：7，玉质，绿色，近球形，中有一穿孔，竖刻5个棱。直径2.5、高1.8、孔径1.4厘米。

璧1件。

XM12：9，残，玉质，圆形，肉倍好，玉质为白色泛绿。肉径1.3、好径0.5、厚0.2厘米（图版二二三，图一〇七：1）。

饰件1件。

XM12：11，残，玉质，形制不清，雕工细致。残长2、残宽2、厚0.5厘米（图一〇七：5）。

琉璃器

串饰2件。

XM12：4，四棱台形，琉璃质，斜面有条形纹饰，对称分布，中间有一竖向圆穿孔。上边长0.65厘米，下边长1.6、高0.5、孔径0.25厘米（图一〇七：2）。

坠饰2件。

XM12：2和XM12：12，葡萄形，琉璃质，叶子在上，果实在下，叶子和果实间有一穿孔，形制相同。长2.3、宽1.6、厚0.5厘米（图版二二四，图一〇七：4）。

贝饰

XM12：10，扇形，贝壳加工成装饰物，有穿孔，形状以贝壳原形为主。面宽2.8、高2.8厘米（图一〇七：10）。

铜钱

"天禧通宝"1枚。

XM12：13，直径2.5、孔径0.6、厚0.1厘米（图一〇七：11）。

第十三号墓

十三号墓（XM13）位于西区的西北部，西侧邻XM23，东侧邻XM16，北侧邻XM14，XM13开口①层下，打破生土。

1. 形制和规格

XM13为长方形土坑竖穴墓，墓圹呈圆角长方形，长2.8、宽0.8、深0.9米。填土是五花土。墓向275°（图一〇八）。

墓圹的东南角南壁的墓圹上部向外扩出，形成一个二层台样的部分，扩出部分长0.8、宽0.6、

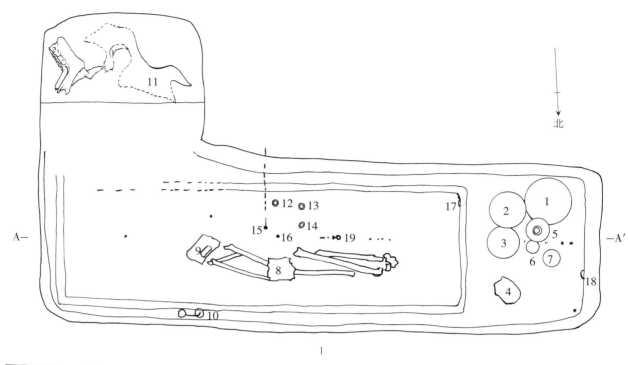

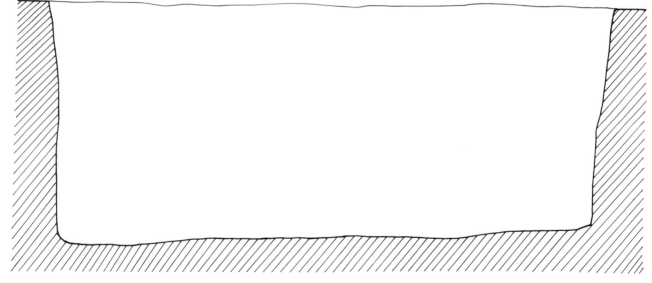

图一〇八　西区十三号墓（XM13）平剖面图

1. 青釉瓷碗　2. 青花狮子芭蕉纹瓷碗　3. 青花鱼纹卧足瓷盘　4. 酱釉粗瓷壶残片　5. 酱釉粗瓷壶　6. 青花蕃莲纹小瓷碗　7. 红绿彩梅花纹瓷盘　8. 桦树皮　9. 铁器　10. 铁马镰　11. 马骨　12–14. 铁环　15、16. 串珠　17、18. 玉牌饰　19. 耳环

高 0.53 米，台上放有几块大的马骨。

　　墓圹内有一木棺，残存的棺底朽木长 1.95、宽 0.6、厚 0.03 米。在木棺内有一具人骨架，保存不完整，头骨不见，存留其他肢骨，从摆放位置可以看出为侧身直肢葬。在棺首处有一头厢，头箱长 0.8、宽 0.65 米（图版一三）。

2. 随葬品

共 17 件。

（1）种类和数量

瓷器 7 件，金器 2 件，铁器 4 件，玉器 2 件，琉璃器 2 件。

（2）出土位置

随葬品中瓷器都摆放在头厢内，其中摆放有 1 件红绿彩梅花纹瓷盘，1 件青花狮子芭蕉寿山石纹碗，1 件龙泉青瓷碗，1 件青花蕃莲纹"福"字纹小瓷碗，1 件青花堆塑漏胎鱼纹卧足盘，1 件白釉瓷盅，1 件酱釉粗瓷壶，另外还有 1 件残破无法修复的酱釉粗瓷壶。在棺内人骨架的颈部位置右下侧出土有 1 件银钏和 1 件金耳坠，在人骨架的盆骨右侧出土有 3 件铁环，2 件串珠。人骨架的脚下位置出土有 1 件无法辨识的铁器残片，残长 0.15、宽 0.1 米。在头箱和棺首交汇处发现有 1 件琉璃牌饰，在头箱的顶端，墓圹的西壁下出土有 1 件桃形玉饰件。还有，在墓圹北壁下与棺之间，大约与脚骨位置相齐处出土有 1 件马镳。在人骨架的盆骨上方覆盖有一块桦树皮，形状不规则，长 0.14、宽 0.1 米。

（3）器物形制分类介绍

瓷器

酱釉粗瓷壶 1 件。

XM13：4，Ab 型，较完整，器身有一较大的裂纹。盘口，束颈，溜肩，筒形腹，平底。腹部最大径上移至近肩部，下腹壁内收，口径小于底径。胎质粗糙，器表有沙粒，不光滑，施酱釉，不施到底，底无釉。通高 23.1、口径 5.5、底径 7.8 厘米（图版六〇，图一〇九：2）。

龙泉青釉瓷碗 1 件。

XM13：3，器物完整，形制较周正，口部有一处破损粘接，壁有一裂痕。直口，圆唇，弧曲腹，圈足较细，挖足不过肩。胎质粗，黄绿色釉，光亮润泽，有冰裂纹，足内底仅中心有一圆点釉，其余无釉。碗内壁口沿下 2 厘米是压印一周连续雷纹，其下是压印人物故事图案。可辨识的是，其中有一人，身穿官服，头戴官帽，坐于案后，右侧旁有"包丞相"字样。此人左侧有"张氏"字样，再左侧有一女子下跪，双手抱拢，地有方砖铺就，其左侧是云朵纹样。云朵再左侧有一男子，挺胸抬头，双手后背，男子左侧有"×文正"字样，再左侧还有一女子，披头散发，双手抱握，席地而跪，地有方砖铺就。"包丞相"向右是另外一组图案，有一人头戴官帽，身着官服，其左上角有字，无法辨识。其右有一个侍者双手推车，车上坐一人，其右有"太×"字样，再右与披发女子图案相接。人物组合中间有不同的纹饰或云朵图案。碗心是一周压印弦纹图案。外壁仅口部下方有压印一周雷纹装饰，其余素面。通高 10、口径 17.1、足高 2.2、足径 5 厘米（图版九二，图一〇九：1）

青花狮子芭蕉寿山石纹碗 1 件。

XM13：2，Ba 型，器物较完整，口部有两处残缺，碗壁有一道裂痕。敞口，斜沿，深腹，腹壁弧曲下垂内收，圈足。胎质细腻洁白坚致，釉色泛青光亮润泽，施釉不匀处有坑点，青花发色浓艳。碗内壁口沿处绘有两道弦纹，中间是连续交叉斜线及圆点纹饰，碗心外周绘有双重青花弦纹，中间绘有两株芭蕉树，中间夹有寿山石图案。碗外壁绘有两组芭蕉叶、寿山石与两个狮子图案，相间分

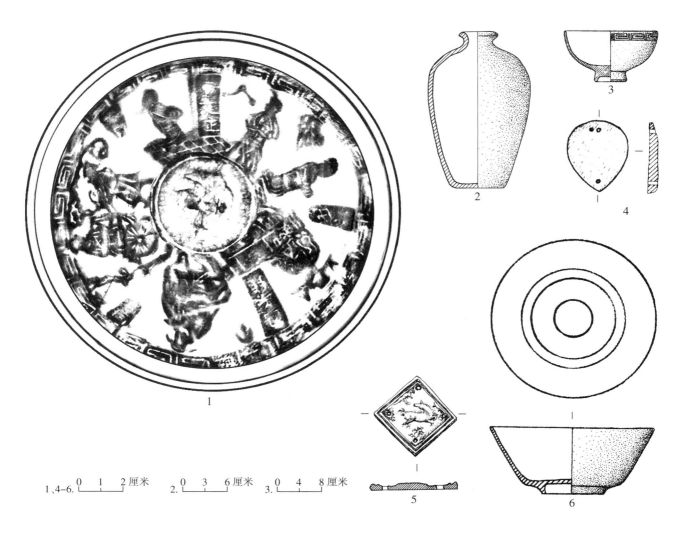

图一○九　西区十三号墓（XM13）出土的随葬品（1）

1. 龙泉青釉瓷碗细部　2. Ab 型粗胎瓷壶　3. 龙泉青釉瓷砖　4. 桃形玉饰件　5. 琉璃牌饰　6. 白釉瓷杯

布，狮子头向左，鬃毛竖起，尾巴平直，前足呈迈步貌，芭蕉树和寿山石与内心图案相仿。圈足绘有两道弦纹。通高 7.2、口径 16.4、足径 6.5 厘米（图版一五六，图一一○：2）。

青花蕃莲纹"福"字小碗 1 件。

XM13：5，Bb 型，完整，器型较周正。敞口，撇沿，腹壁微弧，圈足修整圆钝。胎质灰白坚致，釉厚光润，圈足及底无釉。碗口沿单圈，碗心双圈青花纹，双圈中青花书写一个隶书的"福"字，碗外壁均绘有三组变体莲花叶图案。青花发色浓艳，有铁锈斑痕，晕散深。通高 5、口径 10.4、足径 3.2 厘米（图版一五七）。

青花堆塑露胎鱼纹卧足盘 1 件。

XM13：7，B 型，器型较完整，有两道长裂痕，口部有一处缺损。敞口，圆唇，壁弧内曲，外壁可见胎的横向接痕，卧足，底内凹。施白釉，泛青色，光亮润泽，卧足根部一周修整无釉。盘内壁口

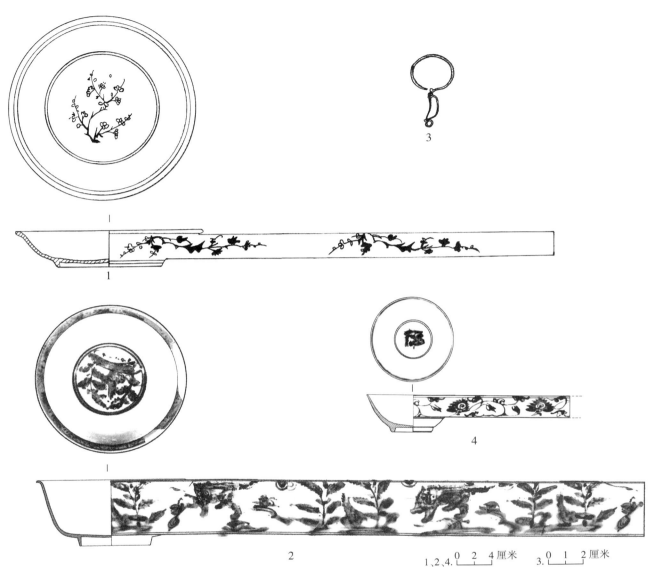

图一一〇　西区十三号墓（XM13）出土的随葬品（2）

1. 红绿彩梅花纹瓷盘　2. 狮子芭蕉寿山石纹碗　3. 金耳坠　4 青花蕃莲纹"福"字纹碗

沿下绘有一道青花弦纹，盘心外围绘有双重青花圆圈，圈内绘有均匀的三组浪花以及水草图案，盘正中心堆塑的一条鲤鱼，鱼眼明显，鱼身细长，鱼尾下摆，鱼鳞纹饰不明显，依稀可辨施红色釉，色彩较鲜明。盘外壁无纹饰。通高 3.8、口径 11.6、足径 4.1 厘米（图版一五八）。

红绿彩梅花纹瓷盘 1 件。

XM13：1，完整，口部有两处裂纹，器型欠规整，敞口，平沿，腹壁微弧内收，矮圈足，修整的外足尖较圆，内足尖直。胎质灰白且细腻坚致，釉色白有光泽，足尖无釉。器体完整，盘内沿处有双道红彩弦纹，盘心绘红彩双重弦纹，略有脱彩现象。圈内绘有一株梅花，花干为墨彩，花与花叶为绿彩。盘外壁上下各绘双道红彩弦纹，中间绘有两组梅花图案，枝干为墨彩，花叶为绿彩。整体构图雅致清新。通高 4.5、口径 21.3、底径 12.6 厘米（图版一九〇，图一一〇：1）。

白釉瓷杯 1 件

XM13：6，B 型，器物完整，口部较规整，敞口，圆尖唇，斜直壁，下部微内收，小圈足，形如碗状。胎质纯白细腻，釉色净白光亮，盅内底部有一周涩圈露胎痕，涩圈宽约 1 厘米，圈足内无字。通高 3.1、口径 7.4、足径 2.7 厘米（图版一八三，图一〇九：6）。

金银器

共 2 件。

耳坠 1 件。

XM13：8，金质。上端为大圆环，下端有细丝缠拧，底端有穿坠用的圆环。通长 4.3 厘米（图版二二七，图一一〇：3）。

钏 1 件。

XM13：9，银质。已残断，剩余部分为薄扁片作成半圆形，直径 4.8、厚 0.1 厘米。

铁器

镳 1 件。

XM13：12，锻造，体扁，呈"S"形，一端有圆孔，与一铁环相套连。通长 15、厚 1.3 厘米。环外径 2、内径 1.2 厘米.

环 3 件。

XM13：13，锻造，环铁截面为扁圆形。外径 2.5、内径 1.8、厚 0.3 厘米。

XM13：14，锻造，环铁截面为扁圆形。外径 2.7、内径 1.5、厚 0.3 厘米。

XM13：15，锻造，环铁截面为扁圆形。外径 2.6、内径 1.6、厚 0.6 厘米。

玉器

串珠 1 件。

XM13：16，玉质，近圆形，白色半透明，竖刻 7 个棱，中有一穿孔。直径 0.7、高 0.6、孔径 0.3 厘米。

桃形饰件 1 件。

XM13：11，玉质，白色泛黄，形似桃，一面平直，另一面略有凸起，桃尖处有一穿孔，桃顶有二穿孔。长 3.2、宽 2.7、厚 0.5、孔径 0.1 厘米（图版二二三，图一〇九：4）。

琉璃器

牌饰 1 件。

XM13：10，琉璃质，A 型，蓝色，四边边缘有凹弦纹，扁平，正方形。四角均有穿孔。中间有一骏马，回首，奋蹄，扬尾，作奔驰状，脚下和尾上有祥云图案。边长 25、厚 03 厘米（图一〇九：5）。

串珠 1 件。

XM13：15，琉璃质，B 型，白色，素面，珠状，中有一穿孔。直径 0.8、孔径 0.1 厘米。

第十四号墓

十四号墓（XM14）位于西区的北部偏西，东南毗邻 XM20，南侧是 XM13 和 XM16，西南侧是 XM23，北面没有墓葬分布。XM14 开口①层下，打破生土。

1. 形制和规格

XM14 为长方形土坑竖穴墓，墓圹基本为圆角长方形，长 3.1、宽 0.95、深 1.2 米。填土为沙土和五花土。墓向 280°（图一一一）。

墓圹开口南北壁上方各有三个豁槽，对称分布，槽内残留长方形木方朽烂的痕迹。其中，北壁的东数第一个豁槽距墓圹东端 0.45 米，其长 0.55、宽 0.47、深 0.6 米，豁槽内有一块朽木，朽木长 0.45、宽 0.23 米。第二个豁槽距第一个豁槽的距离是 0.33 米，豁槽长 0.6、宽 0.52、深 0.2 米，该沟槽内页有一块朽木，朽木长 0.5、宽 0.45 米。第三个沟槽与第二个豁槽相距 0.5 米，豁槽长 0.55、宽 0.52 米。沟槽内有一块朽木，朽木长 0.38、宽 0.2 米。南壁东数第一个沟槽距墓圹东端 0.32 米，该沟槽长 0.6、宽 0.43、深 0.3 米，沟槽内有一块朽木，朽木长 0.28、宽 0.18 米。第二个沟槽与第一个豁槽相距 0.42 米，豁槽长 0.55、宽 0.55、深 0.35 米。沟槽内有一块朽木，朽木长 0.37、宽 0.23 米。第三个沟槽与第二个豁槽相距 0.51 米，豁槽长 0.55、宽 0.55、深 0.42 米。沟槽内有一块朽木，朽木长 0.3、宽 0.18 米。

墓圹底部有木棺朽烂痕迹，可知内盛有一木棺，现木棺底部朽木长 1.8、宽 0.8 米。棺内有一具人骨架，人骨被精心堆放在木棺中部。头骨在中间最上部分，肋骨在头骨下，肢骨摆放四周，不见盆骨。

在棺首前有一头厢，头箱长 0.95、宽 0.4 米。棺尾处有一尾厢，长 0.95、宽 0.9 米（图版一四）。

2. 随葬品

共 6 件。

（1）种类和数量

瓷器 2 件，铁器 2 件，铜器 1 件，骨器 1 件。

（2）出土位置

墓圹内有头脚箱，随葬品多出土于箱内位置。

头厢靠近木棺的左上角靠近墓圹壁处出土有 1 件 A 型铁叉，墓圹东北角靠近墓壁处出土有 1 件 A 型骨镞。

尾厢边缘靠近棺尾处并排放有 1 件青花双女园中戏蝶纹盘，1 件五彩缠枝蕃莲纹瓷盘。

另外，木棺外侧靠近墓圹北壁中央与棺内头骨相当的位置处出土有 1 件耳坠。棺内头骨顶部位置出土有 1 件不能辨识的铁饰件。

（3）器物形制分类介绍

瓷器

青花仕女戏蝶纹盘 1 件。

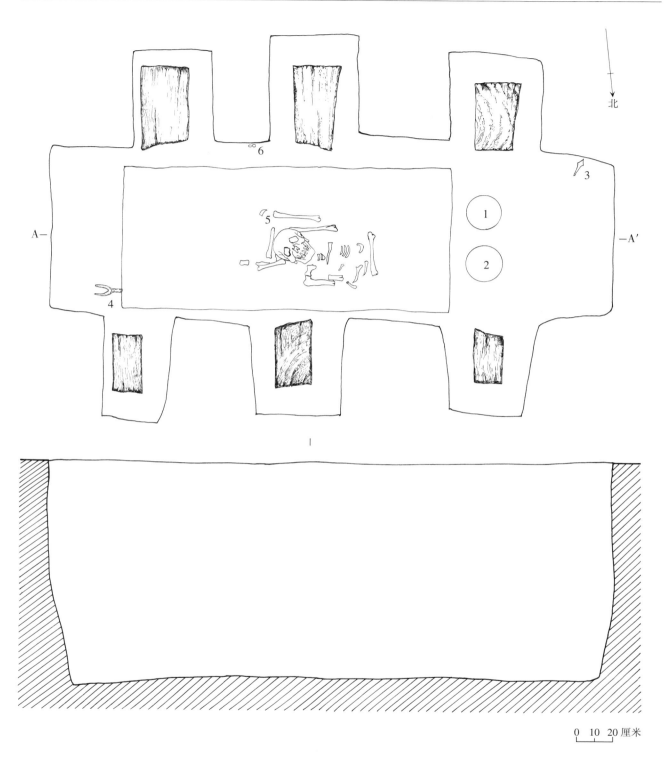

0　10　20厘米

图一一一　西区十四号墓（XM14）平剖面图
1. 青花仕女纹瓷盘　2. 红绿彩缠枝蕃莲纹瓷盘　3. 骨镞　4. 铁叉　5. 铁饰件　6. 耳坠

　　XM14：1，Aa 型，完整，器型欠周正，敞口，侈沿，尖唇，腹较深，壁微弧，圈足，足尖修整如圆脊状。胎质灰白，细密坚致，釉色白中泛青，光亮润泽，足尖无釉。盘口绘有两组各二道青花弦纹，其间填加斜线网格纹和点纹的组合纹饰，盘心绘有双重青花圆圈，圈内右绘松树，左绘假山勾栏，中间绘有两个女子，宽衣博带，身形苗条，正在院中草地上与飞蝶嬉戏。外壁口沿下有两道弦纹，其下绘有六组缠枝蕃莲图案，莲如心形。近底部有两道弦纹，圈足也有两道弦纹。青花发色浓艳，晕散较重。通高3.8、口径14.2、足径7.6厘米（图版一五九，图一一二：1）。

红绿彩缠枝蕃莲纹瓷盘1件。

XM14：2，器体完整，敞口，平沿，尖唇，壁弧曲，下部内收，矮圈足，足尖修整，外侧圆，内侧直。胎体白且细腻坚致，釉色白且光泽，足尖无釉。盘口内沿有双道红彩弦纹，弦纹下内壁绘有六个十字云朵，云朵中心为黄绿彩填涂，十字飘带纹为红彩绘成。盘心外围有一周红彩弦纹，内绘有双重红彩弦纹为一组，组成整体三道红彩弦纹。盘中心绘有一朵牡丹花，花朵上有部分脱彩呈暗紫色，其余为红彩，花心为黄彩，枝叶为绿彩，轮廓为红彩勾勒。盘外壁口沿下绘一道红彩弦纹，下绘有五朵缠枝蕃莲花卉，底足处有两道弦纹。盘底圈足内有一青花款识，为"福"字。通高3.4、口径17.3、足径8.8厘米（图版一九一，图一一二：2）。

铁器

叉1件。

XM14：4，A型。锻造，圆筒形銎孔，下分两个叉齿，齿呈"U"形，齿尖内侧有倒刺。通长17厘米，齿分别长10和9厘米，銎径2厘米（图版二○八，图一一二：3）。

饰件1件。

XM14：5，残，锈蚀看不出形状。

骨器

镞1件。

XM14：3，A型，磨制光滑，锋刃截面近三角形，无铤，柳叶形，下部截面略呈圆形，尾端扁平。通长18、宽1.5、厚0.8厘米（图一一二：4）。

铜器

耳坠1件。

XM14：6，分为两部分，上部为圆环，带有缺口，下部应连缀有一圆球，残缺。通长3.5、环径2.2厘米。

第十五号墓

十五号墓（XM15）位于西区的中部偏西，东邻XM17，西邻XM13，北邻XM16，南邻XM12。XM15开口①层下，打破生土。

1. 形制和规格

XM15为长方形土坑竖穴墓，墓圹为圆角长方形，长1.33、宽0.41—0.54、深0.12—0.2米。填土为沙土和五花土。墓向275°（图一一三）。

墓坑较浅，内盛有一具木棺，残存木棺朽木的范围长1.3、宽0.39—0.5米。棺内仅有一个头骨，位于墓圹的西端，其他肢骨已不复存，葬式无法知晓。

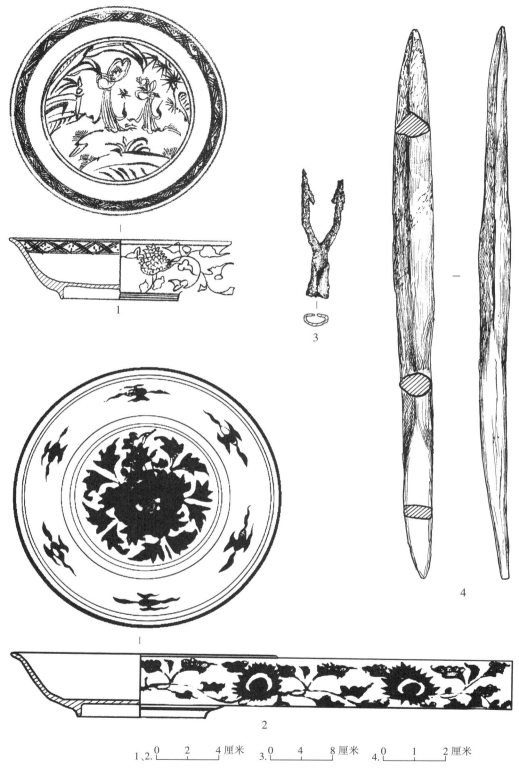

图一一二　西区十四号墓（XM14）出土的随葬品
1. 青花仕女人物盘　2. 红绿彩缠枝蕃莲纹盘　3. 铁叉　4. 骨镞

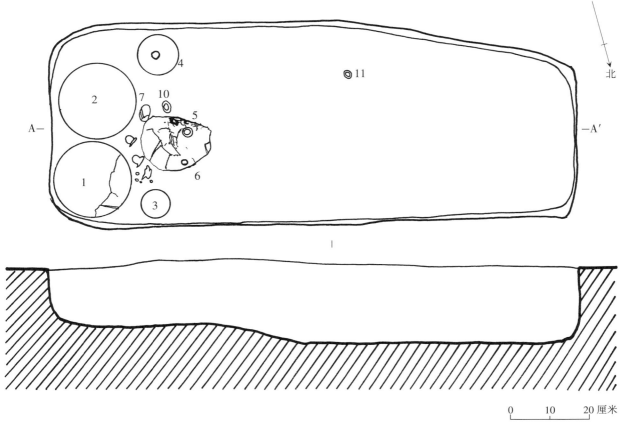

图一一三　西区十五号墓（XM15）平剖面图

1. 青花缠枝菊花纹瓷碗　2. 青釉瓷碗　3. 白釉瓷杯　4. 绿釉粗瓷壶　5. 金耳饰　6. 牌饰　7. 耳环　8. 鸟形饰件　9. 串珠　10. 铜环

2. 随葬品

共 38 件。

（1）种类和数量

瓷器 4 件，金器 1 件，琉璃器 33 件。

（2）出土位置

随葬品多出土于棺内头骨周围，头骨顶部上方位置出土有 1 件青花缠枝菊花纹瓷碗，1 件龙泉青瓷碗，1 件白釉瓷杯，1 件绿釉粗瓷壶。另外，在头骨周围出土有 30 件琉璃串珠、1 件鸟形坠饰，金耳环 1 件，琉璃牌饰 2 件。

（3）器物形制分类介绍

瓷器

绿釉粗瓷壶 1 件。

XM15：4，B 型，撇口外展，细颈，广肩，敛腹，平底。器身粗矮似小口罐，施釉不及底。不完整，口部残缺，器型较周正，肩部有两道凹弦纹，腹近底部微外撇，有裂痕。胎质黄白，细腻坚致，器表上部施绿色釉，有流釉现象，下部及器底无釉。残高 17.7、底径 6.4 厘米（图版六一，图一一四：4）。

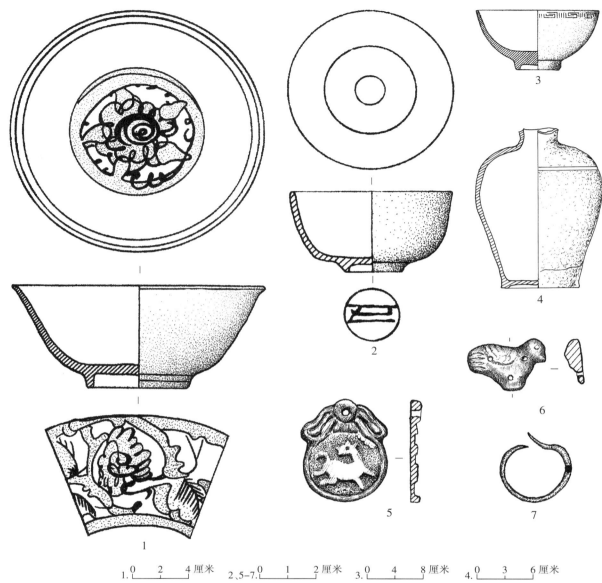

1.　0　2　4厘米　　2、5-7.　0　1　2厘米　　3.　0　4　8厘米　　4.　0　3　6厘米

图一一四　西区十五号墓（XM15）出土的随葬品

1. 青花缠枝菊花纹碗　2. 白釉瓷杯　3. 龙泉青釉瓷碗　4. B型粗胎瓷壶　5. B型琉璃牌饰　6. 鸟形琉璃饰件　7. 金耳环

龙泉青釉瓷碗1件。

XM15：2，器物完整，器型规整，直口圆唇，深腹，腹壁弧曲，高圈足，佤族不过肩。胎质灰白，略粗糙，釉色浅绿，有冰裂纹，足内底有坐烧的涩圈。内外壁口沿下压印有一周连续回字纹，内壁模压印的人物多已模糊，可辨一组图案是人物，为一人左河边垂钓，一人站立山下，还有一人做朝拜状，一组图案是一个门形，在门楣上有"灵问"二字。碗心暗印一周圆圈，内刻画有一只梅花鹿，鹿身上刻有一个"寿"字。通高8.7、口径17、足高1.8、足径6厘米（图版九三，图一一四：3）。

青花缠枝菊花纹瓷碗1件。

XM15：1，Ba 型，器物较完整，口部有一处缺损，有几处细小磕碰痕，壁有一长裂痕，器型周正。敞口，沿外撇，深腹，腹壁斜弧内收，圈足略高且微内敛。胎质灰白细密坚致，釉色白，晶莹泛青，施釉不匀，外壁与底部有多处坑点和釉裂，圈足足尖修整无釉，局部有粘沙。碗口内沿施有双道青花弦纹，底心先绘有一个青花圆圈，中间绘一朵写意团菊花朵，后在花上绘一周粗圆圈，圈内点有五个心形花瓣纹样，瓣尖向外。外壁均匀排列地绘有五朵菊花，花朵相间以繁茂枝叶，布满器身，菊花写意绘法。圈足上有两道弦纹。青花发色暗淡，不浓艳。通高 7.7、口径 18、足径 7 厘米（图版一六○，图一一四：1）。

白釉瓷杯 1 件。

XM15：3，B 型，器物完整，口部较规整，敞口，圆尖唇，直壁，下部微内收，器壁较薄，小圈足，形如碗状。胎质纯白细腻，釉色净白光亮，盅内底部有一周涩圈露胎痕，圈足内底有青花押款，不能释读。通高 3、口径 5.9、足径 2 厘米（图版一八四，图一一四：2）。

金器

耳环 1 件。

XM15：5，上端为开口圆环，下部残缺（图版二二七，图一一四：7）。

琉璃器

牌饰 2 件。

XM15：6、7，B 型，蓝色，形制相同，其中 1 件残。扁平，圆形，顶端为覆莲状纽，中间有一穿孔。花下方是圆形牌面，边缘有一周凹弦纹，中部略有凸起，内雕有一骏马，回首长鸣，四蹄腾空，尾上扬，蹄下是祥云，造型十分精美。通长 3.8、直径 3、厚 0.3 厘米（图版二二四，图一一四：5）。

鸟形饰件 1 件。

XM15：10，鸟形，琉璃质，蓝色，形象逼真，尾、翼上有方格纹，尾、足、颈各有一个穿孔。长 2.5、宽 1.8、厚 0.7 厘米（图一一四：6）。

串珠 30 件。

标本 XM15：9—1，琉璃质，素面，珠状，形制相同，中有一穿孔，颜色多为蓝色，还有白色，大小不一。

第十六号墓

十六号墓（XM16）位于西区中部偏西，东面是 XM20，西面是 XM13，北面是 XM14，南面是 XM15，XM17 开口①层下，打破生土。

1. 形制和规格

XM16 为长方形土坑竖穴墓，墓圹呈圆角长方形，长 1.3、宽 0.5、深 0.47 米，填土为五花土。墓向 280°（图一一五）。

墓圹内殓有一具木棺，棺木朽烂，残存棺底木板范围长 1.28、宽 0.46 米。木棺底板上部，中间有零星头骨碎块，不见人骨架。

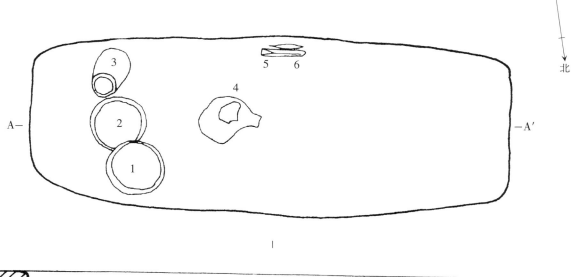

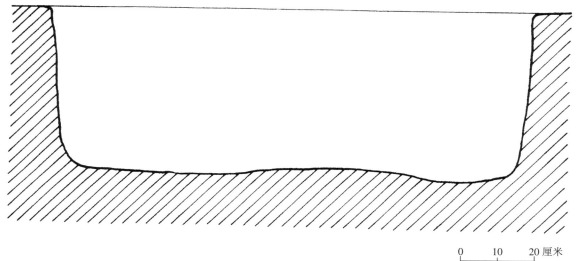

图一一五　西区十六号墓（XM16）平剖面图
1. 青花漩涡云气纹大碗　2. 青花漩涡云气纹小碗　3. 酱釉粗瓷壶　4. 酱釉粗胎玉壶春瓶

2. 随葬品

共 6 件。

（1）种类和数量

瓷器 4 件，铁器 2 件，骨器 1 件。

（2）出土位置

瓷器摆放在墓圹西侧棺内头骨位置，放置有 1 件酱釉粗瓷玉壶春瓶，头箱位置并列有 1 件酱釉粗胎瓷壶，大小各一 2 件青花漩涡云气纹瓷碗。另外，在头骨的左侧出土有 1 件半圆形铁饰件，在墓圹北壁中部和木棺之间处出土有 1 件骨镞，铁镞 1 件。

（3）器物形制分类介绍

瓷器

酱釉粗瓷壶1件。

XM16：5，Ab型。束颈，筒腹，器身较长，腹壁弧形，上下腹壁较为一致，平底。口径小于底径。施酱釉带黑色斑点，釉不到底。通高25.2、口径5.6、底径8.5厘米（图一一六：7）。

酱釉粗瓷玉壶春瓶1件。

XM16：3，B型，口残。敞口外撇，圆唇，细束颈，长溜肩；腹部变长，上敛下丰，最大径下移，有垂感，底弧收；口径小于足径。施酱色釉。残高12.9、底径4.2厘米（图版六二，图一一六：6）。

青花漩涡云气纹大碗1件。

XM16：1，Ba型，器物完整，形制不周正。侈口，方唇，沿外撇，壁弧曲收，圈足微内敛。胎质白且坚致，釉色灰白泛青，施釉较厚不匀，有釉裂纹，圈足挂釉不满，足尖修整，足尖与内底无釉。内壁口沿下有一周青花弦纹，底有双重青花圆圈，圈中心有一简体"福"字。碗外壁口沿下施有一道弦纹，通身绘有连续三组漩涡云气纹，每组五个漩涡，一大四小，大涡纹居中，涡纹内圈点有数个圆点，小涡纹位于大涡纹四角，画法随意，漫涂其间，有缭绕意境，最下是两道青花弦纹。青花发色暗淡，浓点处呈黑紫色。通高7、口径15.1、足径5.8厘米（图版一六一，图一一六：1）。

青花漩涡云气纹小碗1件。

XM16：2，A型，器物完整，口沿有磕碰痕，形制不周正。敞口，方唇，深腹，腹壁弧曲内收，圈足。胎质灰白坚致，釉色青白，施釉不匀，无光泽，外壁有釉裂，圈足内底无釉。碗口内沿有一道弦纹，内壁可见分布不均的细小开片，底心有一周圜形涩圈，宽1厘米。外壁表面不平整，器表有多处凹下的漏釉坑斑点。青花图案为连续三组云气纹，中心是多重圆形云气主题，位置靠上，周围以及下部有连续丝状云气。青花图案在外壁口部浓重，下部浅淡，发色灰暗。通高6.1、口径14.6、足径5.4厘米（图版一六二，图一一六：2）。

铁器

镞1件。

XM16：6，Aa型，锻造，镞首厚重，镞身长呈柱状，铤比较短，凿形镞首，宽厚几乎相等，尾部呈圆锥形。通长11、宽0.8、铤长3厘米（图一一六：3）。

半圆形饰件1件。

XM16：4，残。锈蚀较甚，不明用途，直径5.5、厚0.4厘米（图一一六：4）。

骨器

镞1件。

XM16：7，A型，磨制，一面出脊，另一面扁平，断面为三角形。无铤，柳叶形，尾部修整成扁平样。通长12.8、宽1、厚0.8厘米（图一一六：5）。

第十七号墓

十七号墓（XM17）位于西区的中部，东北相邻XM1，西面是XM15，南部略显宽阔，没有紧邻

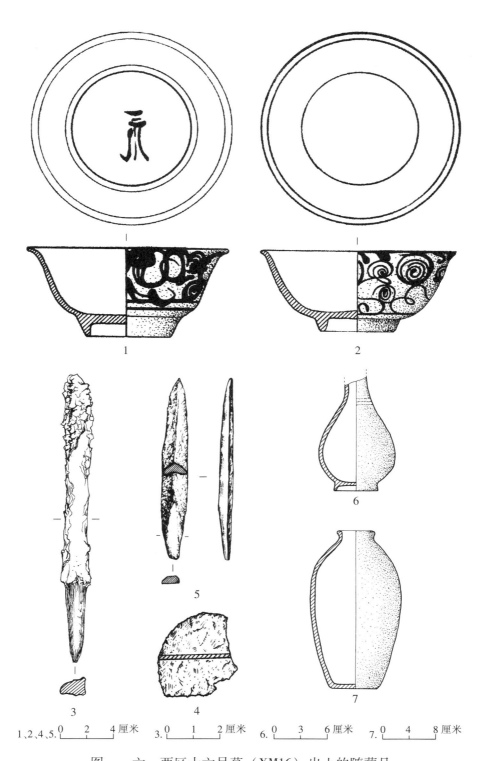

图一一六　西区十六号墓（XM16）出土的随葬品

1. 青花云气纹大碗　2. 青花云气纹小碗　3. 铁镞　4. 铁圆形饰件　5 骨镞　6. 酱釉粗瓷玉壶春瓶　7. 酱釉粗瓷壶

墓葬。XM17 开口①层下，打破生土。

1. 形制和规格

XM17 为长方形土坑竖穴墓，墓圹位圆角长方形，长 2.08、宽 0.6—0.8、深 0.7 米。填土表层有 3 厘米厚的黄沙土，下面为五花土。墓向 264°（图一一七）。

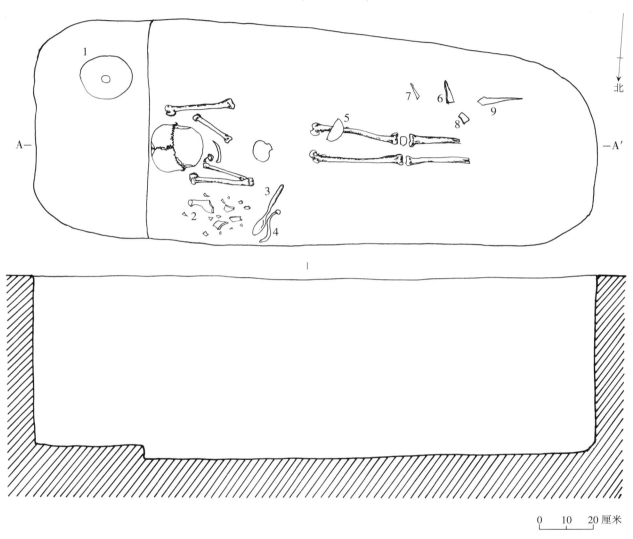

0　　10　　20 厘米

图一一七　西区十七号墓（XM17）平剖面图

1. 绿釉粗瓷壶　2. 白釉瓷执壶　3. 铜勺　4. 铁马镳　5. 砺石　6、7、9. 铁镞　8. 铁器残片

墓圹内有一具木棺，朽烂较甚，朽木残长 1.54、宽 0.58—0.85、厚 0.25 米。棺内有一具人骨，保存不完整，躯干部分略显零散，头骨面部向下，直肢葬。

棺首前方有二层台，形成头箱，台长 0.9、宽 0.4、高 0.05 米（图版一五）。

2. 随葬品

共 7 件。

（1）种类和数量

瓷器 2 件，铜器 1 件，铁器 3 件，石器 1 件。

（2）出土位置

部分瓷器摆放于台面上，出土有1件酱釉粗瓷小口罐。另外，在人骨架的颅骨右下方，右上臂骨的外侧与墓圹壁间出土有1件残破的白瓷执壶，虽残但可修复。在残破的瓷壶旁出土有1件铜匙和一件钩形铁器。人骨架的左股骨旁出土有1件砺石，砺石下方右小腿骨外侧出土有3件铁镞和1件马镳。

（3）器物形制分类介绍

瓷器

绿釉粗瓷壶1件。

XM17：1，Aa型，不完整，口部残缺。器型较周正，广肩，收腹，平底，胎质粗糙，坚致，施绿釉，不到底，有釉裂。残高20.4、底径7.8厘米（图版六三，图一一八：3）。

白瓷执壶1件。

XM17：2，A型器物不完整，器身有多处裂痕，壶嘴与壶柄均残缺，口部也有缺损。器型不规整，盘口，细长径，广肩鼓腹，平底，壶嘴与柄均在肩部以上。胎质灰白坚致，施釉较厚，釉色白中闪灰，光亮润泽，底不施釉。通高17.4、口径4.7、底径5.8厘米（图版一八五，图一一八：1）。

铜器

匙1件。

XM17：3，铸造，勺碗呈椭圆形，勺柄弯曲呈窄条状，柄尾端略宽。通长20厘米，勺碗长径8.8、短径2.9厘米。

铁器

镞3件，形制相同。

标本XM17：5，Bb型，首略残，三角形镞首，锋刃尖锐。残长15.9、厚0.2、铤长6厘米（图一一八：4）。

铁马镳1件。

XM17：6，圆条状，一端套有一个圆环，长15厘米（图一一八：2）。

钩形器1件。

XM17：4，残，长条形，截面为圆形，中部弓起，两端向内侧勾样弯回。长8.2、直径0.5厘米（图一一八：5）。

石器

砺石1件。

XM17：7，长条形，形状不规则，一端有穿孔，顶部较窄，另一端平直。长9.8、宽4.5、厚1.4厘米（图版二二二）。

第十八号墓

十八号墓（XM18）位于西区的中部偏南，东边是XM25，北面是XM19、XM24，其他方向没有紧邻墓葬，XM18开口①层下，打破生土。

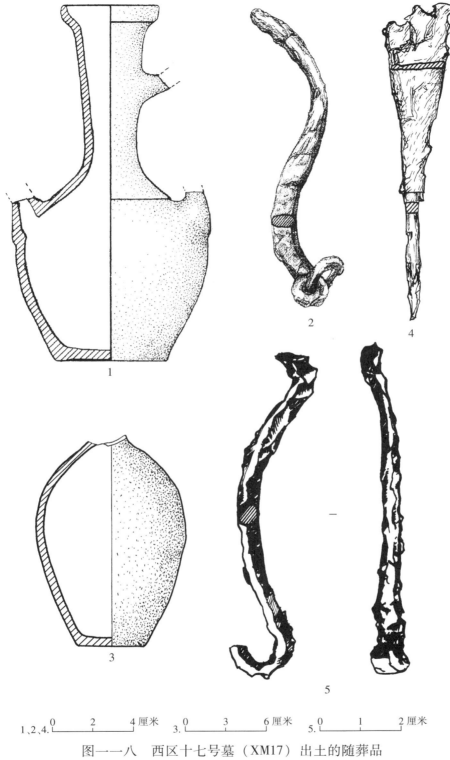

图一一八 西区十七号墓（XM17）出土的随葬品

1. 白釉瓷执壶 2. 铁马镳 3. Aa 型粗胎壶 4. 铁镞 5. 铁钩形器

1. 形制和规格

XM18 为长方形土坑竖穴墓，墓圹呈圆角长方形，长 2.65、宽 0.83、深 1.08 米。填土为黄沙土，在墓葬填土的表土中有一层炭粒。墓向 245°（图一一九）。

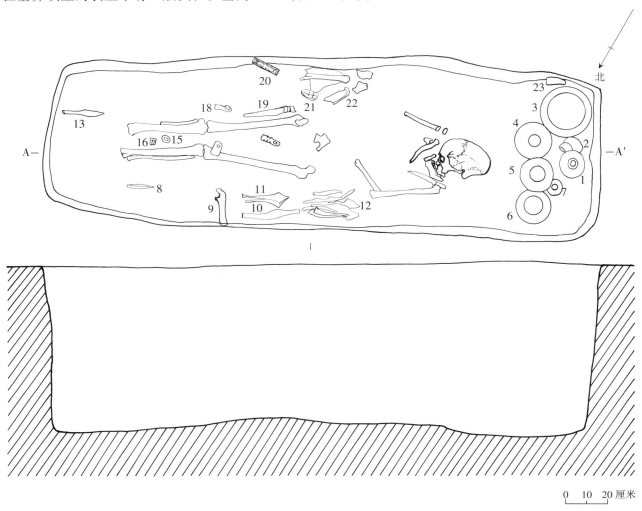

图一一九　西区十八号墓（XM18）平剖面图

1. 绿釉粗瓷壶　2. 酱釉粗瓷玉壶春瓶　3. 青花缠枝菊花纹瓷盘　4. 红绿彩鹦鹉牡丹纹瓷碗　5. 青花结带宝杵纹瓷碗　6. 红绿彩鲤鱼蕃莲纹瓷盘　7. 青花蝴蝶纹高足瓷杯　8. 骨镞　9. 铁镰　10. 骨镞　11. 铁镞　12. 骨、铁镞　13. 骨镞　14. 铜佩饰　15. 铜环　16. 铜带卡　17. 砺石　18. 铜佩饰　19. 铁削　20. 铁柄　21. 马鞍具　22. 马鞍　23. 骨板

墓圹内发现有一具木棺，朽烂仅余棺底，棺底长 2.37、宽 0.66 米。木棺内殓有一具人骨架，保存不完整，上肢骨有些零乱，胸肋骨缺失，下肢骨规整齐全，是仰身直肢葬（图版一六）。

2. 随葬品

共 37 件。

（1）种类和数量

瓷器 7 件，铁器 14 件，铜器 3 件，骨器 12 件。

（2）出土位置

随葬瓷器都摆放棺首位置，人骨架的头骨顶部，并排放置有 1 件绿釉粗瓷壶，1 件褐釉粗瓷玉壶春瓶，1 件青花缠枝菊花纹瓷盘，1 件青花缠枝牡丹结带宝杵纹瓷碗，1 件五彩鹦鹉牡丹纹瓷碗，1 件五彩鲤鱼蕃莲纹瓷盘，1 件青花蝴蝶纹高足瓷杯，还有 1 只骨板。人骨架的左手外侧靠近墓壁处出土有铁镞和骨镞各一堆，每堆 10 件。镞旁 0.1 米出土有 1 件铁镰，铁镰旁 0.15 米小腿骨外侧另出土有 1 件骨镞。腰椎骨右侧与墓壁之间出土有 1 副马鞍桥，破烂不堪，无法修复和采集。鞍桥旁有 1 件铁箍形器，有镂空，做工十分精细。鞍桥下 0.1 米有 1 件铁管状物和 1 件 A 型铁刀，铁刀旁 0.07 米有 1 件铜佩饰，右股骨外侧出土有 1 件砺石。人骨架的两小腿骨之间有 1 件铜环和 1 件铜带卡。墓葬棺尾底部还出土 1 件骨镞。

瓷器

青花莲花结带宝杵纹碗 1 件。

XM18：1，Ba 型，器物完整，器型欠周正。敞口，侈沿，圆尖唇，深腹，斜弧壁，敛圈足，碗底稍凸。胎质白且坚致，釉色光亮润泽，施釉均匀，有少许漏点坑痕，足尖修整，有磕碰痕，足内底无釉。碗内壁口沿是连续交叉斜线网格纹中间点绘大小不均的圆点纹，碗中心是双重青花圆圈，圈内绘一个十字绶带宝杵纹。外壁口沿处有连续正反斜线纹，其下绘有六组缠枝莲花，花外有缠枝连缀，水波呈蝌蚪点纹样，密布器身。外壁下部有一周青花弦纹，圈足上还有两道青花弦纹，青花发色淡雅，颜色灰暗。通高 7、口径 16.4、足径 6.9 厘米（图版一六三，图一二○：1）。

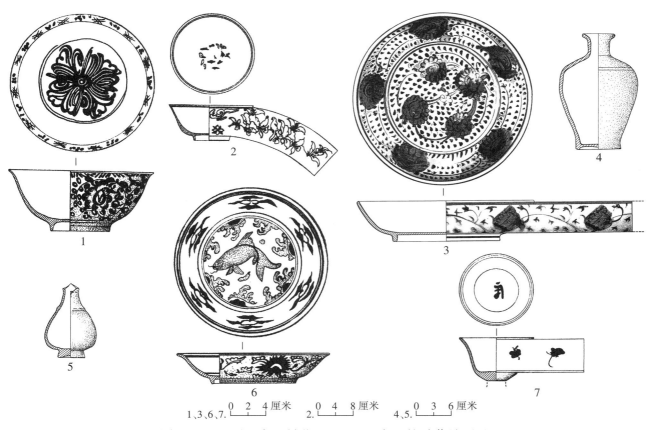

图一二○ 西区十八号墓（XM18）出土的随葬品（1）

1. 青花结带宝杵纹碗　2. 红绿彩鹦鹉牡丹纹碗　3. 青花缠枝菊花纹盘　4. B 型粗胎瓷壶　5. B 型玉壶春瓶　6. 红绿彩鲤鱼蕃莲纹盘　7. 青花蝴蝶纹高足杯

青花缠枝菊花纹盘 1 件。

XM18：4，Aa 型，完整，器型不周正，敞口，圆唇，壁向内弧收，矮圈足，足尖修整。胎质细密坚致，釉色白中闪青，有光泽，足尖无釉。盘口绘有一道青花粗弦纹，内壁绘五朵菊花图案，等距分布，其间有两道枝蔓连接，花蔓间是点纹。盘心绘有双重青花圆圈，圈内绘的是四朵菊花以及枝蔓，间隙中密施点纹。外壁口部有两道青花弦纹，下面绘有五朵缠枝蕃莲图案，近底部还有两道弦纹，圈足有一道弦纹。青花发色清雅，晕散较明显。通高 4.6、口径 20、足径 12.3 厘米（图版一六四，图一二〇：3）。

青花蝴蝶纹梵字高足杯 1 件。

XM18：7，A 型，较完整，口沿有磕碰痕。敞口，沿外撇，壁略斜直，高足残断，平底没修整。胎质较粗糙，釉色暗淡，白中闪灰，底不施釉。盅口沿内壁绘有两道弦纹，心底绘有一圆圈，圈内有一梵文字。外壁绘有四个蝴蝶图案，两个横飞，两个纵飞，交错分布。盅底部绘双道弦纹。底外圈有一周粗青花纹饰。青花发色暗，不艳丽。残高 5.2、口径 8.3 厘米，残存底径 2 厘米（图版一六五，图一二〇：7）。

红绿彩鹦鹉牡丹纹瓷碗 1 件。

XM18：5，器型不甚规整，敞口，侈沿，圆唇，深腹，腹壁微弧曲，圈足。胎质白且坚致，胎釉白亮润泽，碗内壁口沿处绘有两道红彩弦纹，碗心外圈一道红彩弦纹，内是两道红彩弦纹，圈内红绿彩脱落较甚，依稀可辨绘有花叶纹。碗外壁上部口沿下绘有两道红彩弦纹，下部近圈足处有两道红彩弦纹，圈足上有两道红彩弦纹。外壁中部是两组鹦鹉牡丹花卉和云朵图案，鹦鹉为黄彩，牡丹花与枝干是红彩，花叶为红彩勾勒边线，绿彩填充。两组图案之间是两组各一个十字花卉分隔，位置靠下，其中有一组十字花卉上方多添加一组红绿彩的云彩图案。碗底似有彩绘痕迹，但斑驳模糊，题材无法弄清。通高 7.7、口径 18.6、足径 7.8 厘米（图版一九二，图一二〇：2）。

红绿瓷鲤鱼蕃莲纹彩盘 1 件。

XM18：6，完整，口部有一小裂纹，器型周正，敞口，平沿，尖唇，壁弧曲，下部内收，矮圈足，足尖修整且无釉。器体完整，盘口内沿有双道红彩弦纹，弦纹下内壁绘有六朵十字云朵，云朵中心为绿彩填涂，十字飘带纹为红彩绘成。盘心外围有一周红彩弦纹，内绘有双重红彩弦纹为一组，组成整体三道红彩弦纹。弦纹中心绘有鲤鱼和水波图案，鲤鱼眼睛明显，尾部下摆，通身红彩绘制，水波纹红彩勾勒轮廓，绿彩填充而成。盘外壁口沿下绘一道粗红彩弦纹，弦纹下绘五朵蕃莲缠枝花卉，等距均匀排列，花瓣是红彩，花心是黄彩，枝叶外轮廓红彩勾绘，中间填充是绿彩。圈足上有两道弦纹，圈足内底有一青花款识"福"字。通高 3.5、口径 17.1、足径 9.9 厘米（图版一九三，图一二〇：6）。

酱釉粗瓷玉壶春瓶 1 件。

XM18：2，B 型，不完整，口部残缺，肩颈处有一周粗的凸弦纹，大敞口外撇，束颈略粗，长溜肩；垂腹，腹部最大径几近底部，急收，口径与底径相差不大，足较高，而外撇，足底微内凹，几近实足。胎质褐色，粗糙坚硬。釉色呈酱色，有光泽，施釉不到底，足部无釉。残高 12.9、底径 4.2 厘米（图版六五，图一二〇：5）。

绿釉粗瓷壶 1 件。

XM18：3，B 型，不完整，口部有一处缺损，器身有多处磕碰露胎以及裂痕，侈口，短直颈，广肩，肩部有两道凹弦纹，敛腹，圈足略外撇。胎质黄白，较细腻，坚致，施绿色搅胎釉，部分釉面脱落，釉不到底，有流釉的现象。通高 20.4、口径 6、底径 8.4 厘米（图版六四，图一二○：4）。

铁器

镰 1 件。

XM18：9，B 型，器身直，背稍有外弧曲。镰尾内转变细成柄，柄制作扁平且斜。长 17、宽 3.1、厚 0.45 厘米（图版二○二，图一二一：5）。

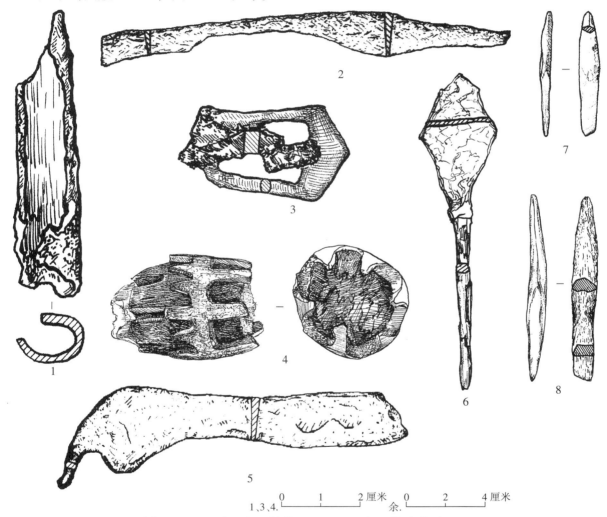

图一二一　西区十八号墓（XM18）出土的随葬品（2）

1. 铁管状器　2. 铁刀　3. 铜带卡　4. 铁箍形器　5. 铁镰　6. 铁镞　7、8. 骨镞

刀 1 件。

XM18：19，锈蚀且残，锻造，仅残存刀身和柄芯，为一体，弧形，较宽且短。通长 21、宽 2.5、厚 0.5 厘米，柄残长 3 厘米（图一二一：2）。

镞 10 件，A、B 型均有。

标本 XM18：11，Bb 型，三角形镞首，锋刃尖锐。通长 16.2、厚 0.2、铤长 8.2 厘米（图一二一：6）。

管状物1件。

XM18：20，锈蚀，已残，两端粗细略有差别。残长7.2厘米，一端外径1.2、内径0.7厘米（图一二一：1）。

箍形器1件。

XM18：21，二个铁带呈十字形紧箍在圆木上。通高3.6、直径3厘米。（图版二〇五，图一二一：4）

铜器

佩饰1件。

XM18：15，铸造，扁平三角形，周边连弧修饰。上部是一长方形孔，中间饰有三个等距呈三角形的圆孔，周边有多道斜线纹。底边长3.3、高2.5、厚0.4厘米（图版二〇九）。

带卡1件。

XM18：13，长方形，中有一穿钉（图版二一四，图一二一：3）。

环1件。

XM18：14，圆形，直径3.6厘米。圆形不规则，环径不均。环截面为椭圆形。

骨器

镞2件。

标本XM18：12，B型，镞锋一面有槽，是用牛骨的髓腔稍加磨制修整而成，另一面起脊，断面呈近三角形。锋刃两侧至镞身中部偏下弧曲内收，垂直向下形成铤身，铤身有扁平呈四棱形，身铤上下部分界限明显。通长10.7、宽1、厚1.2厘米，铤长3.2厘米（图一二一：8）。

标本XM18：16，A型，无铤，柳叶形，尾部修整成扁平样，锋一面出脊，一面弧曲，断面呈三角形。通长7.4、宽1.8、厚1.2厘米（图一二一：7）。

刻花骨板1件。

XM18：8，器身中部断裂，呈长方形，磨制精细，正面光滑略鼓，上面刻有横线纹和网格纹。背面平略粗糙，一角已残缺。长方形的一端略宽，一端略窄，窄端有一较大圆形穿孔，宽端位于器身四分之一处有一较小的圆形穿孔。通长8.2、宽3.7、厚0.3厘米（图版二一七）。

石器

砺石1件。

XM18：17，呈梯形状，较窄一端有一穿孔，较宽一端有残断。正面凹陷明显，背面斜直，石质细密，呈灰白色。残长7.7、宽2.4、厚1—1.5厘米（图版二二一）。

第十九号墓

十九号墓（XM19）位于西区的中部，东侧毗邻XM24，西侧毗邻XM21，南面是XM18。XM19开口①层下，打破生土。

1. 形制和规格

XM19 为长方形土坑竖穴墓，墓圹呈圆角长方形，长 2.19、宽 0.58、深 0.56 米。填土表层 0.06 米为黄沙土，其下皆为五花土。墓向 275°（图一二二）。

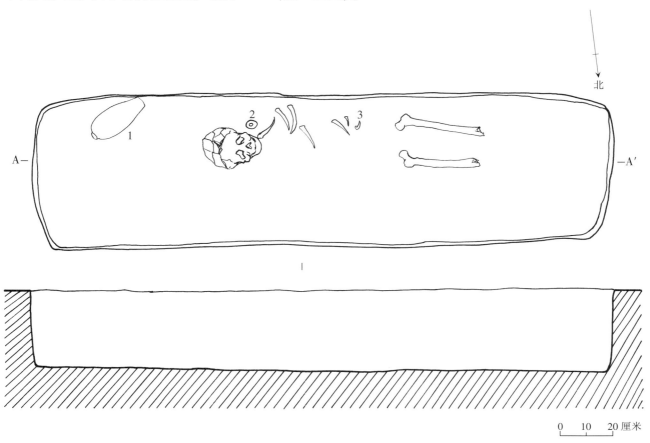

图一二二　西区十九号墓（XM19）平剖面图
1. 酱釉粗胎瓷壶　2. "绍圣元宝"铜钱　3. 铜弧形饰件

墓圹中有木棺朽烂的痕迹，可知内盛有一具木棺，棺底残迹长 2.14、宽 0.52 米。棺内有一具人骨架，保存不好，仅有头骨、部分肋骨和已残的股骨，是仰身直肢葬。

2. 随葬品

共 3 件。

（1）种类和数量

瓷器 1 件，铜器 1 件，铜钱 1 枚。

（2）出土位置

随葬品在人骨架的头骨顶部左侧出土有 1 件酱釉粗胎瓷壶。另外，在头骨左侧与墓壁之间出土了 1 枚 "绍圣元宝" 铜钱，在人骨架的腰部位置出土 1 件残铜质弧形饰件。

（3）器物形制分类介绍

瓷器

酱釉粗瓷壶 1 件。

XM19：1，Ab 型，不完整，口部残缺，腹部最大径上移至近肩部，下腹壁内收，口径小于底径。胎质粗糙坚硬，施酱褐釉，釉不到底，底无釉，腹部有接胎的浅凸棱。残高25、底径10厘米（图一二三：1）。

铜器

弧形饰件 1 件。

XM19：3，弧形，扁片状，一端平直，一端环形。通长5.5、宽0.4厘米。

铜钱

"绍圣元宝" 1 枚。

XM19：2，直径2.4、孔径0.6、厚0.1厘米（图一二三：2）。

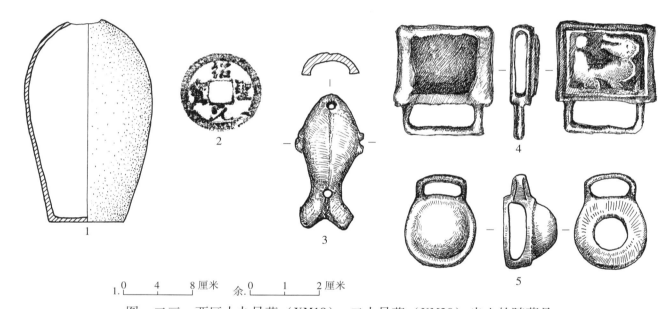

图一二三　西区十九号墓（XM19）、二十号墓（XM20）出土的随葬品

1. Ab 型粗胎瓷壶　2. "绍圣元宝" 铜钱　3. 铜鱼形饰件　4. 方形带饰　5. 铜圆形带饰（1、2 出土于 XM19；3－5 出土于 XM20）

第二十号墓

二十号墓（XM20）位于西区中部偏北，东邻 XM22，西邻 XM14，XM20 开口①层下，打破生土。

1. 形制和规格

XM20 为长方形土坑竖穴墓，墓圹为圆角长方形，长1.56、宽0.55、深0.62米，填土表层有25厘米厚沙土，下面是五花土。墓向252°（图一二四）。

墓圹内有木棺朽烂痕迹，可知内殓有一具木棺，棺底残存长1.3、宽0.48米，棺内有一具人骨，保存不好，仅残存有头骨和两个股骨，在股骨上出土有12件羊距骨。可以判断是仰身直肢葬。

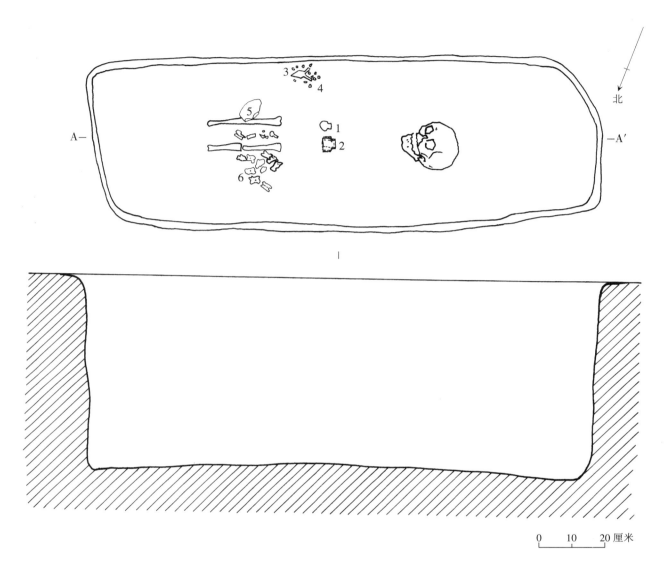

图一二四　西区二十号墓（XM20）平剖面图
1. 圆形铜带饰件　2. 方形铜带饰件　3. 鱼形铜饰件　4. 串珠　5. 装饰件　6. 羊距骨

2. 随葬品

共 12 件。

（1）种类和数量

铜器 3 件，琉璃器 9 件。

（2）出土位置

随葬品多出土在头骨和股骨之间，出土有方形铜带饰 1 件，圆形铜带饰 1 件。另外，在人骨架的右股骨外侧出土有绿色串珠 7 件，白色串珠 2 件，鱼形铜饰件 1 件。

（3）器物形制分类介绍

铜器

方形带饰 1 件。

XM20：1，铜质，近方形，中空，正面有兔形纹饰，下部有一长方形穿环。长 2.8、宽 2.4、厚 0.8 厘米（图版二一五，图一二三：4）。

圆形带饰 1 件。

XM20：2，铜质，呈圆形，正面为圆泡状，背面内凹，下部有一半环状鼻。直径 2.2、厚 1.6 厘米。（图一二三：5）

鱼形饰件 1 件。

XM20：3，铜质，鱼身为弧形，上饰斜线鱼鳞纹，尾部有分支。通长 4、宽 2、厚 0.4 厘米（图版二一一，图一二三：3）。

琉璃器

串珠 9 件。

标本 XM20：4，串珠，琉璃质，绿色 7 件，白色 2 件，素面，球形，中有穿孔，形制相仿。直径 0.8、孔径 0.1 厘米。

第二十一号墓

二十一号墓（XM21）位于西区的中部，东侧毗邻 XM19，西侧是 XM17，北侧比较开阔，没有紧邻墓葬，XM21 开口①层下，打破生土。

1. 形制和规格

XM21 是长方形土坑竖穴墓，墓圹为圆角长方形，土坑竖穴，圹长 1.79、宽 0.77、深 0.62 米，填土表层有 3 厘米厚的沙土，其下是五花土。墓向 270°（图一二五）。

墓圹底部有棺木朽烂残渣，可知有一具木棺，棺底范围长 1.74、宽 0.74 米。棺内殓有一具人骨架，保存很差，仅残存头骨、两根已残的股骨以及零星的上肢骨，可判定为仰身直肢葬。

墓圹开口处的南北壁上端各有两个沟槽，北壁西侧沟槽距离墓圹西端 0.45 米，东侧沟槽距离墓圹的东端 0.4 米，两沟槽的间距为 0.54 米。南壁的东侧沟槽和北壁东侧沟槽相对称，这几个沟槽的大小尺寸基本相同，长 0.2、宽 0.18、深 0.28 米。南壁西侧与北壁相对的沟槽则变成一个通道，长 0.1、宽 0.2 米，与旁边的一个小孩墓相连。小孩墓为长方形土坑竖穴墓，其墓圹长 1.04、宽 0.31、深 0.25 米。墓圹内没有木棺的痕迹，仅残存有一个小孩的头盖骨（图版一七）。

2. 随葬品

整座墓没有任何随葬品被发现。

第二十二号墓

二十二号墓（XM22）位于西区的中部，西邻 XM20，东邻 XM21，XM22 开口①层下，打破生土。

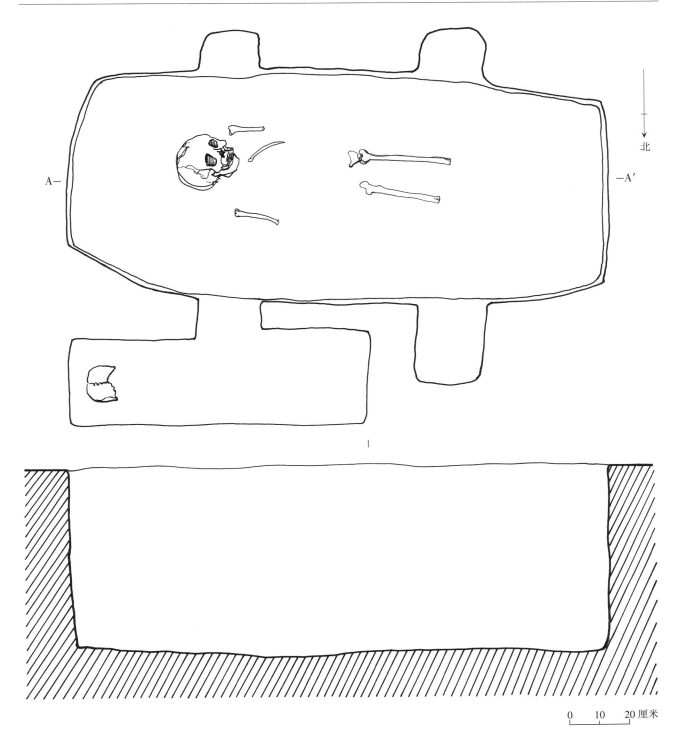

图一二五　西区二十一号墓（XM21）平剖面图

1. 形制和规格

XM22 为长方形土坑竖穴墓，墓圹为圆角长方形，土坑竖穴，圹长 2.45、宽 1.11、深 0.9 米。填土皆为五花土，墓葬填土表层 30 厘米处出土有两颗马牙以及零碎马骨，杂有木炭颗粒。墓向 250°

（图一二六）。

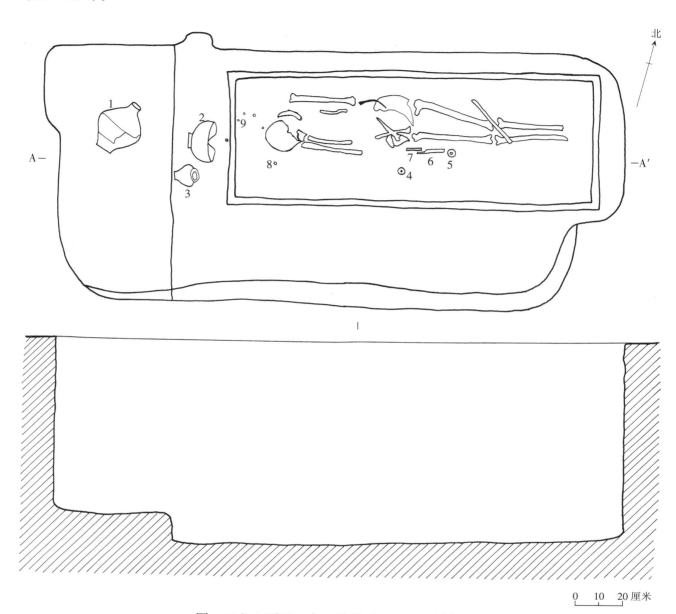

图一二六　西区二十二号墓（XM22）平剖面图

1. 黑釉粗瓷壶　2. 青釉瓷碗　3. 青花缠枝蕃莲纹小瓷罐　4. "崇宁通宝"铜钱　5. "崇宁重宝"铜钱　6. 铁刀　7. 铁器　8、9. 琉璃珠

　　墓圹内有明显的棺木朽烂痕迹，可知内殓有一具木棺，棺底木板残长 1.62、宽 0.75 米。棺内有一具人骨，保存不甚完好，仅存有头骨和部分肢骨、盆骨，可判定为仰身直肢。木棺靠墓圹北侧停放，其南侧形成类似的边厢，边厢东南角成圆角，边厢内无有任何随葬品。

　　棺首前方有二层台，形成头箱格式，长 1.11、宽 0.5、高 0.12 米（图版一八）。

2. 随葬品

共 7 件。

（1）种类和数量

瓷器 3 件，铁器 1 件，琉璃器 1 件，铜钱 2 枚。

（2）出土位置

部分瓷器摆放于头箱的台面上，放置有 1 件黑釉粗胎瓷壶。二层台下与人骨架头骨之间有 0.25 米的间隔，在此放置有 1 件已残破的龙泉青瓷碗和 1 件青花缠枝蕃莲纹小瓷罐。另外，在人骨架的头骨右侧附近出土有 1 件琉璃饰件，骨盆右侧出土"崇宁通宝""崇宁重宝"铜钱各 1 枚和 1 件 A 型铁刀。

（3）器物形制分类介绍

瓷器

黑釉粗瓷壶 1 件。

XM22：1，Aa 型，比较完整，器身有破损，盘口，沿外侈，短直颈，溜肩，鼓腹中部折曲急收，上腹部有三道弦纹，矮圈足。胎质黄白，粗糙坚硬，施黑色釉，釉厚油润有光泽，圈足及足内底无釉。通高 21、口径 7.4、足径 8.5 厘米（图版六六，图一二七：1）。

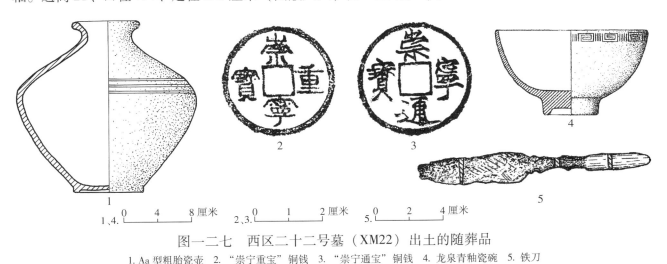

图一二七　西区二十二号墓（XM22）出土的随葬品

1. Aa 型粗胎瓷壶　2. "崇宁重宝"铜钱　3. "崇宁通宝"铜钱　4. 龙泉青釉瓷碗　5. 铁刀

龙泉青釉瓷碗 1 件。

XM22：2，器体不完整，口部残缺约四分之一。器型较周正，圆唇直口，深腹，腹壁弧曲，高圈足，挖足不过肩。胎质粗，豆绿色釉，釉上有细小开片，圈足内底有坐烧的涩圈，仅中心施一圆点釉。碗内外壁口沿下压印有一周连续雷纹。内壁雷纹下有压印故事图案，可分三组，每组图案之间以门窗纹样相间隔。第一组占据内壁面积较大，没有破损的位置，内容是三人出行图案，中间一人骑马，身背宝剑，人上方有"×伯"字样。马前一人持物，马后一人肩担。第二组在第一组图案的左侧，整图也没有破损，内容是二人议事，位右一人着官服盘坐，左上旁有"子水"字样，其左位（或对面）一人抬左臂陈述样，人左上有"相"字。第三组位于碗口破损处，部分内容缺损，但主要内容可以辨明，人物是两个，中间是一棵大树，一人在右，手舞足蹈，颈部以上残缺；一人在左，怀抱琵琶，其左上角有一字，无法辨识。第一组图案和第三组图案中间的纹饰正中上部有"弥陀"字样。通高 10.7、口径 17.9、足高 0.8、足径 6.9 厘米（图版九四，图一二七：4）。

青花瓷缠枝蕃莲纹小瓷罐 1 件。

XM22：3，A 型，直口，圆唇，广肩，斜收腹至底部，平底。胎质灰白，釉色泛青，内壁施白釉。外壁口沿下施有粗细不等的弦纹。腹部绘有四朵缠枝心形蕃莲纹图案，莲瓣针状，莲花间有缠枝叶填充，缠枝叶片呈四片状。腹下有双道弦纹。近底绘有蝉纹与一道弦纹。底不施釉。通高 10、口径 5.2、底径 5.5 厘米（图版一六六）。

铁器

削 1 件。

XM22：7，锻造，仅残存刀身和柄芯，锻造一体，弧形，较宽且短。锈蚀略残，通长 13.8、宽 1.8、厚 0.3 厘米，柄芯长 7 厘米（图一二七：5）。

琉璃器

串珠 1 件。

XM22：6，串珠。蓝色，圆形，球体，中有一穿孔，直径 0.8、孔径 0.1 厘米。

铜钱

"崇宁通宝" 1 枚。

XM22：4，直径 3.5、孔径 0.9、厚 0.2 厘米（图一二七：3）。

"崇宁重宝" 1 枚。

XM22：5，略轻薄，直径 3.4、孔径 0.9、厚 0.2 厘米（图一二七：2）。

第二十三号墓

二十三号墓（XM23）位于西区的西北，东邻 XM13，西、北、南没有相邻较近的墓葬，XM23 开口①层下，打破生土。

1. 形制和规格

XM23 是长方形土坑竖穴墓，墓圹为圆角长方形，土坑竖穴，圹长 2.8、宽 1、深 1.1 米，墓葬填土表层是 20 厘米厚的黄沙土，下面是五花土，填土表层下 0.4 米处出土一块马头骨。墓向 250°（图一二八）。

墓圹开口处南北壁上方有三组两两相对的豁槽，北壁东数第一个豁槽距墓圹东端 0.7 米，豁槽长 0.2、宽 0.18、深 0.3 米。第二个豁槽距第一个豁槽 0.7 米，其长 0.47、宽 0.4、深 0.3 米。第三个豁槽距第二个 0.33 米，其长 0.25、宽 0.23、深 0.28 米。南壁东数第一个豁槽距墓圹东端 0.8 米，豁槽长 0.27、宽 0.2、深 0.28 米。第二个豁槽距第一个豁槽 0.7 米，豁槽长 0.48、宽 0.38、深 0.28 米。第三个豁槽与第二个豁槽相距 0.28 米，豁槽长 0.27、宽 0.2、深 0.25 米。

墓底发现有棺木朽烂痕迹，可知内有木棺一具，棺底木板朽烂痕迹长 2.55、宽 0.85 米。棺内有一具人骨架，保存较完整，仰身直肢葬（图版一九）。

2. 随葬品

共 3 件。

（1）种类和数量

瓷器 2 件，琉璃器 1 件。

（2）出土位置

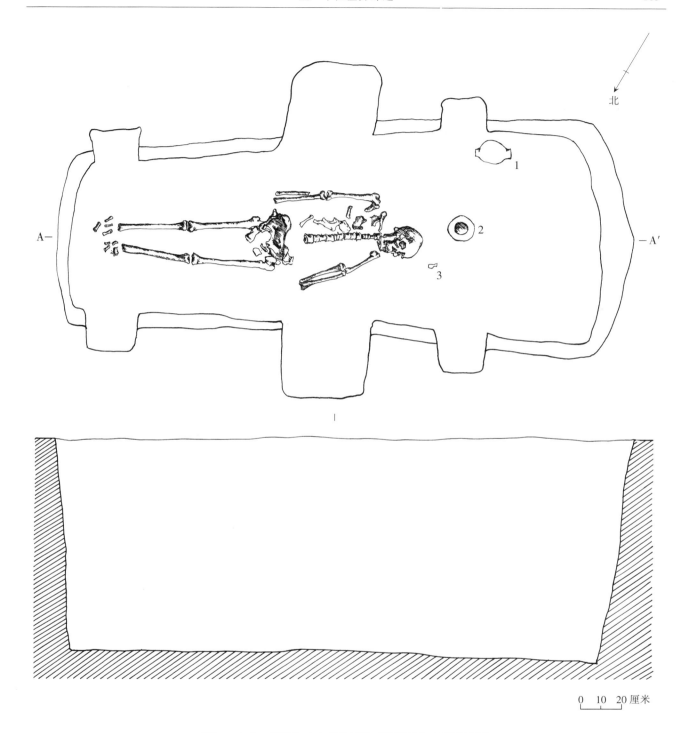

图一二八　西区二十三号墓（XM23）平剖面图
1. 酱釉粗瓷壶　2. 青花缠枝菊花纹瓷碗　3. 扣饰

随葬品均放置于头骨顶部，随葬有1件酱釉粗瓷壶，1件青花缠枝莲花纹"福"字瓷碗。

（3）器物形制分类介绍

瓷器

酱釉粗瓷壶 1 件。

XM23：1，Ab 型，器型较小，较完整，口部有一处缺损。直口微侈，筒形腹，平底，腹部最大径上移至近肩部，下腹壁内收，口径小于底径。胎质粗糙坚硬，釉面不光洁，施酱色釉，釉不及底，有流釉的现象，底无釉。通高 16.8、口径 4.8、底径 5.4 厘米（图版六七，图一二九：2）。

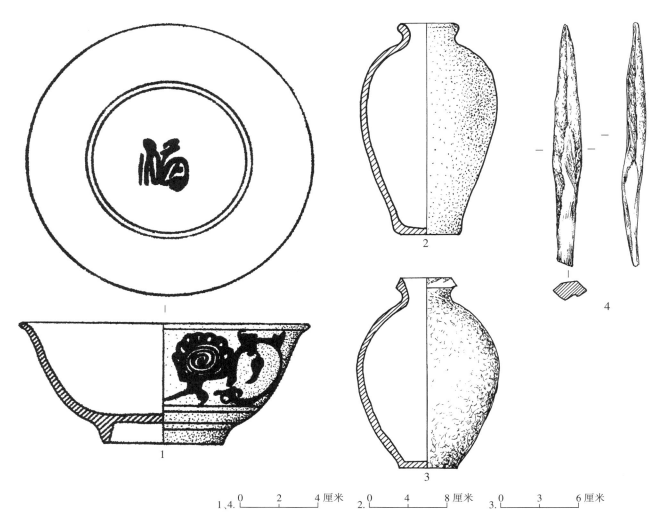

图一二九　西区二十三号墓（XM23）、二十四号墓（XM24）出土的随葬品
1. 青花"福"字缠枝菊花纹碗　2. Ab 型粗胎瓷壶　3. Ab 型粗胎瓷壶　4. 骨镞（1、2 出土于 XM23，3、4 出土于 XM24）

青花缠枝菊花纹"福"字瓷碗 1 件。

XM23：2，Bb 型，直口，尖唇，足内敛。胎质白且坚致，釉色泛青，光亮润泽，有较大的开片，施釉不均，漏釉处是坑点痕，圈足足尖修整无釉。器物较完整，器口有轻微磕碰痕，器身有纹裂。器型欠周正，敞口，沿外撇，圆尖唇，深腹，腹壁斜弧内收，圈足，足尖削如鱼脊。内壁口沿下绘有一道青花弦纹，碗心有双重青花圆圈，中间是一个青花隶书的"福"字。外壁口沿下和腹下部各有一道青花弦纹，弦纹中间绘有四组缠枝菊花纹图案，每组有一朵主题菊花和周围陪

衬枝叶，花写意，花心大，螺旋状，花瓣呈一个方向旋成，笔势连续，用笔简练。每组菊花用缠枝花叶连缀成一个完整图案，靠近碗外壁的底部是一道青花弦纹。圈足上也有一道青花弦纹。青花呈色艳丽，浓重处青花发紫色，晕散不强烈。通高 6.8、口径 15、足高 0.8、足径 5.5 厘米（图版一六七，图一二九：1）。

琉璃器

扣饰 1 件。XM23：3：上部有纽，下部球形，直径 1.2 厘米。

第二十四号墓

二十四号墓（XM24）位于西区中部，西邻 XM19，东邻 XM30，南侧是 XM25，XM24 开口①层下，打破生土。

1. 形制和规格

XM24 为长方形土坑竖穴墓，墓圹为圆角长方形，土坑竖穴，圹长 2.2、宽 0.62、深 0.5 米。墓葬填土表层少许为黄沙土，下层是五花土。墓向 275°（图一三〇）。

图一三〇　西区二十四号墓（XM24）平剖面图

1. 酱釉粗瓷壶　2. 骨镞　3. 砺石

墓圹底部发现有木棺朽烂的痕迹，范围长1.35、宽0.41米，棺内应有一具人骨，朽甚，仅残存有一个头骨。

2. 随葬品

共1件。

（1）种类和数量

瓷器1件。

（2）出土位置

随葬品放置于头骨顶部右侧，出土有1件酱釉粗胎瓷壶。基底中部出土1件骨镞，1件砺石。

（3）器物形制分类介绍

瓷器

酱釉粗瓷壶1件。

XM24：1，Ab型，较完整，口部微残，器身有裂纹，并有数道横向接胎痕迹，腹部最大径在中间。口径与底径约相等。施酱釉，有光泽，仅施器身上部，器身下部和底部无釉。通高15.3、口径4.4、底径4.8厘米（图版六八，图一二九：3）。

骨器

镞1件。

标本XM24：3，B型，镞锋一面有槽，是用牛骨的髓腔稍加磨制修整而成，另一面起脊，断面呈近三角形。锋刃两侧至镞身中部偏下弧曲内收，垂直向下形成铤身，铤身有扁平，上下部分界限明显。通长13.5、宽1.2、厚1.2、铤长4.4厘米（图一二九：4）。

石器

砺石1件。

XM24：6，近长方形，两端略窄，微圆弧呈出尖状，通体打磨光滑。长17.1、宽2.6、厚1.8厘米（图版二一九）。

第二十五号墓

二十五号墓（XM25）位于西区中部偏东，东邻XM26，西邻XM18，北邻XM24，XM25开口①层下，打破生土。

1. 形制和规格

XM25为长方形土坑竖穴墓，墓圹为圆角长方形，长2.4、宽0.95、深0.74米。填土表层10厘米为黄沙土，其下是五花土。方向270°（图一三一）。

墓圹底部有棺木朽烂的痕迹，可知内盛有一具木棺，棺底木板朽烂痕迹长2.33、宽0.9米。棺内殓有一具人骨，保存较完整，是仰身直肢葬（图版二〇）。

2. 随葬品

共18件。

（1）种类和数量

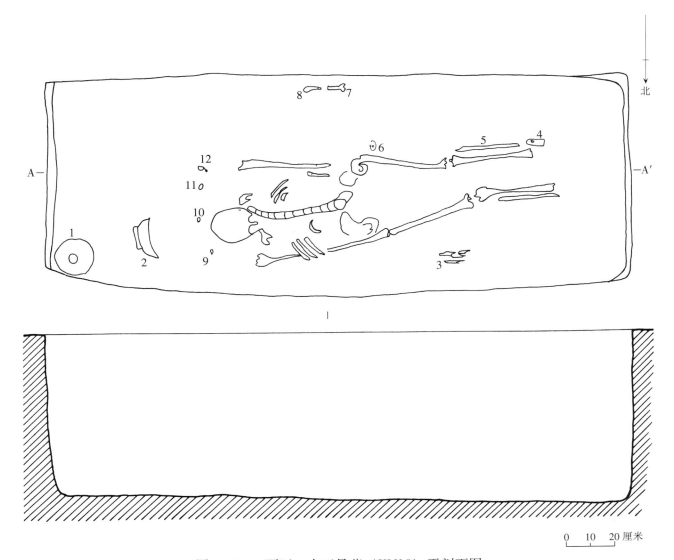

图一三一 西区二十五号墓（XM25）平剖面图

1. 绿釉粗瓷壶 2. 青花结带宝杵纹瓷碗 3. 镞 4. 砺石 5. 铁刀 6. 珠 7、8. 骨铲 9－12. 饰件

瓷器 2 件，铁器 6 件，骨器 9 件，石器 1 件。

（2）出土位置

瓷器置放于人骨架的头骨顶部，出土有 1 件绿釉粗胎瓷壶，1 件青花缠枝牡丹结带宝杵纹瓷碗，另外，股骨外侧靠近棺壁处有 1 件铁剑，锈蚀严重，无法采集，铁剑北侧 0.12 米处出土有 2 件骨铲和 1 件骨鸣镝。右股骨外侧与墓壁之间，有 6 件铁镞和 6 件骨镞堆放一起。骨架脚踝处有 1 件砺石。棺内散有一些饰件。

（3）器物形制分类介绍

瓷器

绿釉粗瓷壶 1 件。

XM25：1，B 型，不完整，口部残缺，撇口，短直颈略粗，广肩，肩部有二道凹弦纹，敛腹，圈足较高并外撇。器表施釉不及底。胎质黄白，细密坚致，器身施绿色搅胎釉，釉色有脱落，器表施釉不及底，圈足及底无釉。残高21.9、底径8.8厘米（图版六九，图一三二：6）。

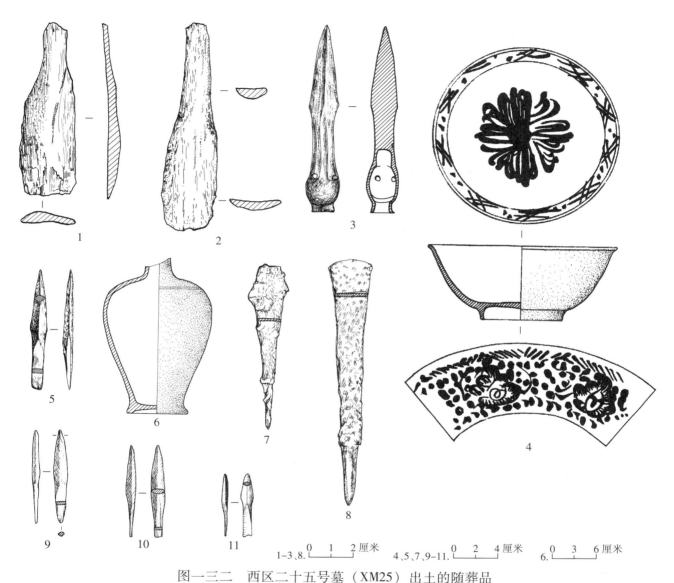

图一三二　西区二十五号墓（XM25）出土的随葬品
1、2.骨板　3.骨鸣镝　4.青花缠枝莲花结带宝杵纹碗　5、9、10、11.骨镞　6.B型粗胎瓷壶　7.铁镞　8.铁镞

青花莲花结带宝杵纹瓷碗1件。

XM25：2，Ba型，器物完整，器型欠周正。敞口，撇沿，方唇，深腹，腹为斜弧壁，敛圈足。胎质白且坚致，釉色白中闪灰，光亮润泽，施釉不匀，有漏釉现象，外壁足跟部明显，圈足足尖修整，无釉；内壁碗心有瑕疵，为铁锈样斑点。器型不甚周正，碗内壁口沿处绘有两道弦纹，中间绘连续交叉网格纹，中间是两个隔点。碗底心绘双重青花圆圈，中间绘有十字结带宝杵纹。碗外壁口沿下是连续正反斜线纹，下绘有缠枝莲花五朵，开放貌，莲花周围是点纹，大小不等，有水波意境，通身布满。花朵和点纹均为写意绘法，笔触老练，线条简洁逼真。青花发色淡雅柔和，晕散效果好。通

高 6.7、口径 16.8、足径 7.3 厘米（图版一六八，图一三二：4）。

铁器

镞 6 件。

标本 XM25：13，Ab 型，2 件，锻造，凿形镞首，通长 10.5、宽 1.2、厚 0.5、铤长 3.5 厘米。同类标本还有 XM25：11，Ab 型，通长 11.5、宽 2、厚 0.4 厘米，铤长 2.8 厘米（图一三二：7）。

标本 XM25：14，Bc 型，4 件，形制相同，镞首近长方形，锋刃方扁。通长 15.5、宽 3.5、厚 0.2 厘米，铤长 4.2 厘米（图一三二：8）。

骨器

镞 6 件。

标本 XM25：9，A 型，锋截面为菱形，一面微出脊，另一面略弧。通长 9.2、宽 1.3、厚 0.8 厘米（图一三二：5）。

标本 XM25：7，A 型，通长 11、宽 1.2、厚 1 厘米，铤长 5 厘米（图一三二：9）。同类标本还有 XM25：6，B 型 I 式，通长 9、宽 1.4、厚 0.8 厘米，铤长 2 厘米（图一三二：10）。

标本 XM25：8，B 型，通长 6、宽 1.2、厚 1.2 厘米，铤长 3 厘米（图一三二：11）。

板 2 件。

XM25：19，分有铲头和柄二部分。铲头为长方形，一面光滑略弧凸，另一面略凹且粗糙，柄部自下向上渐渐变宽。有残损。通长 8 厘米，铲头宽 2.4、厚 0.4 厘米，柄残长 2、宽 1 厘米（图版二一七，图一三二：1）。

XM25：18，分有铲头和柄两部分，铲头为长方形，一面光滑略弧凸，另一面略凹且粗糙，柄部自下向上渐渐变宽。残损。通长 9.9 厘米，铲头宽 2.5、厚 0.3—0.4 厘米，柄长 4.5、宽 1 厘米（图版二一七，图一三二：2）。

鸣镝 1 件。

XM25：4，矛形镞首，锋锐利，截面为菱形，铤宽且直，下部有球形骨镝，上有四孔，尾部筒形。通长 8.8、宽 1.3、厚 1.2 厘米，骨镝直径 1.5、尾孔径 0.7 厘米（图版二一七，图一三二：3）。

石器

砺石 1 件。

XM25：5，长条状，一端呈圆弧形，有一穿孔，另一端残断，两侧平直。残长 8.8、宽 2.5、厚 0.5—0.7 厘米（图版二二一）。

第二十六号墓

二十六号墓（XM26）位于西区东南部，仅西北与 XM25 为邻，其余方向没有墓葬分布，XM26 开口①层下，打破生土。

1. 形制和规格

XM26 为长方形土坑竖穴墓，墓圹呈圆角长方形，长 2.65、宽 0.9、深 0.6 米，墓葬填土为五花土夹沙土。墓向 278°（图一三三）。

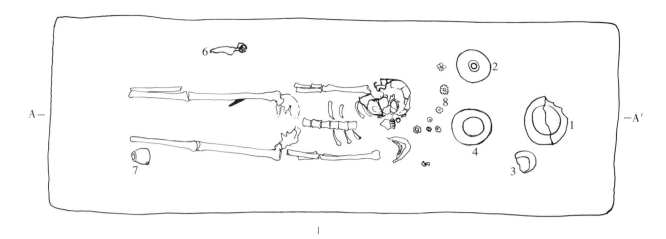

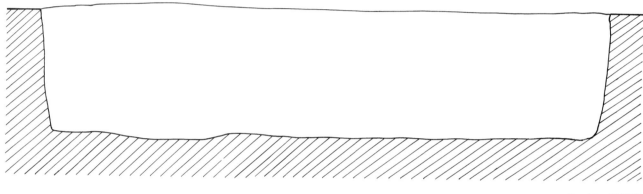

0　10　20厘米

图一三三　西区二十六号墓（XM26）平剖面图

1. 青花寿山石纹瓷盘　2. 绿釉粗瓷壶　3. 青花鱼纹卧足瓷碟　4. 青釉瓷碗　5. 饰件　6. 铁刀　7. 素彩凤首尾形流柄瓷执壶　8. 饰件

墓圹中有棺木朽烂痕迹，可知内盛有一具木棺，棺底木板范围长 2.56、宽 0.84 米。棺内有一具人骨，保存比较完整，头骨有些散乱，脚骨缺失，仰身直肢葬（图版二一）。

2. 随葬品

共 11 件。

（1）种类和数量

瓷器 5 件，铁器 1 件，琉璃器 4 件，玉器 1 件。

（2）出土位置

瓷器多摆放于头骨顶部，出土有 1 件青花寿山石菊花纹瓷盘，1 件绿釉粗胎瓷壶，1 件龙泉青瓷碗，1 件青花堆塑鲤鱼纹瓷盘。另外，在人骨架的头骨周围还散出土有 8 件饰件，其中 4 件琉璃花形饰件，1 件玉饰件。右股骨内侧下出土有 1 件铁削。左小腿骨外侧出土有 1 件残破的凤首尾形流柄执壶。

（3）器物形制分类介绍

瓷器

绿釉粗瓷壶 1 件。

XM26：2，Ab 型，束颈，溜肩，筒形腹，平底。口部有少许残损，腹部最大径上移至近肩部，下腹壁内收，口径小于底径。胎质粗糙，施墨绿色釉，不施到底，器底无釉。通高 21.8、口径 5.6、底径 8 厘米（图版七〇，图一三四：4）。

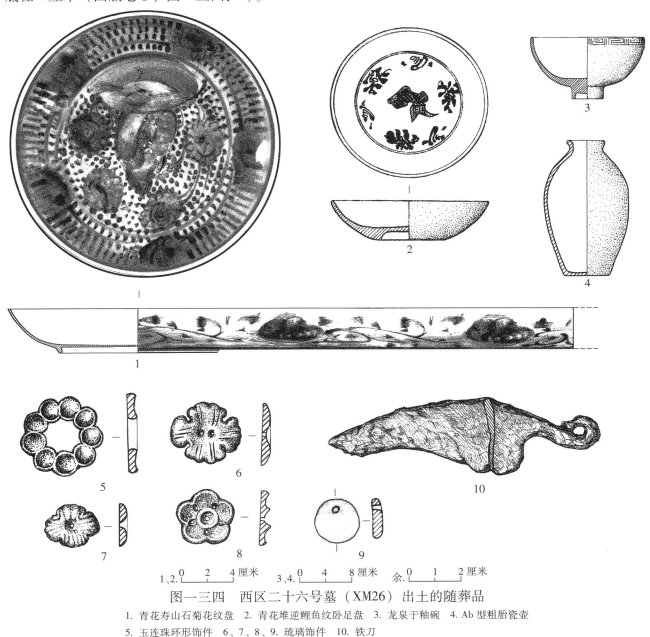

1、2. ⌞0──2──4厘米⌟   3、4. ⌞0──4──8厘米⌟   余. ⌞0──1──2厘米⌟

图一三四　西区二十六号墓（XM26）出土的随葬品

1. 青花寿山石菊花纹盘　2. 青花堆逆鲤鱼纹卧足盘　3. 龙泉于釉碗　4. Ab 型粗胎瓷壶
5. 玉连珠环形饰件　6、7、8、9. 琉璃饰件　10. 铁刀

青花寿山石菊花纹盘 1 件。

XM26：1，Ab 型，不完整，盘口有一处残缺，器身有一横裂纹，有锔钉修补痕迹，器型不周正，直口，弧腹，圈足，足尖修整。胎质白，细密坚致，釉色白中泛青，有光泽，圈足及内底无釉。盘口

绘有两道弦纹，内壁绘有五朵菊花，等距排列，盘心绘一道粗圆圈，圈内绘一块竖立的寿山石，石旁有四朵菊花，图案空隙均用青花点样写意花叶装饰。外壁是五组缠枝菊花图案装饰，花等距分布，相间枝叶，叶子呈飞鸟状。青花发色艳丽，晕散较重。通高4、口径21、足径12.5厘米（图版一六九，图一三四：1）。

龙泉青釉碗1件。

XM26：4，器物较完整，口部有三条裂痕，经过修补。器型较周正，胎质粗糙厚重，釉为黄褐色，有脱落，器表粗糙，不光润，圈足内底仅有一圆点釉，其余无釉，足底不过肩。碗内壁口沿下2厘米压印有一周压印连续雷纹，其下为压印的人物故事图案。可辨图案有三组，第一组是有一人身着官服，坐于案后，左侧有"包文正"字样。左侧有一女子跪在其旁，其身后还有一女子跪堂前，旁有"××金"字样。第二组图案，右侧是一站着的人，身着官服，右上角有"国×"字样，左侧有一女子，披发跪在地上，右有"××金"字样。第三组图案是一人头带斗笠，身披蓑衣，双手推车，车上端坐一人，右有"太白"字样。碗内心有一刻画鹿纹图案。通高10.2、口径17.6、足径7厘米（图版九五，图一三四：3）。

素三彩凤首尾形流柄执壶1件。

XM26：5，B型，不完整，口、流、柄均残，腹肩部残缺。器体较矮，鼓腹，平底略内凹。胎质白较薄，釉色均匀润泽，不光亮，流柄为黄色釉，器身为绿色釉，底不施釉。腹上部对塑有凤首形流和凤尾状把手，均残断仅余根部。残高7.8、底径3.6厘米（图版一九六）。

青花堆塑鲤鱼纹卧足盘1件。

XM26：3，B型，器型较完整，有三道裂痕，口部有一处缺损。敞口，圆唇，壁弧内曲，外壁可见胎的横向接痕，卧足，底内凹。施白釉，泛青色，光亮润泽，卧足根部一周修整无釉。盘内壁口沿下绘一道青花弦纹，盘心外围绘有双重青花弦纹，弦纹内绘有均匀的三组浪花以及水草图案，盘正中心堆塑的一条鲤鱼，鱼眼明显，鱼尾下摆，鱼鳞刻画成网格状，施红色釉，色彩鲜明，盘外壁无纹饰。通高3.2、口径12、足径4.2厘米（图版一七〇，图一三四：2）。

铁器

削1件。

XM26：6，削，A型，锻造，环首，弧背，弧刃。锈蚀。长1、宽3、厚0.4厘米（图版二〇二，图一三四：10）。

琉璃器

饰件4件。

标本XM26：7，花形饰件，白色，椭圆形，由4个花瓣组成圆形，四片花瓣两两相对，中间略凸，有一穿孔。长径2.2、短径1.8、厚0.3厘米（图一三四：6）。

标本XM26：8，花形饰件，蓝色，椭圆形，梅花样，由4个花瓣组成圆形，四片花瓣两两相对，交汇处有豁口，中部略凹，中间有并排二穿孔。长径2.8、短径2.4、厚0.3厘米（图版二二五，图一三四：7）。

标本XM26：9，正面有5个圆形花瓣组成梅花样，花瓣中心凹下，四周凸起。花瓣相交处各有一穿孔，梅花中心有一圆形穿孔。直径2.3、厚0.4—0.7、孔径0.15厘米（图版二二四，图一三四：

8）。

标本 XM26：10，扁圆形饰件，蓝色，花叶状，顶端有一圆形穿孔。直径 1.2、孔径 0.2、厚 0.4 厘米（图版二二四，图一三四：9）。

玉器

花样饰件 1 件

XM26：11，圆形，环状，周围是以花瓣为主体的装饰纹样或变体为连珠纹，中间有竖向圆形穿孔。白色半透明质，由 9 个连珠组成，珠内凹。珠径 1、孔径 1.3、厚 0.3 厘米（图版二二三，图一三四：5）。

第二十七号墓

二十七号墓（XM27）位于西区的西部，毗邻 XM6，东邻 XM5，XM27 开口①层下，打破生土。

1. 形制和规格

XM27 是长方形土坑竖穴墓，墓圹呈圆角长方形，长 2.95、宽 0.40—0.85、深 0.8 米。填土表层 3 厘米为黄沙土，下皆是五花土。表层下 0.3 米墓葬西北角处出土有一颗马的牙齿。墓向 268°（图一三五）。

墓圹的开口南北壁上方均有豁槽，呈圆形，南壁有二，北壁有一，交错分布。南壁东数第一个豁槽距墓圹的东端 1 米，宽 0.2、弦径 0.05、深 0.15 米。第二个豁槽与第一个相距 0.35 米，宽 0.2、深 0.15、弦径 0.07 米。北壁豁槽距墓圹东端 1.25 米，宽 0.2、深 0.15、弦径 0.06 米。

墓圹内有木棺朽烂的痕迹，知内盛有一具木棺，残存棺底范围长 2、宽 0.7 米。木棺内有一具人骨架，保存不完整，仅有头骨和四肢骨，判断是仰身直肢葬。

棺尾下方墓圹扩出，形成类似有二层台，长 0.3、宽 0.3、深 0.4 米。台面上堆放有一具人骨，但不完整，可辨认出头骨、肋骨、盆骨。人骨中有一个用动物骨骼磨制的鸣镝（图版二二）。

2. 随葬品

共 4 件。

（1）种类和数量

铜器 3 件，骨器 1 件。

（2）出土位置

在棺内头骨顶部墓圹的西南角出土有 1 件铜饰件，骨盆下方出土有 1 件铜带卡，1 件带柄铜环。

（3）器物形制分类介绍

铜器

饰件 2 件。

XM27：1，铸造，扁平状，周边呈连弧菱形，上部是一个方形凸起，凸起处中心有一圆孔，器身中间是两个圆形和四个葫芦形镂孔。长 4.5、宽 3.2、厚 0.3 厘米（图版二一六，图一三六：4—5）。

带卡 1 件。

XM27：2，长方形，中有一穿钉。穿钉残缺。长 4.3、宽 3.4 厘米（图版二一四，图一三六：3）。

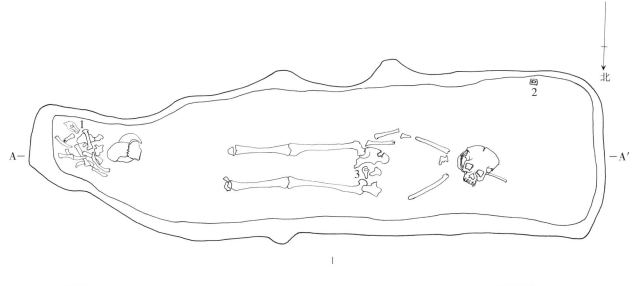

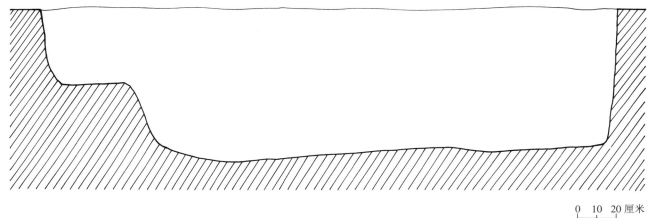

0　10　20厘米

图一三五　西区二十七号墓（XM27）平剖面图
1. 骨鸣笛　2. 铜带卡　3. 铜带柄饰件

圆形带柄饰件 1 件。

XM27：3，圆形，环外侧有一舌形短柄。器身正面凸起，背面平直。环断缺。柄长 1.2 厘米，环直径 2.3、厚 0.3 厘米（图版二一六，图一三六：2）。

骨器

鸣镝 1 件。

XM27：4，B 型，已残仅有骨镝部分。磨制精细，尾端为八角形口，中部为球体，上有四个对应孔，前端残缺。残长 5、球径 2.7 厘米（图版二一七，图一三六：1）。

第二十八号墓

二十八号墓（XM28）位于西区的东部，东北与 XM29 相邻，西与 XM30 相邻。XM28 开口①层

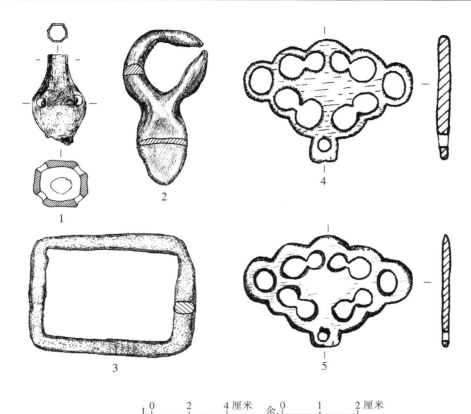

图一三六　西区二十七号墓（XM27）出土的随葬品
1. 骨鸣镝　2. 铜圆形带柄饰件　3. 铜带卡　4、5. 铜饰件

下，打破生土。

1. 形制和规格

XM28 为长方形土坑竖穴墓，墓圹为圆角长方形，长 2.2、宽 0.60—0.75、深 0.37 米。填土为沙土和五花土。墓向 280°（图一三七）。

清理过程中，发现有棺木腐朽的痕迹，形制大小不能弄清楚。人骨保存也不完整，仅存有头骨和下肢骨，可知为仰身直肢葬。在人骨架的胸骨部位覆盖有一张桦树皮，大致呈长方形，长 0.25、宽 0.18 米。

2. 随葬品

共 3 件。

（1）种类和数量

瓷器 2 件。

（2）出土位置

随葬品并排放置于棺内头骨顶部，出土有 1 件龙泉青瓷碗，1 件青花缠枝牡丹结带宝杵纹瓷碗，1 件绿釉粗胎瓷壶。

瓷器

龙泉青釉碗 1 件。

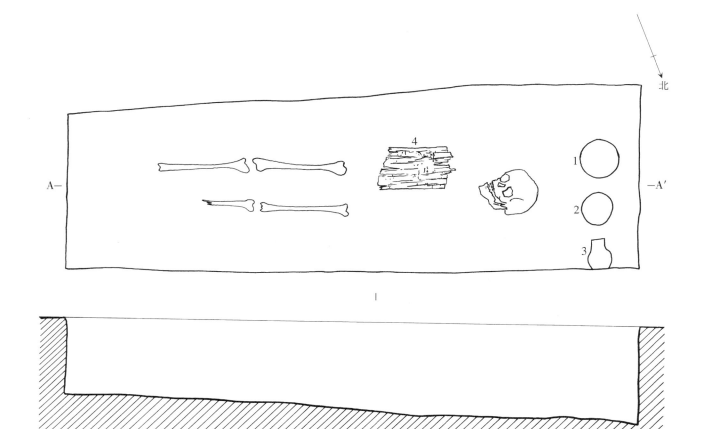

图一三七　西区二十八号墓（XM28）平剖面图

1. 青釉瓷碗　2. 青花结带宝杵纹瓷碗　3. 绿釉粗瓷罐　4. 桦树皮

XM28：2，器物完整，形制周正。圆唇直口，深腹，腹壁弧曲，高圈足，挖足不过肩。胎质厚重，胎色棕黄，施釉较厚，釉色豆青，油润光亮，有细小开片，圈足内底有涩圈，中心是一圆点釉。碗内外壁口沿处压印一周雷纹，内壁压印有三组人物故事图案：第一组是三人出行，其中一人身着官服，手执马鞭，骑于马背之上，在马前后各有一人手持棍棒。第二组是中间有一棵大树，其下左右各有一人，弹奏乐舞。第三组是二人叙事，一人盘腿打坐，另一人形体已不清晰，不能辨识。碗中心是一个圆形压印纹，内有一头鹿形纹，背上有一刻画"寿"字。通高 10.3、口径 17.7、足高 0.8、足径 5.4 厘米（图版九六，图一三八：2）。

青花莲花结带宝杵纹碗 1 件。

XM28：3，Ba 型，器物完整，器型不周正。敞口侈沿，深腹，腹壁内弧曲，圈足微敛。胎质灰白坚致，釉色白中闪青，光亮柔润，施釉不匀，有漏釉现象，外壁下部与圈足内明显，足尖修整无釉，有火石红痕。碗内壁口沿绘两周弦纹，中间是四组交叉斜线纹，间绘三点。底心绘双重圆圈，中间是十字宝杵结带，笔路简洁明快，技法娴熟。外壁口沿处绘有正反斜线纹，下有一周弦纹，再下绘有莲花五朵相间几支纤细缠枝连缀，周围是大小不等的点样水波纹，布满器身。近足底部有两道

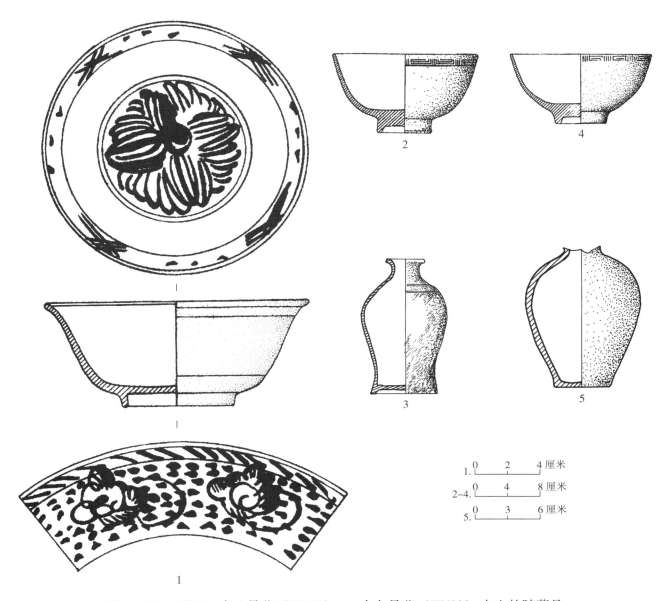

图一三八 西区二十八号墓（XM28）、二十九号墓（XM29）出土的随葬品

1. XM28 青花缠枝菊花纹碗 2. XM28 龙泉青釉瓷碗 3. XM28 出土的 B 型粗胎瓷壶 4. 龙泉青釉瓷碗
5. Ab 型粗胎瓷壶 （1－3 出土于 XM28；4、5 出土于 XM29）

弦纹。青花发色淡雅，颜色柔和。通高 6.3、口径 16.4、足径 6.5 厘米（图版一七一，图一三八：1）。

绿釉粗瓷壶 1 件。

XM28：1，B 型，粗胎瓷，较完整，器身有裂痕，撇口，短颈，溜肩，筒形腹近底内收，器身修长，圈足外撇，底外凸。胎质灰黄，粗糙坚硬，施茶绿色釉，釉有斑驳脱落，器身和底无釉，肩部有两道凹弦纹。通高 17、口径 4.4、底径 7.4 厘米（图版七一，图一三八：3）。

第二十九号墓

二十九号墓（XM29）位于西区的最东端，其西北与 XM32 遥遥相望，西南和 XM28 远远相邻。XM29 开口①层下，打破生土。

1. 形制和规格

XM29 为长方形土坑竖穴墓，墓圹呈长方形，长 1.65、宽 0.65、深 0.48 米，填土为沙土和五花土，墓葬填土中有炭粒，近头部靠近墓圹壁处出土有羊距骨 9 件。墓向 265°（图一三九）。

墓圹内有木棺朽烂痕迹，可知内有一具木棺，棺底朽木长 1.65、宽 0.6 米，棺内仅有一个头骨。葬式不明。

2. 随葬品

共 4 件。

（1）种类和数量

瓷器 2 件，铁器 1 件，石器 1 件。

（2）出土位置

瓷器放置在头骨上方墓圹的西南角位置，出土有 1 件酱釉粗瓷壶，1 件龙泉青瓷碗，另外在墓圹东南角位置出土有砺石 1 件、铁剪头 1 件。

（3）器物形制分类介绍

瓷器

龙泉青釉碗 1 件。

XM29：1，器物完整，器型较周正。直口圆唇，深腹，腹壁弧曲，圈足高，挖足不过肩。胎质粗且厚重，施釉厚，呈茶绿色，有冰裂纹，光亮润泽，圈足内底有坐烧的涩圈，中心是一圆点釉。内外壁口沿下 1.8 厘米处均有一周连续雷纹，内壁压印有一周人物故事图案，但不完全清晰，仅可辨识其中一组是出行故事，马前一人头戴高帽，身着宽袍，足蹬皮靴，手捧仪仗，身后一匹马。碗心有一鹿形划纹。通高 9、口径 17、足高 1.8、足径 6 厘米（图版九七，图一三八：4）。

酱釉粗瓷壶 1 件。

XM29：2，Ab 型，不完整，口部残缺，器身有数道裂纹，胎质黑褐，粗糙坚硬，器身有接胎的接痕，呈浅凸棱状，施酱釉，不施到底，平底无釉，有粘沙现象。残高 14.4、底径 5.4 厘米（图版七二，图一三八：5）。

铁器

剪 1 件。

XM29：3，锻造，锈蚀较甚。剪口与剪把的长度大致相等，形状与现代的剪刀相同，长 16 厘米，剪口残长 6.5 厘米。

石器

砺石 1 件。

XM29：4，长条形，一端略残缺，有一圆形穿孔，另一端呈圆角方形，中部为束腰状。长 8.3、

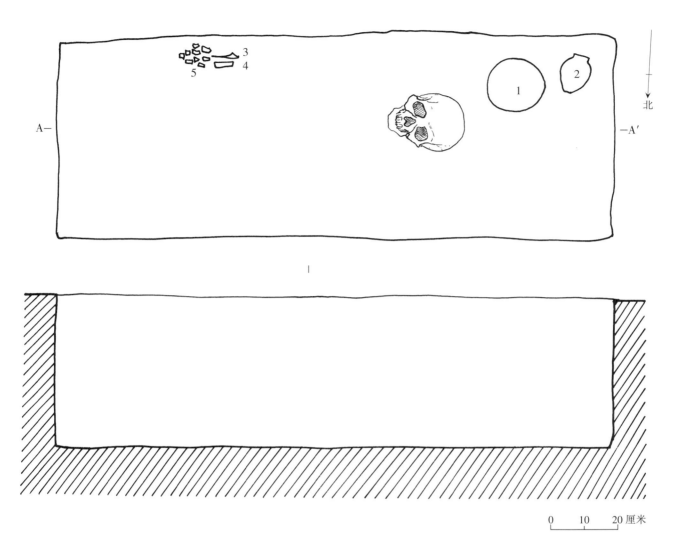

图一三九　西区二十九号墓（XM29）平剖面图

1. 青釉瓷碗　2. 酱釉粗瓷壶　3. 铁剪　4. 砺石　5. 羊距背

宽1.5—2、厚0.6—1.3厘米（图版二二一）。

第三十号墓

三十号墓（XM30）位于西区的中部偏东，东与XM28远远相邻，西与XM24遥遥相邻，XM30开口①层下，打破生土。

1. 形制和规格

XM30为长方形土坑竖穴墓，墓圹为圆角长方形，长2.42、宽0.75、深0.5米。填土为沙土和五花土。墓向255°（图一四○）。

墓圹内有木棺朽烂痕迹，可知内有一具木棺，棺底木板朽烂痕迹长2.1、宽0.7米。在棺内有

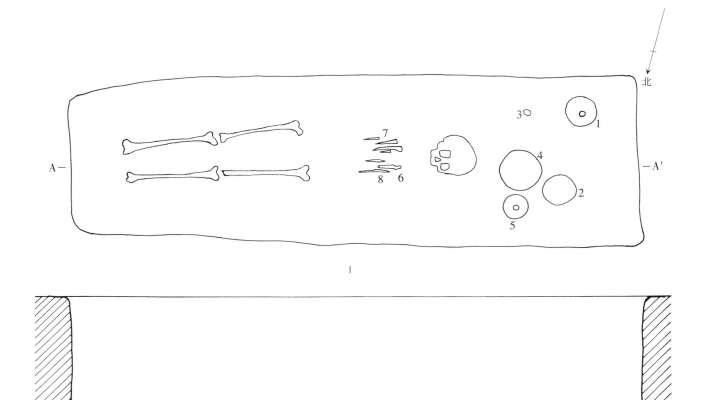

图一四〇　西区三十号墓（XM30）平剖面图

1. 酱釉粗瓷壶瓶　2. 青花瓷杯　3. 青花婴戏纹瓷盘　4. 青花松竹梅纹瓷碗　5. 素三彩凤首尾流柄轮壶　6. 铜带饰　7. 铁镞　8. 骨镞

一具人骨架，保存不好，仅有头骨、脊椎骨、下肢骨，是仰身直肢葬。另外在头骨下枕有一块桦树皮，近长方形，长 0.2、宽 0.1 米。

2. 随葬品

共 17 件。

（1）种类和数量

瓷器 5 件，铁器 7 件，骨器 5 件。

（2）出土位置

瓷器放置于棺内头骨顶部位置，摆放不齐，出土有 1 件酱釉粗瓷壶，1 件青花缠枝蕃莲纹瓷杯，1 件青花双婴戏柳下纹瓷盘，1 件青花松竹梅寿石纹瓷碗，1 件三彩凤首尾流柄执壶。另外，在胸骨位置处出土有 7 件铁镞和 5 件骨镞，骨镞与铁镞之间还出土有 1 件龟形铜带饰。

（3）器物形制分类介绍

瓷器

酱釉粗瓷壶1件。

XM30：1，Ac型，较完整，子母口，束颈，溜肩，筒形腹，平底。器身有数道接胎的凸棱，施酱釉，器底无釉。通高16.5、口径4.5、底径4.9厘米（图版七三，图一四一：5）。

青花写意菊花纹瓷杯1件。

XM30：2，B型，较完整，口有磕碰，形制不周正，敞口，沿外展，圆唇，斜直壁，下部微内收，内底有烧裂露胎痕，圈足内敛，足底不过肩。胎质灰白，釉色白中泛青，施釉不均，釉上有坑点，圈足内底不施釉，有火石红痕迹，局部有粘沙。外壁上下各有一周弦纹，中间绘有三朵写意菊花朵和三组各两个隔点样的花叶。青花发色灰暗。通高3.4、口径6、足径2.3厘米（图版一七二，图一四一：2）。

青花婴戏纹盘1件。

XM30：3，Aa型，完整，器型欠周正，敞口，尖唇，浅腹，腹壁斜弧内收，圈足内敛较高，足尖修整如圆脊状。胎质细密坚致，釉色白中闪灰，有光泽，足尖无釉。盘口沿绘有一道青花弦纹，盘心绘有双重青花圆圈，圈内是两小儿在院中柳树下戏球图案，有栏杆，花草装饰。人物线条简单，造型优美生动。盘外壁口沿下有一道青花弦纹，器身绘有四组缠枝蕃莲图案，蕃莲呈心形，其下还绘有两道弦纹。青花发色淡雅，晕散较重。通高3.4、口径13.4、足径6.9厘米（图版一七三，图一四一：3）。

青花松竹梅寿石纹碗1件。

XM30：4，Ba型，器物较完整，口部有一处缺口，器壁有三道裂痕。器型较周正，敞口，撇沿，深腹，腹壁弧曲，圈足。胎质灰白坚致，釉色泛青，有开片，较光润，施釉不匀，有漏釉和铁锈斑，圈足没挂釉，足尖粘沙。碗内壁口沿处绘有十二组连续交叉的斜线网格纹，间有三个"品"字形分布的圆点纹，碗心绘一周青花圆圈，中间绘有松、竹、梅，形式简单，写意效果。外壁口沿下两周弦纹，弦纹中间饰有连续蜂窝样纹饰，加有圆点纹，密布器口。其下绘有松、竹、梅三组图案，间有三组寿山石图案，占满外壁。外壁下部以及圈足上绘有一周粗弦纹，圈足内底无釉。青花发色浓暗，颜色青紫。通高6.7、口径16.5、足径6.8厘米（图版一七四，图一四一：1）。

素三彩凤首尾流柄执壶1件。

XM30：5，B型，不完整，口、柄残，流保存略好。器体较矮，小直口，广肩，鼓腹，平底略内凹。肩上部对塑有凤首形流和凤尾状把手。胎质白较薄，釉色不光亮，器底不施釉，口、流、柄为黄色釉，器身通体为绿色釉。通高9、口残径2.7、足径3.6厘米（图版一九七，图一四一：4）。

铁器

镞7件，形制相同。

标本DM30：7，B型，锻造，锋缺损，残长11.2、宽3、厚0.2、链长5.7厘米（图一四一：7）。

铜器

带饰1件。

XM30：6，外形如同一只乌龟，中部隆起，内空，外横缠有一条铜条带，形制小巧。长4厘米，

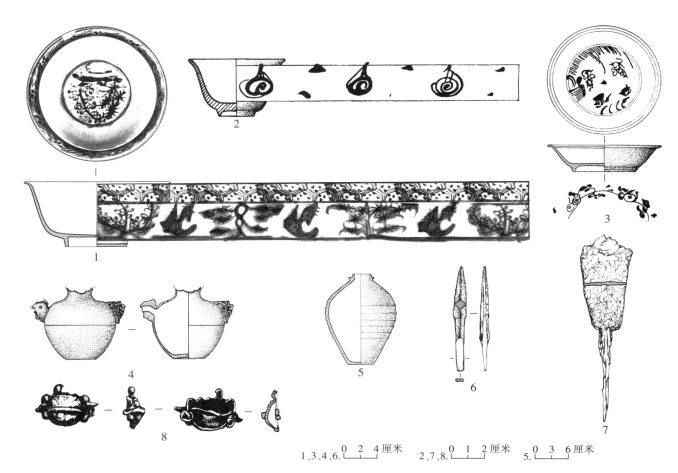

图一四一　西区三十号墓（XM30）出土的随葬品

1. 青花松竹梅寿石纹碗　2. 青花写意菊花纹盅　3. 青花双婴戏柳下纹盘　4. 素三彩凤首尾流柄执壶
5. Ac 型粗胎瓷壶　6. 骨镞　7. 铁镞　8. 龟形铜带饰

宽 2.5 厘米（图版二一一，图一四一：8）。

骨器

镞 5 件，形制相同。

标本 XM30：8，磨制，无铤，柳叶形，尾部修整成扁平样。锋较长，双面有脊。通长 12.4、宽 1.3、厚 1.2 厘米（图一四一：6）。

第三十一号墓

三十一号墓（XM31）位于西区东部，北邻 XM33，东南与 XM29 遥遥相望，XM31 开口①层下，打破生土。

1. 形制和规格

XM31 为长方形土坑竖穴墓，墓圹呈圆角长方形，土坑竖穴，圹长 2.1、宽 0.67—0.77、深 0.35 米。填土表层有 3 厘米厚的黄沙土，下面是五花土。墓向 250°（图一四二）。

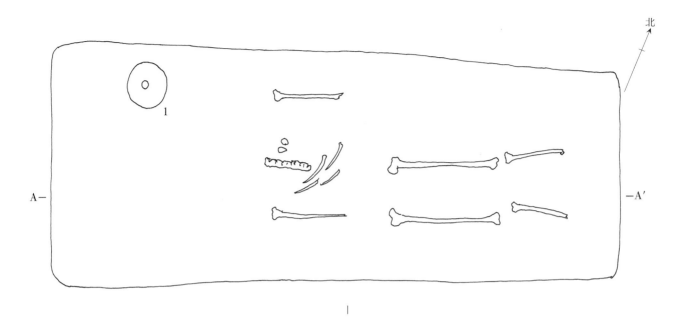

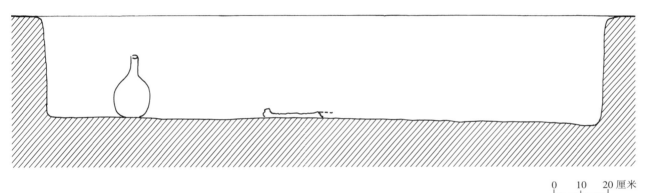

图一四二　西区三十一号墓（XM31）平剖面图

1. 酱釉粗瓷玉壶春瓶

墓圹底部有棺木朽烂的痕迹，可知墓葬内有一具木棺，棺底木板朽烂范围长2.1、宽0.65—0.75米。木棺内有一具人骨架，保存不完整，仅存有肋骨和四肢骨，头骨和盆骨不见。从保留下的人骨看，死者是仰身直肢葬。在人骨架的脚下位置发现有一块长0.34、宽0.29米的桦树皮。

2. 随葬品

共2件。

（1）种类和数量

瓷器1件，琉璃器1件。

（2）出土位置

瓷器放置在人头骨顶部位置，在墓葬的西北角出土有1件酱釉粗瓷玉壶春瓶，另外在人骨架的脊骨左侧出土有1件白色的琉璃扣。

（3）器物形制分类介绍

瓷器

酱釉粗瓷玉壶春瓶 1 件。

XM31：1，B 型，不完整，口部残缺，器型较周正。敞口外撇，圆唇，细束颈，长溜肩；腹部变长，上敛下丰，最大径下移，有垂感，底弧收；口径小于足径，圈足。胎质黄白，粗糙坚硬，施酱色釉，釉不及底，圈足及内地无釉。残高 24.2、足径 7.5 厘米（图版七四）。

琉璃器

扣饰 1 件。

XM31：2，琉璃质，白色，圆球形纽扣，主要特征为上部是圆形穿孔状纽，下部为球形实心扣。通高 1.9、直径 1.4 厘米。

第三十二号墓

三十二号墓（XM32）位于位于西区东端，西邻 XM33，东南与 XM29 遥遥相望，XM32 开口①层下，打破生土。

1. 形制和规格

XM32 为长方形土坑竖穴墓，墓圹呈圆角长方形，长 2.55、宽 1、深 0.78 米。

填土全部为五花土。墓向 285°（图一四三）。

墓圹底部有棺木朽烂痕迹，可知内有一具木棺，棺底木板的朽烂范围长 1.9、宽 0.8 米。棺内有一具人骨架，保存较完好，头骨处比较散乱，葬式是仰身直肢葬。

棺首前有一个二层台，长 1、宽 0.65、高 0.1 米，形成头箱格局。

2. 随葬品

共 4 件。

（1）种类和数量

瓷器 2 件，琉璃器 2 件。

（2）出土位置

瓷器就摆放于台面上，出土有 1 件黄褐釉粗胎瓷壶和 1 件残破褐釉粗胎玉壶春瓶。另外，在人骨架的左右上肢骨外侧各发现 1 件串珠。

（3）器物形制分类介绍

瓷器

黄釉粗瓷壶 1 件。

XM32：1，B 型，不完整，口部有残损，形制规整，撇口外展，细直颈，颈中部有一道凸棱，广肩，肩部有两道凹弦纹，敛腹，腹下部近底处微外撇，平底。胎质灰白，坚致，施黄褐釉，器身上部施釉，下部有挂釉现象，底无釉。通高 20.2、口径 5.7、底径 7.8 厘米（图版七五，图一四四：2）。

褐釉粗瓷玉壶春瓶 1 件。

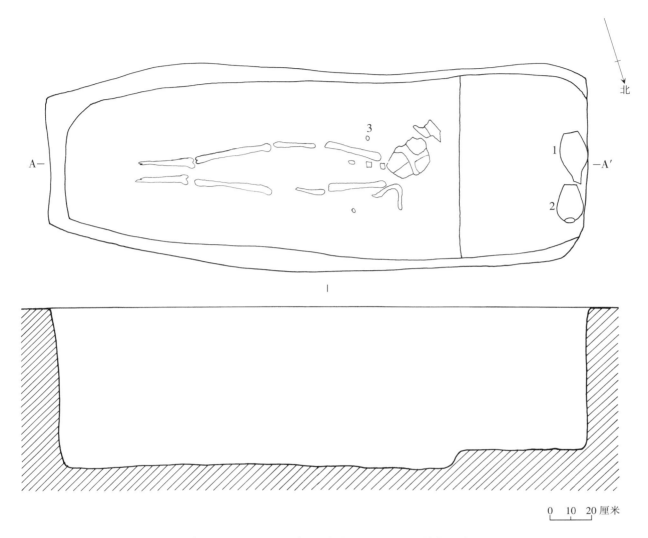

0　10　20厘米

图一四三　西区三十二号墓（XM32）平剖面图
1. 黄釉粗瓷壶　2. 褐釉粗胎玉壶春瓶　3. 串珠

XM32：2，A型，不完整，口部残缺，器身有数道不明显接胎凸棱痕，胎质灰褐且粗糙坚硬，施褐釉，釉色全身，平底无釉。残高23、底径7.8厘米（图版七六）。

琉璃器

串珠2件。

XM32：3、4，形制相同，琉璃质，均为白色，直径0.4、孔径0.1厘米。

第三十三号墓

三十三号墓（XM33）位于西区的西北部，东邻XM32，西北邻XM34，南邻XM31，XM33开口①层下，打破生土。

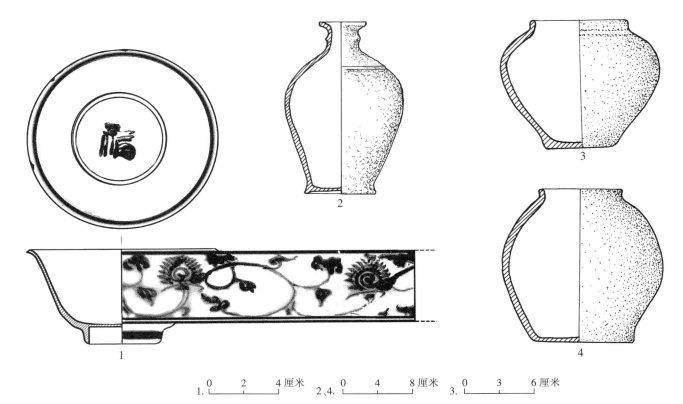

图一四四　西区三十二号墓（XM32）、三十三号墓（XM33）、三十四号墓（XM34）出土的随葬品

1. 青花缠枝蕃莲纹带"福"字款碗　2. B 型粗胎瓷壶　3. A 型粗胎瓷罐　4. 陶罐　（1、4 出土于 XM34，2 出土于 XM32，3 出土于 XM33）

1. 形制和规格

XM33 为长方形土坑竖穴墓，墓圹为圆角长方形，长 2.7、宽 0.71、深 0.68 米，填土全部为黄沙土。墓向 265°（图一四五）。

墓圹内没有发现葬具痕迹，仅发现有一具人骨架，头骨、脊骨、肢骨保存较好。可知是仰身直肢葬。

2. 随葬品

共 2 件。

（1）种类和数量

瓷器 1 件，石器 1 件。

（2）出土位置

瓷器放置于人骨架的头骨顶部右侧上方靠近墓圹边处，出土有 1 件酱釉粗胎瓷罐，人骨架的盆骨左侧，靠近墓圹壁位置出土有 1 件砺石。

（3）器物形制分类介绍

瓷器

酱釉粗瓷罐 1 件。

XM33：1，A 型，完整，器型周正，大口，广肩，斜腹，小平底。胎质粗糙坚致，器身大部施酱

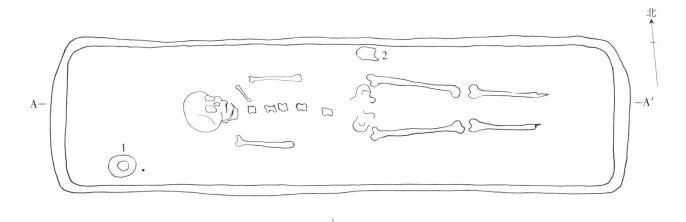

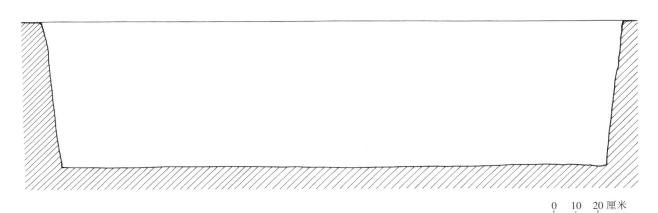

图一四五　西区三十三号墓（XM33）平剖面图

1. 酱釉粗瓷罐　2. 砺石

釉，有小部分器身是绿色釉，施釉不及底，有流釉现象，底无釉。通高11.2、口径8.6、底径6.2厘米（图版七七，图一四四：3）。

石器

砺石1件。

XM33：2，长条状，一端圆弧，另一端薄，有残缺，一侧面平直，一侧面弧曲。长7.3、宽4.2、厚0.4—0.9厘米（图版二二〇）。

第三十四号墓

三十四号墓（XM34）位于西区的东北，东南和XM33为邻。XM34开口①层下，打破生土。

1. 形制和规格

XM34为长方形土坑竖穴墓，墓圹为圆角长方形，土坑竖穴，圹长2.4、宽0.8—0.85、深0.85米。墓葬填土皆为五花土。墓向270°（图一四六）。

墓圹底部有棺木朽烂痕迹，知墓内有一具木棺，残存棺底木板朽烂痕迹的范围长2.1、宽0.65—

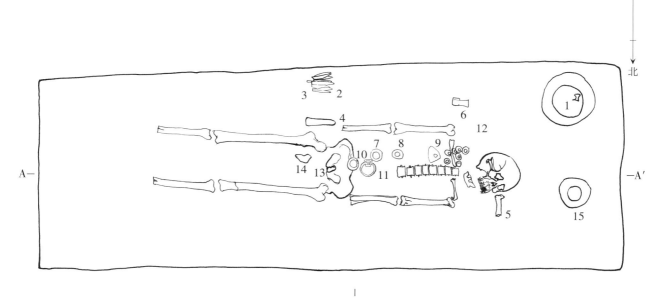

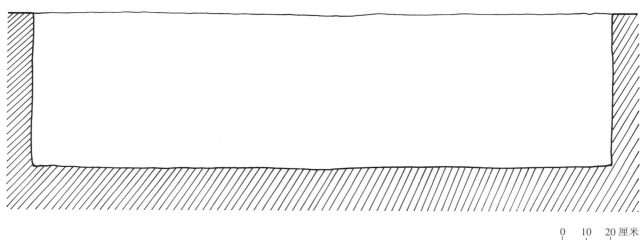

0　10　20厘米

图一四六　西区三十四号墓（XM34）平剖面图

1. 陶罐　2. 骨镞　3. 铁镞　4. 砺石　5. 铁凿　6. 铁锤　7. 铜环　8. 铜环　9. 玉坯料　10. 铜环　11. 铜环　12. 琉璃串环　13. 白色琉璃饰件　14. 石坠饰　15. 青花缠枝蕃莲纹瓷碗

0.75 米。棺内有一具人骨架，保存较完整，是仰身直肢葬。在人骨架的头骨底下铺有一块桦树皮，破碎较甚，无法辨识形状大小。

2. 随葬品

共 32 件。

（1）种类和数量

瓷器 1 件，陶器 1 件，铁器 5 件，骨器 8 件，玉器 2 件，石器 2 件，玛瑙器 12 件。

（2）出土位置

陶、瓷器摆放于棺内头骨顶部，出土有 1 件灰陶罐，与陶罐并排还放有 1 件青花缠枝蕃莲纹带

"福"字碗。另外，在人骨架的头骨左侧出土有 1 件铁凿，头骨右侧偏下面出土有 1 件铁锤。在人骨架的颈部位置出土有 12 件玛瑙串珠和 1 件玉瑗，1 件近圆形石坠饰，还有 1 件玉坯料。盆骨右侧出土有 1 件砺石，砺石的外侧出土有 3 件铁镞，8 件骨镞。躯干位置出土有 3 件铜环。

（3）器物形制分类介绍

瓷器

青花缠枝蕃莲纹"福"字碗 1 件。

XM34∶2，Ba 型，器物完整，口有三处磕碰痕。器型较周正，敞口侈沿，方唇，深腹，腹壁斜弧曲，圈足。胎质灰白坚致，釉色白中闪灰，光亮润泽，施釉不均，有坑疤，圈足足尖修整，内底无釉，有火石红痕。碗内壁口沿处有两道弦纹，碗心绘有双重青花圆圈，圈内有一隶书"福"字。外壁口沿下也有一道弦纹，下绘有三朵蕃莲以及缠枝花叶，花叶疏朗。外壁近底部有两道弦纹，足根部有一道弦纹。青花发色灰暗淡雅，浓重处呈黑紫色。通高 5.5、口径 12.6、足径 4.4 厘米（图版一七五，图一四四∶1）。

陶器

罐 1 件。

XM34∶1，器物较完整，口部有一处缺损，泥质灰陶，素面，轮制。形制规整，侈口，圆唇，束颈，广肩，直腹，腹壁下部内收，平底。通高 17.8、口径 10.8、底径 12 厘米（图版七八，图一四四∶4）。

铁器

凿 1 件。

XM34∶4，铸造。长方形，中部略有亚腰状，上部为半圆开銎，下部为弧刃。通长 11、宽 2.7 厘米。銎径 3 厘米（图版二〇三，图一四七∶7）。

锤 1 件。

XM34∶5，仅有锤头。楔形，正面为长方形，侧面为梯形。正面中部有圆角长方形穿孔。锤头一端有横刃，另一端为锤头。锤头一端有使用敲打的痕迹。通长 7.8、宽 2 厘米，穿孔长 1.7、宽 0.9 厘米（图版二〇三，图一四七∶1）。

镞 3 件。

标本 DM34∶14，A 型，锻造，镞首厚重，铲形镞首，扁平镞身，镞身长呈柱状，铤比较短，为圆柱或四棱柱状，尾部呈圆锥形。通长 9.8、宽 3、厚 0.4、铤长 4.2 厘米。

铜器

带卡 1 件。

XM34∶11，带卡，长方形，中有一穿钉。长 1.9、宽 2.2 厘米（图版二一四）。

骨器

均为镞，8 件。

标本 XM34∶12，A 型，磨制，无铤，柳叶形，尾部修整成扁平样。通长 12、宽 1.8、厚 1.2 厘米（图一四七∶2）。

标本 XM34∶13，B 型，磨制，有铤，锋尖锐端正，镞锋磨制规整，双面出脊，截面为菱形，铤

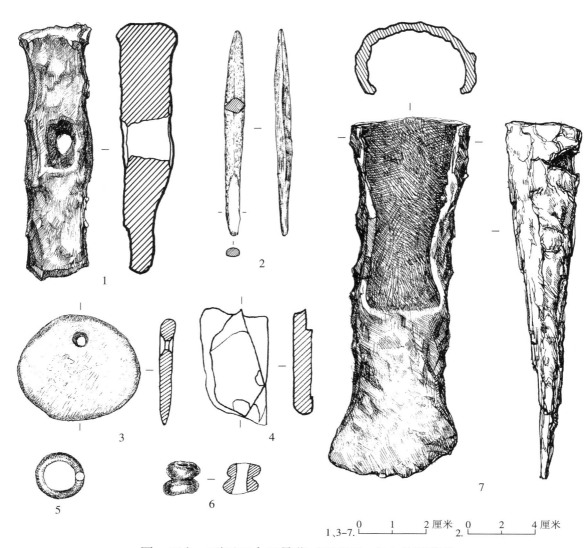

图一四七　西区三十四号墓（XM34）出土的随葬品
1. 铁锤　2. 骨镞　3. 石坠饰　4. 玉坯料　5. 玉瑗　6. 琉璃串珠　7. 铁凿

部扁平。通长 12、宽 1.1、厚 1、铤长 4.4 厘米。

玉器

瑗 1 件

XM34：8，玉质，绿色，圆形，好倍肉，好径 0.9、肉径 0.3 厘米（图一四七：5）。

坯料 1 件。

XM34：9，玉质，白色，略呈长方形，有人工琢磨的痕迹。残长 3.4、宽 2、厚 0.8 厘米（图一四七：4）。

琉璃

串珠 12 件，形制相同。

标本 XM34：10，浅蓝色，近球形，中有穿孔。压腰形外表，腰线深，呈葫芦串状。直径 1、高 1.1、孔径 0.4 厘米（图一四七：6）。

石器

坠饰 1 件。

XM34：7，坠饰，由石子磨制而成。近圆形，边缘有一穿孔。长径 3.6、短径 3.2、厚 0.4 厘米（图版二二三，图一四七：3）。

砺石 1 件。

XM34：6，长条形，宽度相等，一端有二个平行穿孔，表面磨痕明显。长 7.8、宽 2、厚 1.1 厘米（图版二二一）。

肆　墓葬综论

扶余油田砖厂墓地位于第二松花江东岸的一处陡坎台地上，东西长 800 米，南北宽 500 米，此次发掘的面积约 30 万平方米。基本将该墓地抢救发掘的范围揭露，共清理明代墓葬 76 座。因为多数墓葬没有遭到破坏，所以我们获得了一批成组合的随葬品，有瓷器、陶器、铁器、铜器、石器、玉器、琉璃器、金器、木器以及贝饰和铜钱等，为明朝时期墓葬的考古学研究提供了重要的实物资料。

一　墓地基本文化面貌

扶余油田砖厂墓地是一个独立的墓区，墓葬的瘗埋比较集中，是一处特征较为鲜明的墓地。下面从墓葬形制、随葬品以及组合关系、丧葬习俗等几个方面，对扶余油田砖厂墓地的基本文化面貌做一简要的梳理，为进一步的研究奠定基础。

（一）墓葬形制

我们根据墓葬的整体形制的不同，可以看出扶余油田砖厂墓地明代墓葬基本是以长方形土坑竖穴墓为主，葬式简单，绝大多数为仰身直肢葬。可以分为两类：一类为单纯长方形土坑竖穴墓，另一类为墓口带有 2—3 组豁槽的长方形土坑竖穴墓。

1. 单纯的长方形土坑竖穴墓

此类墓葬有 64 座。形制简单，仅是一个圆角长方形的土圹，内殓有棺木人骨。根据墓葬内部的结构，可以分成两型：

A 型，单一墓室的墓葬。

单一的墓圹结构，没有任何的内部设施。这类墓葬在墓地中占有绝大多数，有 50 座。代表墓例 DM35、XM18。

东区三十五号墓（DM35）是长方形土坑竖穴墓，墓圹呈圆角长方形，长 2.65、宽 1.01、深 0.43 米。填土为五花土和黄沙土。墓向 235°。墓坑浅，葬具保存不好，墓圹内有一具木棺，朽烂，木棺底长 2.6、宽 0.98 米。棺内有一具人骨架，仰身直肢葬。出土有青花瓷盘、黑釉瓷碗、以及铁马镫和铁镞、铜带饰等。

西区十八号墓（XM18）为长方形土坑竖穴墓，墓圹呈圆角长方形，长 2.65、宽 0.83、深 1.08 米。填土为黄沙土，在墓葬填土的表土中有一层炭粒。墓向 245°。墓圹内发现有一具木棺，朽烂仅余棺底，棺底长 2.37、宽 0.66 米。木棺内殓有一具人骨架，保存不完整，上肢骨有些零乱，胸肋骨缺失，下肢骨规整齐全，是仰身直肢葬。出土有褐釉粗瓷玉壶春瓶，绿釉粗瓷小口瓶，青花瓷碗、盘、盅，红绿彩瓷碗、盘，以及铁器、铜器、石器等。

B型，带有头（脚）箱的墓葬。

这类墓葬有14座。在墓葬的棺首处隔有一个空间或设有一个二层台，作为摆放随葬品的地方，形成头箱的格局。代表墓例DM11、XM13。

东区十一号墓（DM11）为长方形土坑竖穴墓，墓圹为圆角长方形，长2.65、宽0.8、深0.53米，填土为五花土杂有少量黄沙。墓向250°。在棺首外侧有一个头箱，形如二层台，略高于墓底，头箱长0.78、宽0.58、高0.4米。瓷器均在二层台上出土，另外还出土有铁器、骨器、石器等。

西区十三号墓（XM13）为长方形土坑竖穴墓，墓圹呈圆角长方形，土坑竖穴，圹长2.8、宽0.8、深0.9米。填土是五花土。墓向275°。墓圹的东南角南壁的墓圹上部向外扩出，形成一个二层台样的部分，扩出部分长0.8、宽0.6、高0.53米，台上放有几块大的马骨。墓圹内有一木棺，残存的棺底朽木长1.95、宽0.6、厚0.03米。在木棺内有一具人骨架，保存不完整，头骨不见，存留其他肢骨，从摆放位置可以看出为侧身直肢葬。在棺首处有一头厢，头箱长0.8、宽0.65米。瓷器都在头箱中出土，另外还出土有金器、铁器、琉璃器、玉器。

2. 墓口带有2—3组豁槽的长方形土坑竖穴墓

此类墓葬共有12座，其中东区2座，西区10座。墓葬形制虽为长方形土坑竖穴墓，但在墓圹开口处有2—3组的豁槽，大多数是对称分布，内有棺木人骨。根据墓葬内部的结构，可以分成二型。

A型，单一墓室的墓葬。

墓葬内部仅为单一的墓室结构，没有附属设施。此类墓葬在东、西区均有分布，其中东区DM21、DM36，西区XM7、XM12、XM21、XM23、XM27。代表墓例DM36、XM12。

东区三十六号墓（DM36）是长方形土坑竖穴墓，墓圹呈圆角长方形，长2.95、宽0.7、深0.7米。填土为五花土。墓向270°。在墓圹的南北壁圹口上方各有两个豁槽，呈长方形，互相对称，形制大小、深浅如出一辙。墓内发现有棺木朽烂痕迹，可以知道内盛有一具木棺，棺底朽木范围长2.9、宽0.68米。棺内保存有一具人骨架，保存状况一般，头向西，为仰身直肢葬。出土有瓷器、铁器、石器、玉器、琉璃器等。

西区十二号墓（XM12）是长方形土坑竖穴墓，墓圹呈圆角长方形，长2.84、宽0.8、深1.1米。填土表层有15厘米厚的黄沙土，其下为五花土。墓向272°。在墓圹开口的南北壁上方各有三个对称的豁槽，豁槽内可见朽烂的木头痕迹。豁槽呈长方形，大小不一，深度一致，墓圹内有木棺的朽木痕迹，零星分布，不成形状。可知内盛有一具木棺，棺内有一具人骨，人骨架保存完好，从头骨和肢骨的摆放看，为仰身直肢葬。随葬有瓷器、玉器、铜器、贝饰、"天禧通宝"铜钱。

B型，带有头（脚）箱的墓葬。

墓葬在土圹内隔有二层台式的头箱结构，台上摆放有部分随葬品。此类墓葬均集中在西区，分别是XM2、XM3、XM4、XM5、XM14。代表墓例XM4。

西区四号墓（XM4）为长方形土坑竖穴墓，墓圹呈圆角长方形，长方向267°。墓圹圹口处南北壁上端各有三个豁槽，大小相仿，对称分布。墓圹底部发现棺木腐烂的残渣，可知内盛有一具木棺，棺底朽木范围长2、宽0.8米，棺首前有一个二层台，台面长0.8、宽0.72、高0.3米，构成头箱式的格局。瓷器多数摆放于二层台上，分成两排放置。另外，在人骨架的头骨顶部正中出土有1件薄的金质"山"字形冠饰和1件薄的金质花样饰件，在头骨以及左右上臂外侧的四周散布有白色、蓝色串珠和各种形状的饰件。还有，在人骨架的盆骨上压放有1件青花缠枝蕃莲纹瓷碗，人骨架的左前臂骨外侧出土有1件桃形玉饰件和1件琉璃扣饰，右上肢骨下端有1件铜环和1件铁器残段，右侧盆骨外出土有铜饰件1件。

（二）墓葬随葬品及其组合

1. 随葬品总述

（1）随葬品的出土数据

扶余油田砖厂墓地共出土随葬品1481件。按用途分，有生活用具、生产工具、兵器、马具等；从质地上可分为，瓷器、陶器、铁器、石器、骨器、金银器、铜器、木器、玉器、琉璃器、水晶器等。其中，瓷器、陶器、金银器、铜器、木器、玉器、琉璃器、水晶器多为生活用具；铁器、石器、骨器多为生产用具和兵器以及马具等。

瓷器是随葬品中的大宗，除去个别无随葬品的墓葬外，几乎包含所有的墓葬均出土有瓷器。其中尤以南方景德镇青花瓷器和北方窑系粗胎黑釉或酱釉瓷器为主，两者多在同一墓葬中共出。

青花瓷在出土瓷器中占有较多数量，主要器型有盘、碗、执壶、罐、杯等。彩瓷中红绿五彩、素三彩以及白釉、蓝釉、黑釉瓷器，在出土瓷器中的比例较小，主要器型是盘、碗、碟、执壶、盅（杯）。这类瓷器的做工相对精致，器型精巧秀丽，釉色鲜艳明亮，个别白瓷有描金工艺，精美绝伦，堪称扶余油田砖厂墓地的精品瓷器。青花瓷器在扶余油田砖厂墓地共有41座墓葬内发现，约占墓葬总数的54%。其中，墓地东区的42座墓葬中有21座墓葬中出土，分别为DM4、DM5、DM7、DM11、DM13、DM15、DM20、DM21、DM22、DM23、DM27、DM29、DM32、DM33、DM35、DM36、DM37、DM38、DM40、DM41、DM42；西区的34座墓葬中有20座墓葬中出土，分别是XM1、XM2、XM3、XM4、XM5、XM6、XM8、XM11、XM12、XM13、XM15、XM16、XM18、XM22、XM23、XM25、XM26、XM28、XM30、XM34。主要器型为碗、盘、盅、碟、高足杯、执壶，其中碗、盘为基本组合。有单件，也有共出。

扶余油田砖厂墓地出土的瓷器中，以酱釉为主的粗胎瓷器，胎壁厚，制作粗糙，造型简单浑朴，施釉不到底。有些器物由于火候掌握不好还出现窑变。器型主要是壶，均小口，折腹，应为储酒器。粗胎瓷器在扶余油田砖厂墓地共有41座墓葬出土，约占墓葬总数的54%，东区有19座，分别是DM4、DM5、DM10、DM11、DM12、DM15、DM18、DM19、DM21、DM27、DM28、DM33、DM34、DM36、DM38、DM39、DM40、DM41、DM42；西区有22座墓葬中出土，分别为XM2、XM4、XM5、XM8、XM10、XM11、XM13、XM15、XM17、XM18、XM19、XM22、XM23、XM24、XM25、XM26、XM28、XM29、XM30、XM31、XM32、XM33。器型主要为壶和罐，基本是单独随葬。仅有少数墓葬是壶、罐同出，分别是DM11、DM24、XM22。随葬的粗瓷更多是代表当地的丧葬习俗。

另外，还有龙泉青瓷器，釉色为绿黄、豆绿、黄褐，其中黄褐色釉应该是绿、黄釉窑变的缘故才有褐色成分。胎壁较厚重，敞口，高圈足。在碗的内壁压印有人物故事，如二十四孝、杨家将、包公等，通体釉是压印完故事图案后施上的。扶余油田砖厂墓地中出土龙泉青瓷有15座墓葬，约占墓葬总数的20%。东区7座，分别为DM5、DM11、DM13、DM23、DM28、DM36、DM37、DM40；西区8座，分别是XM2、XM4、XM13、XM15、XM22、XM26、XM28、XM29。器型多为碗，单件出土，共有15件；极少盘，仅3件，其中DM40是盘与碗各1件共出，DM5、XM4各有1件仿龙泉青瓷盘。

扶余油田砖厂墓地还有9座墓葬出土白釉瓷器，约占墓葬总数的12%。其中东区5座，分别为DM5、DM13、DM33、DM36、DM40；西区4座，分别是XM2、XM13、XM15、XM17。主要器型有执壶3件、盘2件、盅4件、高足杯1件。多为单件出土，仅XM2有盘和盅各一共出。

扶余油田砖厂墓地共有9座墓葬出土红绿五彩和素三彩瓷器，约占墓葬总数的12%，其中东区3座，西区6座，两者不共出。其中出土三彩瓷的共有4座，西区3座，分别为XM2、XM26、XM30，东区1座DM13；主要器型仅有执壶4件，均为单件。出土五彩瓷的有5座，西区3座，分别为XM13、XM14、XM18；东区2座，分别为DM23、DM33。主要器型有碗4件、盘4件。多为单件出土，其中XM18、DM23为碗和盘各一件盘共出。

蓝釉瓷器、黑釉瓷器各有2座墓葬出土，出土墓葬数约占墓地总数的6.6%。均分布在墓地的东区，多为单件出土。蓝釉瓷器出土于DM11，为罐1件，和DM22，为碟1件；黑釉瓷器出土于DM4，为碟2件，褐釉瓷器出土于DM34，为碗1件。

陶器在扶余油田砖厂墓地中极其少见，仅在东区的DM20、DM24和XM34中各发现1件罐，轮制，泥制灰陶。这个数字占墓地总数的3.9%。

铁器的出土数量较多，主要是镞，还有刀、斧、镰、锤、凿，叉、剪子、环、甲、马衔、马镫等，绝大多数墓葬出土。

铜器实用器不多，主要有钵、勺子、匦等，另外还有铜木合成器（马鞍）以及装饰饰件，因为锈损严重，无法统计具体数据。少数墓葬中出土了宋代铜钱。

金银器、玉器、琉璃器、水晶器等多数是装饰用品，饰件出土的位置绝大多数在墓内头骨、胸骨、胫骨附近，不难看出是死者生前的头饰、项饰以及身上的携带饰物。所有饰件器物小巧玲珑、做工精细、注意选料，带有强烈的地方民族特色。

石器主要有砺石，出土的砺石都有磨痕，应是随身携带之物。

骨器绝大多数是镞，是选用质地坚硬的牛骨为原料，磨制而成，出土有几百件。另外还采集有4件骨笄，也是磨制而成。除此还有板、鸣镝等。

（2）随葬品的摆放位置

扶余油田砖厂墓地的随葬品摆放有一定的规律性。

瓷器一般在墓葬中摆多放于死者的头顶部位，有并排摆放的特点，即使不在棺内，也是在头厢认真放置，不与其他类随葬品相混淆。铜勺与瓷器放到一起，一般是放在瓷器之中。

多数铁器和石器放置在死者的身体两侧或者脚下。

铜钵和匦则是放在死者身体两侧。

金银器、玉器、琉璃器、水晶器等多数是装饰用品，大多散布在头部、胸部附近，应该是头饰以及身上的配饰的重要组成部分。

骨器绝大多数是镞，多放置在死者身边，大致是挂箭囊的位置。

马具的位置很明确，就是骑马时的情形：马镫在脚下，马鞍在两股之间或髋骨位置，马衔在身侧。

扶余油田砖厂墓地大部分墓葬没有被盗，所以我们获得了一批有明确器物组合的墓葬，这是一批重要的考古实物资料。墓葬随葬品从器物种类看，重要有瓷器、陶器、铁器、铜器、玉器、骨器、石器、琉璃器、金器、景泰蓝、贝饰以及铜钱等。下面对出土随葬品及其组合关系进行初步的分类研究。

2. 随葬品分类概述

（1）瓷器

瓷器是随葬品组合中最为重要的遗物。这个时期的瓷器具有一定的时代特点，是进行考古断代的重要参考依据之一。

扶余油田砖厂墓地的瓷器种类有碗、盘、碟、执壶、杯、罐、小口瓶、玉壶春瓶等，这里出土的瓷器军为民窑产品，可以分两大系，一种是以南方景德镇青花瓷为主的细瓷器，一种是以北方磁州窑、耀州窑等窑系的粗胎瓷器，现分类作介绍。

碗，共63件。

发现数量最多，扶余油田砖厂明墓中的典型器物之一。根据釉色可以分为青花、红绿彩、龙泉青釉、黑釉四种。

① 青花瓷共40件。

胎体轻薄，细密坚致。装饰的纹饰有漩涡云气纹、缠枝菊花纹、牡丹结带宝杵纹、花草纹、缠枝蕃莲纹等，大部分碗心绘有图案或写有"福"、"寿"字样，图案题材画法率真、夸张，文字书写字体多变，有真、草、隶等多种书写风格。根据烧制工艺可以分为2型。

A型，涩圈碗，2件。

胎质灰白坚致，釉色青白，施釉不匀，无光泽，外壁有釉裂，碗心有一周圜形涩圈。

标本XM16：2，敞口，侈沿，方唇，深腹，腹壁弧曲内收，圈足。同类器还有DM36：5。

B型，无涩圈碗，38件。

釉色白中泛青，施釉均匀光亮，圈足，足内底多有不施釉的。按照器物口部和腹部、足部的差异，可以分3个亚型。

Ba型，33件。

青花瓷碗的主要形制。敞口，微侈沿，深腹，腹壁弧曲，下部内收，矮圈足。

标本XM1：2，外腹部绘有六组缠枝牡丹，碗心绘有一朵牡丹纹饰。同类标本还有DM4：2、DM7：1、DM20：2、DM13：3、XM16：1、DM5：4、DM41：2、DM21：3、XM34：2、XM8：1、XM11：2、DM38：1、DM15：1、XM15：1、XM5：4、DM20：1、XM4：3、DM40：8、DM11：1、DM42：1、XM18：1、XM28：3、XM25：2、DM13：6、XM4：6、XM34：15、XM30：4、DM27：2、DM21：2、XM13：2、DM38：3、XM12：1、XM11：2。

Bb型，4件。

直口，深腹，腹壁斜直，有部分下腹壁增厚内收，圈足。

标本XM23：2，内壁口沿下绘有一道青花弦纹，碗心是一个青花隶书的"福"字。外壁口沿下绘有四组缠枝菊花纹图案，每组有一朵主题菊花和周围陪衬枝叶，花写意，花心大，螺旋状，花瓣呈一个方向旋成，笔势连续，用笔简练。每组菊花叶用缠枝花叶连缀成一个完整图案。同类标本还有 XM13：5、XM8：3。

标本 DM38：2，碗内壁口沿下有一道"十"字形纹饰带，碗心有双重圆圈，中间绘有花叶图案。碗外壁绘有繁茂的松枝图案，圈足上有两道弦纹。圈足内底施釉，并绘有双重圆圈，内写"长春富贵"四字，字体呆板。

Bc 型，2 件。

器型较大，敞口，侈沿，深腹，曲腹下垂，腹壁下部略增厚，圈足。

标本 DM37：3，碗内壁口沿下绘二方连续菱形网格纹，下绘四朵花卉，其中石榴花二，海棠花二，碗心绘结带宝杵纹。碗外壁绘有六朵缠枝莲花纹，下饰十二瓣宝相花叶纹。

标本 XM2：2，碗内壁口沿处绘交叉斜线网格纹和隔点组合的纹饰，碗心绘有一个粗圆形青花圆圈，圈内有五个粗莲瓣纹，衬一个写意菊花图案。外壁口沿下绘五组菊花与缠枝花叶，花呈长圆形，叶片肥大，线条明快简洁。

② 红绿彩瓷共 4 件。

胎体轻薄，细密坚致，多是白釉上绘彩，由于使用的原因，部分器物有彩绘脱落的现象，纹饰主题花鸟鱼藻图案，色彩艳丽吉庆。

标本 XM18：5，敞口，侈沿，圆唇，深腹，腹壁弧曲微下垂，腹壁上薄下厚，圈足。相同还有标本 DM24：2；DM33：3；DM32：2.

③ 龙泉青釉瓷共 17 件。

胎体粗重，施釉肥厚，纹饰组要是以模压印纹饰为主，有少量的刻画纹饰，碗内纹饰为模印纹，内容中以人物故事为主。

标本 DM11：3，直口，圆唇，深腹，高圈足，圈足内有叠烧的涩圈。同类标本还有 DM13：1、DM5：2、DM37：2、DM24：5、DM40：5、XM28：2、XM2：4、DM36：4、XM26：4、XM13：3、XM22：2、XM4：1、XM29：1、XM15：2、DM28：2、采：1。

④ 黑釉瓷 1 件。

DM35：2，侈口，斜壁，腹壁弧曲，圈足，足上有四支钉痕迹。胎质黄白坚致，釉色似火烧过，色黑灰，外壁半釉，圈足和底无釉。

盘，共 39 件。

发现数量较多，是扶余油田砖厂墓地的典型器物之一。根据釉色可以分为青花、红绿彩、龙泉青釉、白釉四种。

① 青花瓷共 34 件。

胎体轻薄，细密坚致，纹饰有勾栏瓶花纹、菊花寿山石纹、缠枝菊花纹、如意云头纹、犀牛望月纹、婴戏人物纹、瑞鸟花卉纹、芦雁菊瓣纹、"寿"字纹、堆塑鱼纹等等，纹饰题材多样，画法有夸张，也有细腻。根据器物足部形制可以分为三型。

A 型，圈足盘，30 件。

按照口部的变化，可以分为：

Aa 型，侈口或敞口，展沿或平沿，18 件。

标本 XM4：4，侈口，微展沿，圆唇，深腹，圈足，足尖修整如圆脊。盘内壁绘有五朵菊花和缠枝花叶，花叶呈飞鸟状，密布腹壁内侧，盘心外绘双重青花圆圈，中间绘有耸立的一块寿山石，石的两侧各绘有两朵菊花以及缠枝花叶，占满盘心。外壁口沿下绘五组缠枝菊花纹饰。同样标本还有DM32：3、XM30：3、XM14：1、DM36：2。

标本 DM11：4，侈口，微展沿，浅腹，壁弧曲，矮圈足。盘内壁口沿绘有两道弦纹中间添加漩涡纹组合，盘壁绘有十四朵云头纹，盘心绘有六出如意云头纹，中心是一朵菊花，花心写有一个草书的"福"字。盘心各云头间绘有六个菊花，只绘有一半。外壁绘有六朵团菊及缠枝花叶。同类标本还有 DM37：1。

标本 DM4：4，侈口，小展沿，弧壁，圈足。盘口有一周米色釉。盘心有双重圆圈，圆圈内绘有一长鬃瑞兽，鬃尾上扬，脖子粗壮，身子短小，回头仰望后上方一弯月亮。同类标本还有 DM38：4、DM13：6。

标本 DM33：5，侈口，微展沿，腹略深，圈足较高。盘心有婴戏柳下主题图案，外壁绘有五、六朵蕃莲或缠枝花卉纹饰。同样标本还有 XM30：3、XM14：1、DM40：2。

标本 DM22：2，葵形侈口，平折沿外展，内壁斜直，圈足。胎体厚重，外壁施龙泉青釉，内壁为青花纹饰。盘心绘有一舞狮图案，狮子头上有两侧飘摆的带子。同样标本还有 DM40：6。

标本 XM1：1，敞口，腹壁斜直外展，圈足较高，足尖修整如圆脊状。胎质灰白，细腻坚致，釉色白中泛青，有光泽，足尖有米色釉。盘内壁口沿处绘有一周四组正反斜线间有四组波浪线组合纹，外有三周青花弦纹，盘心绘有双重青花圆圈，圈中绘有一只瑞鸟，单足而立，额部高起，四周绘有几样不同的花卉。外壁也绘有弦纹和叶片纹。

标本 XM18：4，敞口，圆唇，壁向内弧收，矮圈足，足尖修整。胎质细密坚致，釉色白中闪青，有光泽，足尖无釉。盘口绘有一道青花粗弦纹，内壁绘五朵菊花图案，等距分布，其间有两道枝蔓连接，花蔓间是点纹。盘心绘有双重青花圆圈，圈内绘的是四朵菊花以及枝蔓，外壁口部有两道青花弦纹，下面绘有五朵缠枝蕃莲图案。

Ab 型，直口无沿，12 件。

标本 DM35：1，直口，圆唇，斜弧腹，圈足，足尖修整，外圆内直，微内敛。盘内中央绘勾栏瓶花和假山石，外壁上绘有五组缠枝菊花图案。同类标本还有 XM4：2、DM27：1、DM40：7。

标本 XM26：1，直口，圆尖唇，弧腹，圈足，足尖修整。盘内壁绘有五朵菊花，等距排列，盘心绘一道粗圆圈，圈内绘一块竖立的寿山石，石旁有四朵菊花，图案空隙均用青花点样写意花叶装饰。外壁是五组缠枝菊花图案。同类标本还有 DM7：2、DM24：3、XM4：2、XM18：3、DM33：4、DM13：2、DM27：5。

B 型，卧足盘，共 4 件。

盘口较小，盘壁有横向的接胎痕迹，釉色白中泛青，胎质灰白，细腻坚致。卧足。

标本 XM13：7，敞口，弧壁，卧足，足跟修整无釉。盘中有一堆塑的鲤鱼，眼部突出，鱼身细长，鱼尾下摆，依稀可见鱼身施红色釉。同样标本还有 XM7：5、XM26：3、DM27：3。

② 红绿彩瓷共 4 件。

形制相同，侈口，展沿，弧腹，圈足。胎质洁白，细腻坚致，釉色白，上施红绿彩，使用原因有脱彩现象。纹饰以花卉内容为主。

标本DM24：4，敞口，平沿外展，圆唇，腹壁微弧内收，矮圈足，足尖修整无釉。盘内壁口沿处绘有朱红彩弦纹，下绘五朵十字云朵图案，十字中心呈圆形为绿彩，十字为红彩。盘心绘有一朵红彩牡丹花和绿彩枝叶，枝叶轮廓为红彩勾勒。盘外壁绘五朵缠枝蕃莲图案，花朵为红彩，花心为黄彩，叶为绿彩。同类标本还有XM13：1、XM14：2、XM18：6。

③ 龙泉青釉瓷共3件。

标本DM5：3，葵口，展沿，折腹内收，矮圈足。胎体厚重，釉色黄绿，圈足内底无釉。内壁刻画鱼鳞纹，盘心是弯曲线条，同心放射状。外壁有稀疏的花草叶纹。同类标本还有XM4：5.

标本DM40：4，敞口，宽折沿外展，唇方厚，腹壁微弧，矮圈足。胎体粗重，釉色青绿。圈足内底施白色釉，足尖修整无釉。内壁是多道竖直细密带条纹，外壁是多条稀疏宽带纹。

④ 白釉瓷共2件。

形制相仿，胎质洁白细腻坚致，釉色净白光亮，足尖修整无釉。

标本XM2：1，敞口，沿外展，弧腹内收，矮圈足。同类标本还有DM36：1。

执壶，共9件。

饮酒器具，发现数量较多，大小都有，是扶余油田墓地中的典型器物之一，根据釉色可以分为青花执壶、白釉执壶、素三彩执壶。

① 青花瓷共2件。

根据足底不同可以分2型。

A型平底：

标本DM33：6，敞口，细颈较短，广肩鼓腹，平底。壶流与把手均立于肩上。壶颈部有弯曲如意形壶链，将流和壶颈相连。底部无釉，有火石红痕。颈上部绘有四片蕉叶纹，腹部正反面主题花纹是绘有两只神态各异的喜鹊，正面绘的是一只喜鹊立于石上，展翅昂首貌，背面绘的是喜鹊展翅落于石上，头向下啄食貌，生动形象。壶把与壶嘴的下部绘的是奇石花草，壶嘴上三面各绘有两组火焰纹饰，近壶底部绘连续的莲瓣纹。

B型圈足：

标本DM21：4，器型规整，喇叭形敞口，尖唇，细长颈，长流，垂腹，圈足。足和底无釉。壶流与壶把手均立于腹部中间，流上部有流链与壶颈相连。壶腹部正面绘有一支莲花和莲蓬，配以茨菰、红蓼、香蒲等水生植物图案，反面绘有一束莲花，配以一片荷叶、蒲草等水生植物，画工精致。

② 白釉瓷共3件。

按照足底的差异可以分为2型。

A型，平底，1件。

标本XM17：2，盘口，细长颈，广肩鼓腹，平底。底部施釉。

B型，圈足，2件，根据口部和颈部分2个亚型。

Ba型，直口，短颈，近球形腹。

标本DM5：5，直口微敛，短颈，球形鼓腹，高圈足呈喇叭状，壶把顶端和颈交汇处有一圆圈状的系鼻。

Bb 型，盘口，细长颈，心形扁垂腹略鼓，长流，高把手，圈足。

标本 DM13：4，扁腹两面各堆塑有一只麒麟，通体贴金。造型精致。

③ 素三彩瓷，共 4 件。

按照造型和足底的不同，可以分为 2 型。

A 型，扁腹圈足，1 件。

标本 XM2：6，流柄皆残断，扁腹略股呈圆形，腹两圆形侧面均压印有一只鲤鱼和水浪、流云图案。肩部有两个顺穿鼻，工艺精细。

B 型，球形腹平底，3 件。

标本 DM13：5，敛口广肩，六瓣瓜棱状球形腹，流塑成公鸡头，把手塑成老鼠形，壶身绿釉，流柄为黄釉。

标本 XM30：5.，短颈广肩鼓腹，腹上部对塑有凤首形流和凤尾形把手，壶身绿釉，底无釉。同类标本还有 XM26：3。

碟，共 4 件。

扶余油田砖厂墓地出土较少，形制较盘小，根据釉色可以分为青花、黑釉、雀蓝釉。

① 青花瓷共 2 件。

标本 XM1：3，敞口，小展沿，圆唇，浅腹，矮圈足微敛，盘心一支牡丹花卉，外壁三组缠枝蕃莲花叶。同类标本还有 DM27：3。

② 黑釉瓷共 3 件。

标本 DM4：3，敞口圆唇，斜直腹壁微弧，浅腹，高圈足。碟心有圜形涩圈，外壁施半釉。同类标本还有 DM4：6、DM34：2。

③ 雀蓝釉瓷共 1 件。

标本 DM22：1，敞口圆唇，腹壁微弧且浅，圈足。釉色不匀，碟心压印有一束牡丹花卉。

杯，共 13 件。

出土不多，形制多样，按釉色主要是青花瓷杯、白釉瓷杯。

① 青花瓷杯共 8 件。

按照足底形制可以分 2 型：

A 型，高足杯，3 件。

标本 DM37：4，斜敞口，尖唇，斜弧腹，腹下有节，喇叭状高圈足。杯内底有简写隶书的“寿”字，杯身外壁绘有四只蝴蝶。同类标本还有 DM24：7、XM18：7。

B 型，圈足杯，5 件。

标本 DM4：7，侈口，沿外展，腹直微收，矮圈足。同类标本还有 DM7：4、XM30：2。

标本 XM5：3，侈口，展沿，斜直壁，深腹，小圈足，形如碗状。足底无釉，有火石红色。

标本 DM29：1，敞口，沿微展，斜直壁，深腹，杯底有涩圈，腹底急收成束底状，实足底，底心内凹。

② 白釉瓷，共 5 件。

按照足底形制分三型

A 型，高足杯，1 件。

标本 DM33：7，直口，圆唇，深腹，腹壁较厚，高圈足，足下部放开如覆碗形。

B 型，圈足杯，4 件。

标本 XM13：6，敞口，斜直壁，壁厚，小圈足，形如碗状。同类标本还有 XM15：3、XM2：5、XM3：1。

C 型，平底杯，1 件。

标本 DM40：3，大敞口如喇叭状，腹壁薄，平底内凹。

托盏，共 1 件。

标本 DM11：13，器型规范，釉色脱落不明，分两部分，上部是杯，直口，双扁状鸡冠耳，壁弧曲，底与下面托盘连为一体；盘形平折沿外展，圆唇，壁微弧，大平底，光滑，内底略凸。

罐，共 5 件。

扶余油田砖厂墓地出土的罐不多，形制主要是大口罐。根据釉色可以分为雀蓝釉、酱釉等。按照器物的口部特征可分成二型：

A 型，直口，无耳，2 件。

标本 DM11：5，直口，广肩，鼓腹，平底。雀蓝釉，胎质细腻坚致，口底无釉。

标本 XM33：1，直口，广肩，鼓腹，平底。酱色釉，粗胎，施釉不到底，底无釉。

标本 XM22：3，直口，广肩，鼓腹，平底。青花缠枝蕃莲纹，底无釉。

B 型，侈口，单耳，3 件。

标本 DM27：4，侈口，广肩，斜腹内收，平底，肩部有一环形竖把手，粗胎，施酱釉不及底。同类标本还有 DM28：1.

标本 DM34：1，侈口广肩，斜收腹，平底。粗胎，施酱釉，釉不到底。

壶，共 46 件。

发现数量较多，是扶余油田砖厂墓地出土的典型器物之一，均为粗胎，釉色有黑釉、酱釉、黄釉、绿釉等。根据器物形制的不同可以分为二型

A 型，共 33 件。束颈，平底，多施釉不到底。根据腹部的差别可以分二亚型

Aa 型，5 件。

标本 XM22：1，侈口外展呈喇叭状，广肩，折鼓腹急收，平底内凹。同类标本还有标本 XM11：1、DM15：2、XM2：3、XM17：1。

Ab 型，26 件。

标本 XM4：7，侈口，溜肩，筒形腹，平底。同类标本还有 DM4：1、DM4：5、DM7：3、DM5：1、DM10：1、DM14：1、XM19：1、DM24：1、XM10：1、XM26：2、XM13：4、DM36：3、DM39：1、DM40：1、DM21：1、DM38：5、DM19：1。

标本 DM38：2，直口，溜肩，筒形腹，平底。

标本 DM41：1，侈口，束颈，溜肩，鼓腹，平底。同类标本还有 DM23：5、XM24：1、XM23：1、DM12：1、XM5：1、XM29：2。

Ac 型，2 件

标本 XM8：2，子母口，溜肩鼓腹，器型小，器身有多道横接痕，平底。同类标本还有 XM30：1

B 型，共 13 件。侈口、矮领，广肩，平底内凹，底足外撇。

标本 DM11：2，口外展，短颈，广肩，鼓腹，腹壁较直。同类标本有 DM18：1、XM5：2、XM32：1、XM15：4、DM21：8、DM33：1、XM18：8、XM25：1、DM42：3、DM42：2、DM40：9、DM27：1。

玉壶春瓶，共 10 件。

发现较多，形制基本相同，敞口呈喇叭状，束颈，溜肩，垂腹。釉色有绿釉、黄釉、褐釉等。

根据足底的不同，可以分 2 型：

A 型，平底，1 件。

标本 XM32：2，敞口外撇，细长颈，腹部下垂，平底。

B 型，圈足，9 件。

标本 DM41：3，大敞口外撇，长溜肩，垂腹，施绿色搅胎釉。同类标本还有 DM2：1、DM32：1、XM31：1、DM6：1、XM11：3、DM1：1、XM18：2、XM16：3。

（2）陶器

扶余油田砖厂墓地出土的陶器不多，器型也仅限于罐，形制基本相同。

罐，共 3 件。

标本 XM34：1，侈口，圆唇，束颈，广肩，鼓腹，平底。素面，泥质灰陶，轮制。同类标本还有 DM24：14、DM20：3。

（3）铁器

铁器是随葬品组合中较为重要的器物，出土数量也较多，用途涵盖有生产工具，如镰、斧、锤、叉；生活用具，如剪刀、削、带卡；武器，如盔、甲、剑、匕、镞；马具，如马镫、马衔、环等。还有数量较多，锈蚀较甚的不明用途铁器。下面按照铁器的用途分类介绍。

① 生产工具

出土数量不多，锈蚀较甚。

镰，共 8 件。

按照镰尾的制作方式可以分 2 型：

A 型，圆銎孔样尾。

标本 DM24：6，背部弧曲，直刃。同类标本还有 DM33：10。

B 型，无銎尾。

标本 DM39：2，器身内弧，镰尾呈细柄状，梢部锻打成圆环。同类标本还有 DM41：10、DM34：3。

镢，1 件。

标本 DM33：9，铸造。器身为楔形，上部为方柱状銎孔，下部为直刃。刃体较长。

斧，1 件。

标本 DM7：5，器身上窄下宽，上部为方形锤头，中部近上有一方形穿孔，下部为刃，较锋锐。

锤，共3件。

根据锤头形制分2型：

A型，对称圆形锤头，1件。

标本DM24：10，锤头和锤柄铸造为一体，两锤头对称，略向柄内弧，锤体呈"T"形。

B型，单侧圆形锤头，2件。

标本DM34：4，锤头为楔形，正面中部有圆角长方形穿孔。锤头一端有横刃，另一端为圆形锤头。同类标本还有DM36：7。

凿，1件。

标本XM34：4，长条状，中部略有亚腰形，上部是半圆开銎，下部为弧刃。

叉，共2件。

标本XM14：4，圆筒形銎孔，下有两个叉齿，呈"U"形，齿尖有倒刺。

标本DM34：8，圆筒形銎孔，下有三个叉齿，呈"山"字形，中齿稍长并于銎孔一体相连，左右二齿有倒刺。

② 生活用具

出土数量不多，剪刀是生活用具随葬品中的大宗。

剪刀，共10件。

标本DM37：5，剪口与剪把长度大致相同，与现代剪刀形制相仿。同类标本还有DM10：2、DM4：8、XM7：1. DM4：8、DM32：2等。

削，共4件。

标本XM26：6，锻造，仅残存刀身和柄芯，锻造一体，弧形，较宽且短。同类标本还有XM22：6、XM18：19、DM11：9。

带钩，共2件。

标本DM38：15，中部拱起如桥状，两端向拱起侧弯曲成钩状。同类标本还有DM7：8。

带卡，1件。

标本DM18：8，整体近长方形，窄小粗厚，有卡鼻。

③ 武器类

出土数量比较多，主要以镞为主，甲片虽多，但所属个体不多。

刀，共2件。

标本DM36：12，有剑柄、剑格、剑身，通体修长，剑柄扁平，剑格为梅花样。同类标本还有DM38：15。

匕，1件。

标本DM33：11，短柄，长刃，器身扁平，尖部圆钝。

盔，1件。

标本DM36：20，半球形，残。

甲片若干。

形状为圆角长方形，上有数量不等的穿孔。

标本 DM36：28，上有 9 个圆形细小穿孔。

标本 DM10：3，边缘有 2 个圆形细小穿孔。

镞，共 121 件。

发现数量较多，既有单个出土，也有成堆出土，均为有铤铁镞。根据镞首的制作工艺可以分为 2 型：

A 型

镞首厚重，多凿形和铲形、蛇头形镞首，铤部较粗短。

标本 XM16：6，凿形镞首，宽厚基本相当，铤为圆锥样。同类器还有 XM22：4、DM24：9、DM25：3、XM22：7 等。

标本 XM25：11，铲形镞首，镞身扁平，铤为圆锥状。同类标本还有 DM33：14、DM33：19、DM26：1。

标本 DM33：24，蛇头形镞首，镞身修长，铤为圆锥状。同类器还有 DM41：11—12、DM36：11、DM2：4 等。

B 型

镞首扁薄且宽，多为扇形、菱形和三角形，铤部细长。

标本 DM7：6，扇形镞首，锋刃呈弧形，宽且扁，铤部成锥样。同类标本还有 XM22：9、DM7：9、XM22：10 等。

标本 DM33：20，蛇头形镞首，锋刃薄，铤部细长。同类器还有 DM33：21、DM36：11、XM2：13、DM4：7 等。

标本 XM18：11，菱形镞首，器身薄，刃部锋利。同类器还有 DM34：6、DM34：7、DM33：21 等。

标本 DM33：40，三角形镞首，首部薄，铤部圆锥状，同类标本还有 DM36：13、DM33：41 等

④ 马具

马镫，共 4 副（8 只）。

出土数量虽不多，根据制作工艺可以分为 2 型：

A 型，1 副。

标本 DM33：8，铸造，镫孔呈梯形，上窄下宽，顶端有带孔，下部侧面是三角形镂孔，踏板为长方形。

B 型，3 副。

标本 DM35：5，镫孔呈椭圆形，踏板两端弧形翘起，带孔为镫桥上部锻打的亚腰形葫芦圈状。

标本 DM11：8，铸造，镫孔椭圆形，踏板两端弧形翘起，带孔为马镫桥上铸造而成。同类器还有 DM36：15。

马镳，1 件。

XM17：4，锻造，体扁，呈"S"形，一端有圆孔，孔与一圆环相套连。

马衔，共 4 件。

标本 DM3：1，锻造，中部是两个衔杆套连，衔杆外端各有圆形穿孔，套连一个可活动的圆环。

同类器还有 DM40：22、DM38：13、DM36：13。

环，大小不一，共 17 件。

标本 DM38：16，锻造，环截面为扁圆形。同类器还有 DM34：7、DM11：15 等。

⑤ 不明用途铁器及饰件

这部分铁器用于锈蚀较甚，或残缺不全，或无法辨识形状和用途，一些还与麻布或木头相连，应该是棺木或马具上的装饰，不逐一介绍。

标本 DM22：14，残，长条带状，器身有三个等间距的小圆饼状修饰物。

标本 DM33：30，呈不规则菱形，器身多处镂孔，一端背面有一弯钩，有朽木痕迹。

标本 XM22：6，圆筒状，器身有麻布包裹痕迹。

标本 DM33：34，一圆环居中，两端各有方形铁器套连。

（4）铜器

扶余油田砖厂墓地出土的铜器有 70 余件，以生活用具、车马兵器饰件、装饰物为主。

① 生活用具

数量不多，器型有匜、钵、匙等。

匜，1 件。

标本 DM34：5，铸造，圆形，腹壁微弧且薄，平底，有一长方形流。

钵，1 件。

标本 DM33：12，铸造，直口，壁弧曲且薄，小平底。壁与底均有锈蚀后的漏孔。

匙，共 4 件。

标本 XM17：3，铸造，勺碗为长圆状，匙柄弯曲呈窄条形，柄尾端略宽成圆弧形。同类器还有 DM36：6、DM13：7、DM33：20。

顶针，1 件。

标本 DM36：8，扁长条铜片卷成的圆筒状，外表戳有数个坑点。

指套，1 件。

标本 DM13：9，锻造，菱形铜片两短轴对卷而成，短轴对接处有两个铜丝相扣形成套圈。

耳坠，共 4 件。

标本 XM15：8、9，上部圆环，带有缺口，下部连一椭圆球。同类器物还有 XM14：6。

标本 XM7：2，上部圆环，下部缠绕一圭形玉片，玉片下有二穿孔。

铃，1 件。

标本 DM23：2，圆球形，球体外壁有长方形镂孔，内有一小球。球上部有一鼻，鼻上有一横穿孔。

② 车马兵器饰件

带饰，共 9 件。

带饰为铸造，形状不同，主要是方形和圆形。方形正面装饰不同，背面左右两边各有一竖穿用于穿带，下部是连铸圆环。

标本 DM18：3，2 件。上部呈长方形，正面上下是两道凸棱，中间是三条竖向的四连珠样的立格，将中间分成两个长方形透孔，下部是连铸一起的圆环，出土时穿孔内穿有皮带。同类器有DM41：6、XM20：1、DM40：10、XM1：5等。

标本XM20：2，2件。圆形，上部正面是圆泡状，背面内凹，有一竖穿；下部是一长圆形环。

带卡，共3件。

标本XM27：2，长方形，中有穿钉，穿钉残缺。同类器还有XM34：11等。

管形饰件，共4件。

标本DM3：2，圆筒状，中空，管壁修饰有弦纹和网格纹，一端套有一片状的花形饰件。同类的标本还有DM31：2、DM10：5、XM9：8、DM20：4，纹饰略有不同。

动物饰件，共6件。

有羊、鸟、凤、鱼、龟等多种，形象逼真。

标本XM12：6，羊形，2件。背突起，有一穿孔，同类标本还有DM22：7、XM12：5、XM20：3、DM30：3。

条形饰件，共9件。

标本DM35：2，长方形，正面突起，饰有凸起的对称连弧纹饰，背面平直，一端有一圆孔。

马具饰件，共7件。

为镶嵌在木质马鞍桥上的饰物，形状有圆形、半圆、略弧、长条等形状，部分还有镂空，镂空花纹多菱形、圆形、半月、三角形等。

环，共6件。

大小不一。

标本DM27：7、8，锈蚀，圆形不规则，环径不匀。同类器还有DM10：3、4，DM30：6、XM9：2。

带柄圆环，共2件。

标本XM27：3，环有断缺，呈圆形，外侧接有一舌样短柄，器身正面凸起，背面平直。同类标本还有XM7：6.

箭囊，1件。

标本DM36：14，残，呈长方形，中空。

（5）骨器

扶余油田砖厂墓地出土的骨器较多，主要器物为镞，另外还有板、铲、笄、鸣镝等。

镞，共130件。

多为牛骨所制，正反面能利用骨的各个坚硬自然面，骨质坚硬光滑。根据形制可以分2型。

A型，无铤，15件，平面呈梭形或柳叶形，尾部扁平。

标本DM39：6，镞身单面出脊，另一面为骨髓腔的槽，磨光。

标本DM22：3，镞身双面出脊，尾部一面扁平，一面略弧。同类器还有XM14：3、XM16：7、DM24：8、DM24：11、DM39：7、XM34：12、XM25：9、DM6：5、DM38：5、DM11：6、DM20：4、XM18：11、XM30：8。

B型，有铤，115件，锋尖锐利，既有单面起脊，断面为三角形；也有双面起脊，断面为菱形或三角形，铤修整扁平，底端近方形。

标本 DM33：37，镞锋一面有槽，为骨髓腔磨后形成，另一面起脊，断面接近三角形，锋刃两侧栽镞身偏下处弧曲内收，垂直向下形成挺部，上下界限明显。

同类标本还有 DM18：12、DM7：10、XM9：10、DM13：10、XM3：8、XM25：4、DM30：8、DM6：3、XM24：3、DM6：2、DM9：7、XM18：12、DM36：11、XM25：7、DM24：12DM9：17 等。

标本 XM3：5，镞锋磨制规整，双面出脊，截面为菱形，铤部扁平。同类标本还有 XM30：8、DM29：6、XM34：13、DM6：4、DM33：42、DM34：20、DM24：13、XM25：8、DM18：11、DM7：11、DM7：12、DM33：43、DM34：16 等

标本 DM11：7，镞锋规整，磨制精细，两面出脊不明显，剖面近椭圆形，中部有束腰明显，铤身自束腰处向下微收，尾部方形。

骨板，共 4 件。

标本 XM3：3，长方形，磨制精细，一面光滑略鼓，一面平略粗糙，一角残缺。

标本 XM18：8，磨制精细，上有刻画花纹，有两个圆孔。

标本 XM25：8、9，分有铲头、铲柄两部分，铲头为长方形，一面光滑凸起，一面粗糙微凹，柄部自上而下渐渐变窄，尾端处较细。均有残损。

鸣镝，共 3 件。

根据形制不同可以分二型。

A 型，铲形首。

标本 DM33：13，首部扁平，铲状，中部是球形鸣镝腔，上有两孔，尾部有锥状铤。

B 型，矛形首。

标本 XM25：4，首部呈矛形，锋利，截面为菱形，中部是球形鸣镝腔，上有四对应孔，尾部呈筒形。同类器物还有 XM27：4。

笄，共 4 件。

均为采集，锥状，末端是圆球样的突起。

（6）玉器

扶余油田砖厂墓地出土的玉器主要有瑗、壁、牌饰、珠、柄、饰件、坯料等。

瑗，共 7 件。

圆形，好倍肉，玉质分白、绿、蓝三种。

标本 XM12：3，白色，同类标本还有 XM4：12、13。

标本 XM12：4，绿色，同类标本还有 XM34：8。

标本 XM7：4，蓝色。

璧，共 3 件。

圆形，肉倍好，玉质分白、绿二色。

标本 XM12：9，残，白中闪绿。同类器还有 XM2：15。

牌饰，1 件。

标本 XM2：9，白色半透明质，扁平状，正方形，四角有穿孔，两角略残缺，四边边缘均有两条

凸棱，中间雕有一匹骏马，回首奋蹄，扬尾奔驰貌，脚下和尾上有祥云图案。

珠，共6件。

标本DM4：10，2件。绿色，扁球形，素面，中有一穿孔。同类器物还有DM18：8。

标本XM12：7，绿色，球体表面竖刻有5个凸棱。同类标本还有XM13：16、DM13：5。

饰件共9件。

标本XM26：11，白色半透明质，圆形，环状，由9个连珠组成花瓣样的纹饰。中间有一穿孔。同类器物有DM14：1—2、XM2：13、XM2：24—25、DM36：27。

标本XM13：11，白色泛黄，形如桃，扁平状，一面平，一面略凸起，桃尖有一穿孔，桃托有两个穿孔。

标本XM12：11，残，形制不清，透雕，雕工细致。

柄，1件。

标本DM19：4，残，圆柱状，白色泛蓝，一端细，另一端粗。

坯料，1件。

标本XM34：9，白色，略呈长方形，有人工琢磨的痕迹。

（7）水晶

出土的水晶器物多为饰件，一般与琉璃器、玉器共出，形制有牌饰、珠、饰件等。

牌饰，1件。

标本DM2：8，圆形，无色透明质。顶端为覆莲型钮部，中有穿孔，其下为圆形牌面，牌面周缘有一周弦纹，中部略凸起，内雕有一骏马，回首长鸣，四蹄腾空，尾部上扬，周围是祥云图案。

珠，共4件。

标本XM2：20，球形，素面，无色透明质，中有一穿孔。

标本XM2：23，球形，瓜棱面，竖向沟纹，中有一穿孔。

标本XM2：22，圆柱状，外雕螺旋纹，中有一穿孔。

饰件，1件。

标本XM2：21，阶坛状，上下面为正方形，竖截面为等腰梯形，中间竖向穿孔，上粗下细。

（8）玛瑙

在扶余油田砖厂墓地出土的玛瑙制品多为珠，其他饰件没有，玛瑙珠出土多与玉器、水晶、琉璃饰件共出。

珠，共4件。

标本DM40：21，球形，呈红、蓝、白三色，瓜棱形外表，棱线清晰，中有一穿孔，纵看是六瓣花瓣状。

标本XM34：10，亚腰形，呈葫芦状，腰线深，中有一纵向穿孔。

标本XM2：26，素面，橘红色。同类器物还有XM2：27.

饰件，1件。

标本XM2：28，白色泛红，半透明，椭圆形，扁平，有四个花瓣组成，中间有一个针孔。

（9）琉璃

出土的琉璃器较多，尤其是饰件，大多为蓝色。主要器型有牌饰、花、果实、鸟、珠等。

牌饰，共 3 件。

标本 XM13：10，扁平，正方形，四边有凹弦纹，四角各有一穿孔。牌面雕有一骏马，回首奋蹄，扬尾，作奔驰状，脚下和尾上有祥云图案。

标本 XM15：6，扁平，圆形，顶端为覆莲状纽，中间有一穿孔，下方为圆形牌面，牌面的边缘为一周凹弦纹，内雕有一匹骏马，回首长鸣，四蹄腾空，尾上扬，蹄下为祥云。同类器物还有 DM36：17。

饰件，共 14 件。

标本 XM9：6，扁平，正面雕有牡丹花，中间有一圆形穿孔。

标本 XM12：8，四棱台状，斜面有花瓣纹，对称分布，中有竖向穿孔。同类器物还有 XM3：6.

标本 XM26：9，一面平，另一面雕有 5 个圆形花瓣，呈梅花样，花瓣中心凹下，周围凸起，中心是一个圆形穿孔，每个花瓣也有一个圆形穿孔。同类器物还有 XM9：10—11、XM7：3。

标本 XM9：13，浅绿色，扁平状，有 11 个花瓣组成圆形，中心略凸，有一圆形孔。同样标本还有 XM9：14、XM26：7—8、XM9：5、XM2：30、XM7：5。

圆纽扣饰共 27 件。

颜色有白、黑、蓝色，大小不一。

标本 XM4：11，蓝色，圆球形，上部有圆形穿孔纽，下部为实心圆球扣。同类标本还有 XM9：4、DM39：6。

坠饰，共 16 件。

标本 XM12：12，4 件，葡萄形，叶子在上，果实在下，叶子和果实中间有一圆形穿孔。

标本 XM9：7，桃形，叶子在上，果实在下，叶子和果实中间有一圆形穿孔。同类器物还有 XM4：10。

标本 XM15：10，鸟形，蓝色，形象逼真，尾部和翅膀有斜线方格纹，身上有三个圆形穿孔。同样标本还有 DM30：9—10、XM3：2。

标本 XM9：16，鸡心形，扁平状，周边刻有绿叶纹饰，鸡心顶位置有三个圆点，中心有一圆形穿孔。同类标本还有 XM7：7—8、XM3：7。

标本 XM26：10，圆饼形，扁平，顶端有一圆形穿孔。

标本 XM9：9，扇形，扁平，有阴刻花纹，中心有一圆形穿孔。

串珠，共 277 件。

扶余油田砖厂墓地发现的琉璃串珠很多，是重要的随葬饰物，其中黑色 22 件，白色 98 件，蓝色 157 件。形制相同，大小不一，圆形，珠状，素面，少数表面刻有沟槽，中间有一圆形穿孔。

标本 XM9：12，白色，圆形表面刻有五道沟槽，截面为梅花样。同类器物有 XM9：17。

标本 XM2：5，白色，球形，中有穿孔。

（10）石器

扶余油田砖厂墓地发现的石器基本为长方形砺石，形状略有差异。少量个别有坠饰。

砺石，共 16 件。

标本 DM33：17，呈扁长条状，一端有折曲的铁条穿于砺石顶端一圆孔内作系绳，通体打磨，制作规整。同类器物还有 DM11：12、DM24：15、XM29：4、XM24：6、XM34：6、DM36：16、DM27：5、DM34：17、DM41：5、XM25：5、XM18：17、XM17：7、DM5：6、DM1：2、XM33：2。

坠饰，共 2 件。

标本 XM2：12，浅褐色，略近三角形，石子磨制，正面边缘处有刻画纹，背面中部略凹，有二角各有一圆形穿孔。同类器物还有 XM34：7。

（11）金器

扶余油田砖厂墓地出土的金器有 9 件，基本为头饰，器物不大，制作精细。

鎏金帽顶，1 件。

标本 DM13：8，仰开如莲花状，莲花座上有两道曲尺纹饰，底部内凹且有圆孔。通体鎏金。

片饰，共 4 件。

标本 XM8：1—2，"山"字形，如笔架状，不完整，片极薄，边缘处有多处用于缝制的小穿孔。通体压印有梅花与圆泡纹饰，叶脉纹衬底。同类器物还有 DM33：19，2 件。

耳坠，共 4 件。

标本 DM9：1—2，形制大致如一，上端是开口的圆环，下端是细丝串联的玛瑙珠样坠。

XM13：8，上端为大圆环，下端细丝缠拧，下部接穿坠的圆环。同类器物有 DM15：5。

（12）景泰蓝

出土不多，仅有一件。

标本 XM8：4，敞口，深腹，圈足微外撇。器物完整，内壁锈蚀，青铜内胎，外壁装饰有四朵牡丹花卉，牡丹花为珐琅镶嵌，呈淡蓝色，花间的缠枝花叶呈绿色，花蕾为黄色。器身下部为天蓝色花瓣纹相衬。

（13）贝饰

数量不多，多为装饰。

标本 XM3：4，由贝壳磨制成，近圆形，扁平状，正面略鼓，中间有二针孔，背面平。

标本 XM2：29，长圆形，形如鸭蛋，一端有一圆孔。

标本 XM12：10，扇形，贝壳原貌，没有打的加工。

（14）木器

出土的随葬品中发现有木制的马鞍桥，由于朽烂无法采集，生活用具仅发现 1 件木梳。

木梳共 1 件。

标本 DM27：6，残，弧背，梳齿密集，中段梳齿长逐渐向两端变短。

（15）铜钱

出土的铜钱数量不多，全部为宋代铜钱。

铜钱共 5 枚。

"崇宁重宝" 2 枚，标本 DM41：4、标本 XM22：5。

"崇宁通宝" 1 枚，标本 XM22：4。

"天禧通宝" 1 枚，标本 XM12：13。

"绍圣元宝" 1 枚，标本 XM19：2。

3. 随葬品组合关系概述

在扶余油田砖厂墓地中清理了约 30 组较为完整的随葬品组合，特别是随葬品中上的陶瓷器组合，应该具有一定的文化内涵。这是研究明代东北墓葬习俗和进行考古学编年的重要资料（见下表）。

扶余油田砖厂墓地墓葬随葬品组合简表

墓号	瓷器								陶器	铁器	骨器	玉器	金器	琉璃器	石器	铜器
---	碗	盘	壶	杯	执壶	玉壶春瓶	罐	碟								
DM1						1									√	√
DM2						1										
DM4	1	1	2	1				2		√						√
DM5	2		1		1					√	√				√	
DM6						1					√			√		
DM7	2		1	1						√	√					
DM10			1							√						√
DM11	2	1	1	1			1			√	√					√
DM12			1											√		
DM13	3				2						√		√			√
DM15	1		1							√						
DM18			1							√	√			√		
DM20	2								1							√
DM21	2		1		1					√				√		
DM24	3	1	1	1					1	√	√				√	
DM27	1	2					1			√						
DM28							1									
DM32		1				1				√						
DM33	1	2	1	1	1					√	√		√		√	√
DM34							1			√				√		
DM35	1	1								√						√
DM36	2	1	1							√	√	√			√	√
DM37	2	1		1						√						
DM38	3	1	1							√	√					
DM39			1							√	√					
DM40	2	3	2	1						√					√	√

续表

墓号	瓷器								陶器	铁器	骨器	玉器	金器	琉璃器	石器	铜器
	碗	盘	壶	杯	执壶	玉壶春瓶	罐	碟								
DM41	1		1			1				√					√	√
DM42	1		2													
XM1	1	1					1			√						√
XM2	2	1	1	1	1							√		√	√	√
XM3				1							√			√	√	
XM4	3	3	1									√	√	√		√
XM5	1		2	1						√				√		
XM8	2		1	1												
XM10										√						
XM11	1		1			1										
XM12	1											√		√		√
XM13	3	2	1	1						√		√	√	√		
XM14		2								√	√					√
XM15	2		1	1									√	√		
XM16	2		1			1				√	√					
XM17			1		1					√					√	√
XM18	2	2	1	1		1				√	√				√	√
XM19			1													√
XM22	1		1				1			√				√		
XM23	1		1													
XM24	1										√				√	
XM25	1		1							√	√				√	
XM26	1	2	1		1					√		√		√		
XM28	2															
XM29	1		1							√					√	
XM30	1	1	1	1	1					√	√					√
XM31				1										√		
XM32			1			1								√		
XM33							1								√	
XM34	1								1	√	√	√		√	√	

我们根据对墓葬主要随葬品瓷器组合的综合分析，大体可以分为三组。第一组以碗、壶、盘为组合；第二组以碗、壶、盘、杯为组合，第三组是以碗、壶、盘、杯、罐（或执壶、玉壶春瓶）为组合。

（三）丧葬习俗

扶余油田砖厂墓地流行尸骨葬，绝大多数为单人葬，合葬墓只有一座西区二号墓（XM2）。

墓地基本为一次葬。仅少量墓葬为二次葬，都位于西区，如西区的 14 号墓（XM14）和 20 号墓（XM20），还有西区的 15 号墓（XM15）、十六号墓（XM16）。二次葬的墓葬内仅有一个头骨或把人骨有意堆放一起。

仰身直肢葬是扶余油田砖厂墓地的主要葬式。

在扶余油田砖厂墓地中，有些墓葬比较特别，如东区的六号墓（DM6）是在墓圹的尾端有一个二层台上陪葬有一个小孩的骨骼；西区的二十一号墓（XM21）则是在墓圹的南壁上方一豁槽连通一个二层台，台上是陪葬一个小孩的头骨。西区的十三号墓（XM13）墓圹扩出的部分殉葬有马骨。这3 座墓葬应该是祔葬墓。

扶余油田砖厂墓地有较多一部分墓葬殉葬马牙、马骨的现象，如东区的 DM1、DM2、DM5、DM16、DM17、DM20、DM23、DM26、DM28、DM33、西区的 XM2. XM4、XM5、XM6、XM7、XM8、XM13、XM22、XM23、XM27 等。

而在东区二十二号墓（DM22）、西区的二十号墓（XM20）和二十九号墓（XM29）殉葬有羊距骨。

还有 9 座墓葬中使用桦树皮的现象，如东区的 DM28、DM37、西区的 XM5、XM10、XM13、XM28、XM30、XM31、XM34 等。

西区的五号墓（XM5）、十三号墓（XM13）、东区的二十八号墓（DM28）是既殉葬马牙、马骨，又使用桦树皮的 3 座墓葬。这些应该是当地的特殊葬俗。

二　墓地时代的推定和墓地性质

（一）墓葬年代的推定

扶余油田砖厂墓地共发掘有 76 座墓葬，发掘中可知，墓地地层简单，表土下即是墓葬开口，而且墓葬之间有明确打破关系的墓葬也仅有一组，即东区的 DM20 的一角被 DM27 打破，其余都是独立的单位，这说明当时埋葬墓葬的地表有封土，可以清楚分清每个墓穴的位置。对于墓地的墓葬年代分析，如果仅从墓葬的考古地层学来分析，是没有明确的早晚依据，无法确定这批墓葬的时代与早晚。

在墓地中，除了发现 5 枚带有年号的宋代铜钱外，没有发现任何有文字纪年的资料，这几枚宋代铜钱根本无法说明墓地的年代问题。

　　虽然，墓葬的个体之间有着埋葬形制的差异，但也没有绝对证据可以说明就是早晚的差异。因此，对墓地的年代判定不能从地层学入手。

　　扶余油田砖厂墓地出土的随葬器物，除了瓷器之外，其他随葬品没有典型的时代特点，也无法从类型学的角度和其他地点出土同类器物相比较。而因为瓷器有传世的特点，又都不足以确定扶余油田砖厂墓地墓葬的埋葬绝对年代。唯一可以推定墓地的相对年代，只有通过对出土瓷器的考古类型学的比较分析来进一步确定。

　　"古代瓷器作为历史的产物，同一朝代的瓷器，是官窑也罢，民窑也罢，均具有共同的时代特征。它们在制瓷原料、烧造技术、烧瓷品种等是大致相同的，这是鉴定其时代的基础。然而，应当承认它们在原料上的粗细、技术上的高低、产品上的优劣，以及实用和观赏等方面是有所差异的，即所谓的"民窑风格"。因此，这种"官窑"与"民窑"瓷器的排比研究与相互印证，也是比不可少的。同样也有一个用'类型学'排比研究的问题"①。

　　下面结合现有的瓷器材料，对墓地中的墓葬的下葬年代做初步分析：

　　扶余油田砖厂墓地出土的粗胎瓷器制作不精，表现的是北方窑系民窑的特点，其时代特征不明显。但墓地出土的青花、五彩、素三彩、白釉、蓝釉瓷等瓷器数量多，器型丰富，具有鲜明的明代景德镇瓷器的特点，民窑工艺突出，从制作工艺上可以看得出比较粗糙，器型不周正，修胎不规整，手摸有凸凹感，多见窑裂和窑疵，施釉不匀，有聚釉现象，圈足有粘沙和跳刀痕，足尖修整，器底有火石红，几乎没有年款，这里出土的大量青花漩涡云气纹碗是最突出的民窑作品②。目前，国内发表的明代瓷器资料多以传世品为主，以官窑为主，民窑发表的资料很少，发掘资料更少。现在能够了解到的民窑瓷器，主要是景德镇御窑场的二次发掘的考古资料③，因为有明确的地层关系而备受瞩目，但也不很多。

　　史料记载，在明代成化以前，景德镇的民窑瓷器生产比较少，青花瓷器在民间的日常生活中还没有普遍，东北更是如此。正德以后景德镇的民窑瓷器才开始多起来，这里出土的大量景德镇瓷器也是反映正德以后，景德镇民窑瓷器生产蓬勃发展的事实。

　　在出土的瓷器中，东区的三十八号墓（DM38）出土一件青花松枝纹大碗，器型较大，器底有"长春富贵"字款。这也是整个墓地内唯一一只带有四字吉祥文字款的瓷器。从字款的书写风格以及字句的组合，比较耿宝昌先生《青花瓷器鉴定》著作中的字款年代，这是明代晚期的一件景德镇生产的瓷器无疑。而从其他带有"福""寿"等文字款识的风格以及梵文字的使用情况分析，也可以初步断定这批民窑瓷器是明代中晚期的作品。

　　另外，扶余油田砖厂墓地随葬品中有一部分红绿彩瓷和素三彩瓷。其中，红绿彩瓷为彩绘瓷，即是在成型的白釉瓷器上彩绘，纯粹的釉上彩瓷。红彩勾勒图案边框，绿、黄平填轮廓内的彩色平

　　① 李辉柄《青花瓷器鉴定》，紫禁城出版社，2010 年。

　　② 刘明主编《辨识明代民窑青花碗》，湖北美术出版社，2002 年。

　　③ 《江西景德镇明清御窑遗址发掘简报》，《文物》2007 年第 5 期；《景德镇出土的明代御窑瓷器》，文物出版社，2009 年。

填充图案。红为主，绿料次之，略用黄料填充。红料有浓淡区分，绿、黄无浓淡区分。平填，水剂调胶。这些特点无不是明代嘉靖红绿彩瓷的特征①。西区的十三号墓（XM13）、十四号墓（XM14）、十八号墓（XM18）、东区的二十三号墓（DM23）、三十三号墓（DM33）应该是嘉靖这个时期以后的墓葬。

　　在墓地的西区二号墓（XM2）、二十六号墓（XM26）、三十号墓（XM30）、东区的十三号墓（DM13）四个墓葬中出土有素三彩瓷器，器型仅有执壶。作为三彩这种瓷器烧制始于成化、正德，但执壶这种器型是在嘉靖时期开始风行，所以这四座墓葬出土的素三彩执壶，比较日本兵库颍川美术馆收藏的嘉靖素三彩执壶，其与墓地西区的二号墓（XM2）出土的鲤鱼纹扁执壶以及东区的十三号墓（DM13）出土的鸡流鼠柄执壶烧制工艺完全一致。1958 年发掘定陵也出土有万历年的素三彩人物出戟尊和素三彩凸蟠螭纹炉，也可以看出素三彩瓷器经常是用于墓葬陪葬的。

　　东区的二十二号墓（DM22）中出土的雀蓝釉印花瓷碟与嘉靖年款的蓝釉划风纹撇口瓷盘完全一样②。

　　出土的青花瓷器中，西区十八号墓（XM18）、二十五号墓（XM25）、二十八号墓（XM28）出土的青花十字结带宝杵纹碗，碗内壁口沿绘二周弦纹，中间是四组交叉斜线纹，间绘三点。底心绘双重弦纹，中间是十字宝杵结带，笔道简洁明快，技法娴熟。外壁绘有缠枝莲花六朵或水波莲花五朵。与故宫收藏的成化年款的纹样相同，是典型的成化时期的民窑作品③。

　　东区的十一号墓（DM11）出土有一件青花六出云头菊花纹瓷盘，与明代正德年款的青花如意锦地纹瓷盘风格完全一致④。还有西区三十号墓（XM30）出土的青花婴戏纹瓷盘，青花发色淡雅，人物变形明显，后脑奇大，形象怪异，是明代晚期婴儿人物绘画的典型特征⑤。东区的十三号墓（DM13）出土的青花芦雁纹瓷盘、二十七号墓（DM27）和三十六号墓（DM36）出土的青花"寿"字纹瓷盘也是明代晚期的典型题材之一⑥。

　　上面所述的墓葬基本位于墓地的北面，根据这些出土的器物，从总体上看，我们初步可以推定北面的墓地年代较晚。

　　墓地南面的墓葬普遍出土的器物较少，尤其是南方景德镇瓷器较少或几乎没有，出土的多是北方窑系的粗胎瓷器和龙泉窑的青釉瓷碗，所以根据历史时期的特点，南面的墓葬应该是稍早的墓葬。

　　而墓口带有豁槽的墓葬全部位于墓地的中部、北部，结合这类墓葬中出土的瓷器判定，也应该是明代较晚的墓葬。

　　扶余油田砖厂墓地出土的瓷器是民窑产品毋庸置疑，但在这批瓷器中，个别瓷器产品制作精良，釉色光鲜，形制规整，完全可以与官窑产品媲美。诸如西区二号墓（XM2）中出土的素三彩鲤鱼水草纹扁执壶，东区的十一号墓（DM11）出土有一件青花六出云头菊花纹瓷盘，东区二十一号墓

① 《"至正年制"款彩瓷碗与嘉靖红绿彩瓷》，《文物》1994 年第 8 期。
② 《中国艺术品收藏鉴赏全集·瓷器》下集，第 255 页，吉林出版集团有限责任公司，2007 年。
③ 李辉柄《青花瓷器鉴定》，紫禁城出版社，2010 年。
④ 《中国艺术品收藏鉴赏全集·瓷器》下集，第 228 页图版，吉林出版集团有限责任公司，2007 年。
⑤ 张浦生《青花瓷器鉴定》，北京图书馆出版社，1995 年。
⑥ 张浦生《青花瓷器鉴定》，北京图书馆出版社，1995 年。

（DM21）出土的青花"一束莲"纹长颈执壶，东区十三号墓（DM13）出土的白釉描金麒麟纹高柄执壶，东区四十号墓（DM40）出土的白釉薄胎敞口瓷杯，东区的三十八号墓（DM38）出土一件青花松枝纹"长春富贵"款大碗，均堪称精品。这些反映的也是嘉靖时期，瓷器制造业开始"官搭民烧"，民窑瓷器占据市场的社会现象。大量景德镇瓷器在第二松花江流域的出现和使用，也应该是嘉靖时期开始的。

"正德以后，民间用瓷碗陪葬的习俗风行，碗都安放在圹内棺外。习惯上称为圹碗"①。可见，扶余油田砖厂墓地出土的器物大多是明中期之后的产品，葬俗又与明中期风行的习俗相符，这些无疑是可以证实这批墓葬时代的有力证明。

由此看来，扶余油田砖厂墓地的76座墓葬从埋葬风格、随葬器物组合、出土瓷器的特点，就整个墓地墓葬的埋葬时限而言，基本可以推定，这是一批明代中晚期的墓葬无疑。

扶余油田砖厂墓地的年代，经过中科院考古所对其棺木采样的^{14}C检测，确定其年代在1673±79年，时间大致也相当于是明代晚期。

（二）　墓地性质

扶余油田砖厂墓地位置特殊，破坏较大，仅就现存的发掘资料只能反映墓地的部分情况。即便如此，发掘的墓地区域东西长800米，南北宽500米，占地40万平方米。墓地面积较大，比较集中，排列有序，几乎没有打破关系。墓葬规模不大，形制也很简单，全部为土坑竖穴墓，棺木和随葬品组合比较一致，死者随葬的装饰物品从一个侧面反映墓主人的经济状况。同时，陶器数量很少，瓷器使用较多，一些瓷器还有锔钉修复的痕迹，说明墓主人日常生活讲究节俭以及当时的整个社会生活水平不高。

从墓地范围、墓葬的形制规模、随葬品的数量和质量等多方面因素的综合考察，我们初步确定这是一处明代的平民的公共墓地。这些平民有可能就是来自周边几座古城的居民。

从墓葬的整体情况看，各个墓之间有贫富的差异，但不悬殊，等级差异不大，从墓葬排列的疏密程度，似乎可以分为东、西二区。没有发现男女合葬墓的实际情况，根据出土的随葬品特点，除了瓷器以外，东区以兵器、马具、生产工具较多，西区则以装饰品、剪刀等生活用具较多，史载"禁制我（海西女真）市买使男人无锛铲，女无针剪，因是入寇"②，随葬品也反映男女使用工具的差异，所以，我们认为东区可能是男人墓葬区，西区则是女人的墓葬区。

三　墓地相关问题初步研究

（一）　瓷器的窑口和输入

扶余油田砖厂墓地墓葬中出土的器物以瓷器为大宗，就其种类可以分为两种：一种是以青花瓷、

① 　中国硅酸盐学会主编《中国陶瓷史》，第九章第二节，第378页，文物出版社，1982年。
② 　《明史》卷十五。

白瓷、红绿彩瓷、蓝釉瓷器为代表，器型主要有碗、盘、碟、杯、执壶等，瓷器无论从制法、胎质、形制、釉色、纹饰等方面都明显看出是江西景德镇出产的明代瓷器风格。另一种是属于造型粗犷、胎质厚重、釉色单调的粗胎瓷器为代表，瓷器的制法、胎质、形制与江南景德镇的瓷器风格迥异，是北方窑系的产品。

墓地出土了较多的瓷器，尤其是出土了一批来自于南方景德镇的青花、五彩、三彩瓷器，瓷器的生产和流通，反映了当时社会经济的真实状况。扶余油田砖厂墓地，地处第二松花江沿岸，这里地处偏远，但却出土有这么多的江南景德镇生产的瓷器生活用品，可以断定明朝时期的交通运输十分发达，具备大规模运送瓷器的能力。

明代时期造船业十分发达，带动了运输业的繁荣，郑和下西洋完成数次的远洋航行，使中国的瓷器名扬海外。当时超强的运输能力足以使得明代景德镇的瓷器可以到达中国的任何地方。明代东北的松花江内河航运与大规模航海一样，由于造船业发达，带动本地的经济，引进外来的产品，在扶余油田砖厂墓地出土的大量景德镇青花瓷同上海①等地发现的明代景德镇民窑瓷器产品一模一样，不能不承认当时景德镇瓷器产品输出的巨大。

仅在吉林省，就有扶余市石桥欢迎砖厂明代墓地②、扶余市岱吉屯墓地③、吉林省龙井市朝东墓地④都发现和扶余油田砖厂墓地一样形制的明代墓葬和风格一致的随葬品，辉发城也出土有明代晚期景德镇瓷器⑤。

另外，在扶余油田砖厂墓地还出土有相当数量的粗胎瓷器，器型以壶、玉壶春瓶（或罐）为主，还有极少数量的碟、碗。除去几个没有随葬品的墓葬外，涵盖几乎所有的带有随葬品的墓葬。这批瓷器应该来自北方的窑口，这里距离辽宁的缸瓦窑，以及河北的磁州窑、陕西的耀州窑相比较江南不是很遥远，产品当时这几个窑口生产。这类随葬应该是反映当地的一种丧葬习俗。

（二）货币情况

扶余油田砖厂墓地出土有 5 枚铜钱，均为宋代铜钱，没有使用明代本朝铜钱。所出土的 5 枚铜钱分别归属于 4 座墓葬，不是墓地墓葬中的普遍现象，这个情况或许是个别家庭的葬俗。

（三）族属

通过扶余油田砖厂墓地墓葬的葬俗，我们对族属情况稍作讨论。这里有 20 座墓葬在填土中随葬有马牙和马骨，3 座墓葬内随葬有羊距骨，9 座墓葬有使用桦树皮覆盖或铺垫死者的习俗，其中有 3

---

① 《上海浦江花苑遗址发掘报告》，待刊。
② 《扶余市石桥欢迎砖场元墓清理简报》，《文物》1995 年第 4 期。
③ 《吉林扶余岱吉屯元墓第二次清理简报》，《文物》1996 年第 11 期。
④ 《龙井县朝东明代女真人墓的发掘》，《博物馆研究》1986 年第 2 期；吉林省文物志编委会编《龙井县文物志》，内部资料。
⑤ 吉林省文物志编委会编《辉南县文物志》，内部资料。

座墓葬是既随葬马牙、马骨，又使用桦树皮的，这些习俗明显与汉族的丧葬习俗不同。

桦树皮，洁白有韧性，很早就是北方土著居民用来制作生活用品和工艺品的原料。据史料记载"人无常处，以桦皮为屋，行则驮载"①，"男人悉髡头，带皮壳帽，女人打建桦皮筒"②，"土产马、寿驼、黄羊、青羊、玛瑙、鹊桦皮、白葡萄"③，一些考古资料，比如大安月亮泡附近发现的汉代墓地即有桦树皮覆盖或铺垫尸骨的习俗。众多史料可以断定，北方土著居民的马和桦树皮已经于其社会生活密切相连，成为其重要的地域特征。

明代，东北女真各部分布在"混同江东，开原城北，东滨海，西接兀良哈，南邻朝鲜"④，扶余油田砖厂墓地所属区域是海西女真的生活范围。"所谓海西，即以产金之地和金国的发祥地阿勒喀楚（今黑龙江省阿城市）为中心，东至三姓（黑龙江省依兰），西到吉林（吉林省扶余的伯都纳）这一地区"⑤，"在今吉林扶余北，松花江大曲折后的江南岸以及哈尔滨以东，阿什河流域一带是海西女真"⑥，"而居住在松花江流域的生女真称为海西女真"⑦。

明初期的海西女真，农业不发达，狩猎、游牧是他们主要的生活方式，史料记载有"略事耕种"，"养马戈猎为生"。这与墓地墓葬中所随葬的马具、骨铁镞、刀剑、斧镢等很是相符。随葬马牙、马骨以及马纹牌饰、羊距骨也是和他们游牧、狩猎的生活习俗有关。

明代中期以后，中央政府在东北设立卫所，加强对东北各民族的统治，同时也增强了海西女真与中原的往来，生活习惯逐渐汉化，在对海西女真的朝贡人数、次数、日期、路线都有明确的规定，"海西每一贡……互市相通，世受中国厚"。在辽东开原设立贸易场所"马市"，甚至出现了许多汉人到东北卫所戍边做商贸活动，中原的罪犯流放东北使得边远女真人无论是官方还是民间有更多机会，与汉人接触、融合，先进的农业生产技术也逐步传入女真人手中，"见女真野人家多中国人（汉人）驱使耕作。询之，有为掳去者，有避差操犯逃窜者……"。这种汉人流入女真部落以后对其经济、文化、生活习俗上产生许多变化，在这种变化中，女真人既保留了原有的传统习俗，又明显地吸收了汉人的习俗。

明代中晚期后，明朝政府对海西女真的朝贡以及互市全面开放，没有限制。政策的放宽使得海西女真人与中原汉人的贸易不断加大，很多女真人的土特产品如马、人参、东珠等输入内地，中原的生产、生活用品如铁制品、农具、布帛、瓷器涌入女真人的生活中。为了进一步满足东北女真各部互通贸易的要求，明政府在开原设立三关三市，"海西等处野人女真，每来市易，愿以马易件"，海西女真头目也声言"禁制我市买使男人无铧铲，女无针剪，因是入寇"，受中原先进生产技术的影响，海西女真人在生活习俗有了巨大变化，经济状态也由渔猎逐步转向定居农业，这种转变的重要特征就是在互市中对中原铁制生产工具的要求进一步提高，墓葬随葬品中出土的较多的铁制生产、

①　《后汉书》卷八十五，夫余国。

②　《明史》卷十五。

③　《全辽志》卷六，外志，兀良哈。

④　李健才《明代东北》，辽宁人民出版社，1986年。

⑤　李健才《明代东北》，辽宁人民出版社，1986年。

⑥　莫东寅《满族史论丛》，第1页，人民出版社，1958年。

⑦　李健才《明代东北》，辽宁人民出版社，1986年。

生活工具，即是这种现象的反映，也是一种财富的象征。从墓葬的随葬品组合中，我们也可以看到这种汉化的倾向。

弘治时期，海西女真的居住状况是"一梁之室，其制与唐人（汉人）居室相似……男婚女嫁，累代而居，故其居室之制如此"。嘉靖后，"辽东海西夷，室居田食，建官置卫，颇同中国"，"屋居伙食，差与内地同，而户知稼穑，不专以射猎为生"，"兀狄哈（海西女真）则室大净洁，又做大柜盛米，家家有双砧，田地沃饶，犬豕鸡鸭，亦多畜矣，房屋皆茅屋也"。从文献记载所描述的生活在松花江沿岸的海西女真人的地理位置、生活状况、风土人情看，基本与此次发掘的扶余油田砖厂墓地所反映的社会形态相符。据此，我们初步推断该墓地的族属极有可能是明代的海西女真部。

伍 结语

扶余油田砖厂墓地我们初步推断是明代东北海西女真部的平民墓地，墓主人的贫富差距不大。成组合的随葬品有瓷器、陶器、玉器、铜器、铁器、金器、骨器、琉璃器（含水晶）、木器以及铜钱等、为明代墓葬以及瓷器的考古学研究提供了很好的实物资料。

有关扶余油田砖厂墓地的主要认识简要归纳如下：

1. 长方形土坑竖穴墓是扶余油田砖厂墓地的主要墓葬形制。墓地排列有序，极少相互打破压。

2. 扶余油田砖厂墓地流行尸骨葬，以仰身直肢葬为主，有木制棺具。基本为单人一次葬，双人以上的合葬墓仅建一座。个别二次葬墓中合袝葬小孩的头骨。

3. 三分之一的墓葬有随葬马牙、马骨和羊距骨的习俗，并且有小部分墓葬使用桦树皮覆盖或铺垫尸骨的习俗。这些特殊的习俗反映的极有可能是当地土著居民海西女真部的生活观念。

4. 扶余油田砖厂墓地的随葬品以民窑烧制的瓷器为主，瓷器中可以看到南、北窑系的产品均有。南方窑系是以景德镇生产的青花瓷、红绿彩瓷、素三彩瓷为主，瓷器不见年款，较多出现有"福""寿"吉祥字款，仅有1件带有"长春富贵"四字吉祥字款的青花瓷。北方窑系是以缸胎的罐、瓶、壶为主，以黑、酱釉为主。

5. 扶余油田砖厂墓地的发掘，增加了明代墓葬的考古素材，为研究当时的政治、经济、文化、军事、生活提供了完整的实物资料，是吉林省明代墓葬考古的重要发现，其对明代墓葬研究有重要意义。

6. 扶余油田砖厂墓地墓葬中出土的景德镇瓷器丰富了明代瓷器考古的研究，对传世的瓷器品收藏和鉴定有着重要的价值。吉林省境内这批明代墓葬中出土的民窑瓷器具有典型的明代风格，它给明代的瓷器考古注入新的活力，尤其是为明代民窑瓷器标本的断代和真伪辨识提供了科学佐证材料。

附 表

附表一 扶余油田砖厂明代墓地墓葬一览表

墓号	方向	墓室			葬具	葬式	主要随葬器物	其他	备注
		长	宽	深（米）					
东区									
DM1	255°	1.96×0.72－0.93			木棺	仰身直肢	B 型酱釉玉壶春瓶 1 砺石 1 铜饰件 1		填土中有马牙
DM2	255°	2.03×0.65－0.6			木棺	仰身直肢	B 型酱釉玉壶春瓶 1		填土中有马牙
DM3	255°	2.35×0.98－1			木棺	仰身直肢	铜饰件 1 琉璃串饰 1		
DM4	265°	2.32×0.9－1.1			木棺	仰身直肢	A 型酱釉粗瓷壶 2 青花漩涡云气纹瓷碗 1 犀牛望月青花瓷盘 1 青花菊花纹瓷盅 1 黑釉瓷碟 2 铁剪 1 铁镞 1 铜环 1 玉串珠 1		
DM5	274°	2.3×0.61－0.56			木棺	仰身直肢	Ab 型灰绿釉粗瓷壶 1 龙泉葵口花卉鱼鳞纹青釉瓷盘 1 青花漩涡云气纹瓷碗 1 白釉瓷执壶 1 砺石 1 铁镞 1 骨镞 4	头箱 0.59×0.46	填土中有马牙

续附表一

墓号	方向	墓室			葬具	葬式	主要随葬器物	其他	备注
		长	宽	深（米）					
DM6	265°	2.1×0.80 − 0.62			木棺	仰身直肢（袝葬墓）	Ba 型绿釉粗瓷玉壶春瓶 1 骨镞 5 琉璃串珠 4	脚下有一个二层台 0.55×0.3—0.45，二层台上有一个小孩头骨陪葬。	
DM7	280°	2.5×0.8 − 0.95			木棺	仰身直肢	Ab 型酱釉粗瓷壶 1 青花漩涡云气纹瓷碗 1 青花寿山石菊花纹瓷盘 1 青花梵字纹瓷盅 1 铁镢 1 铁带钩 1 铁镞 7 骨镞 8	头箱 0.7×0.6	
DM8	273°	2.20×0.79 − 0.6			木棺	仰身直肢	无		
DM9	260°	2.35×0.64 − 0.38			木棺	仰身直肢	圆形铜饰件 1		
DM10	265°	2.75×0.85 − 0.57			木棺	仰身直肢	Ab 型酱釉粗瓷壶 1 铁剪 1 铜饰件 1 铜手镯 2	头箱 0.8×0.75 − 0.05	
DM11	250°	2.65×0.8 − 0.68			木棺	不明	B 型黑釉粗瓷壶 1 龙泉青釉瓷碗 1 蓝釉瓷罐 1 青花缠枝菊花纹碗 1 青花六出云头菊花纹瓷盘 1 托盏 1 骨镞 4 铁镞 11 马鞍桥 1（残） 铁马镫 2 铁环 1 铁刀 1 砺石 1	头箱 0.78×0.58 + 0.4	
DM12	266°	2.30×0.67 − 0.52			木棺	仰身直肢	Ab 型酱釉粗瓷壶 1 琉璃串珠 1		

续附表一

墓号	方向	墓室			葬具	葬式	主要随葬器物	其他	备注
		长	宽	深（米）					
DM13	280°	2.65×0.8－1.1			木棺	仰身直肢	龙泉青釉瓷碗 1 青花葵口芦雁纹瓷盘 1 青花漩涡云气纹瓷碗 1 青花缠枝蕃莲纹小瓷碗 1 白釉描金麒麟纹瓷高执壶 1 素三彩鸡首鼠尾瓜棱矮执壶 1 莲瓣纹鎏金帽顶 1 铜匙 1 骨镞 1	头箱 0.7×0.5	
DM14	280°	1.3×0.5－0.25			木棺	不明	无		
DM15	280°	2.25×0.8－0.35			木棺	仰身直肢	青花缠枝菊花纹瓷碗 1 Ab 型绿釉粗瓷壶 1 铁剪 1	头箱 0.45×0.76 ＋0.25	
DM16	290°	2.2×0.7－0.41			木棺	仰身直肢	无		填土中有马牙
DM17	260°	1.9×0.47－0.78			木棺	仰身直肢	无		填土中有马牙
DM18	250°	2.02×0.6－0.61			木棺	仰身直肢	B 型黑釉粗瓷壶 1 铁镰 1 铜带饰 1 铁镞 4 骨镞 12 琉璃串珠 1		
DM19	244°	1.81×0.68－0.53			木棺	仰身直肢	铜手镯 1 玉柄 1 琉璃扣饰 1 贝饰 1		
DM20	275°	2.25×0.7－0.4			木棺	不明	青花缠枝菊花纹瓷碗 1 青花漩涡云气纹瓷碗 1 铜箍饰件 1 灰陶罐 1	东北角被 DM27 打破	填土中有马牙、马骨

续附表一

墓号	方向	墓室			葬具	葬式	主要随葬器物	其他	备注
		长	宽	深（米）					
DM21	271°	2.4×0.85－0.9			木棺	仰身直肢	Ab 型绿釉粗瓷壶 1 青花莲花纹大碗 1 青花漩涡云气纹瓷碗 1 青花一束莲纹执壶 1 铁剪 1 琉璃饰件 5	墓口上方南、北壁各有二龛槽	
DM22	280°	1.85×0.7－0.25			木棺	不明，仅有头骨	孔雀蓝釉花卉纹小碟 1 青花葵口仿龙泉青釉舞狮瓷盘 1 铁环 2 铁镞 1 铜饰件 1 骨镞 1	头箱 0.67×0.45＋0.14	二次葬，棺内出土 8 个羊距骨
DM23	235°	2.15×0.65－0.33			木棺	仰身直肢	铜铃 1、铁镞 5		填土中有马牙
DM24	270°	2.12×0.88－0.81			木棺	仰身直肢	Ab 型黑釉粗瓷壶 1 红绿彩鲤鱼蕃莲纹瓷碗 1 红绿彩牡丹蕃莲纹瓷盘 1 青花寿山石菊花纹瓷盘 龙泉青釉大碗 1 青花梅花纹高足杯 1 铁镰 1 铁锤 1 砺石 1 铁镞 14 骨镞 10 灰陶罐 1	头箱 0.85×0.5	
DM25	240°	1.95×0.64－0.77			无	仰身直肢	无		
DM26	278°	2.55×0.83－0.95			木棺	仰身直肢	铁镞 1 骨镞 2		填土中有马牙

续附表一

墓号	方向	墓室			葬具	葬式	主要随葬器物	其他	备注
		长	宽	深（米）					
DM27	235°	2.65×0.83		-0.75	木棺	仰身直肢	B 型黑釉粗瓷壶 1 B 型酱釉粗瓷大口罐 1 青花勾栏瓶花纹瓷盘 1 青花寿山石菊花纹瓷碗 1 青花"寿"字纹瓷盘 1 木梳 1 铜环 2 砺石 1	头箱 0.83×0.4 +0.51	
DM28	290°	2.6×0.9		-0.98	木棺	仰身直肢	B 型酱釉粗瓷大口罐 1 龙泉青釉大碗 1		填土中有马牙，头骨位置有桦树皮
DM29	265°	1.9×0.6		-0.31	木棺	仰身直肢	青花缠枝蕃莲纹瓷盅 1		
DM30	275°	1.5×0.6		-0.5	无	不明	圆形铜牌件 5 铜环 1 骨镞 3 铁镞 2 琉璃饰件 5		
DM31	265°	2×0.69		-0.65	无	仰身直肢	铁剪 1 铜管饰件 1		
DM32	273°	2.62×0.88		-0.97	木棺	不明	B 型绿釉玉壶春瓶 1 青花缠枝菊花纹瓷盘 1 铁剪 1		

续附表一

墓号	方向	墓室			葬具	葬式	主要随葬器物	其他	备注
		长	宽	深（米）					
DM33	250°	2.91×1.03		–1.03	木棺	仰身直肢	B型黄釉粗瓷壶1 红绿彩鸳鸯莲花纹碗1 红绿彩喜雀登梅纹碗1 青花缠枝菊花纹盘1 青花婴戏纹瓷盘1 青花喜鹊登高蕉叶纹执壶1 白釉高足瓷杯1 铁镰1 铁匕1 铁马镫2 铁斧1 铁环6 铁饰件12 马鞍1（残） 铜钵1 铜匙1 砺石1 铁镞15 骨镞5 骨鸣镝1 金饰件1		填土中有马牙
DM34	265°	2.65×0.83		–1.18	木棺	仰身直肢	B型酱釉粗瓷大口罐1 黑釉瓷碟1 铁镰1 铁锤1 铁叉1 铜环1 铜匜1 铁镞5 骨镞5 琉璃饰件2 砺石1	头 箱 0.83 ×0.23	
DM35	235°	2.65×1.01		–0.79	木棺	仰身直肢	青花瓶花栏杆纹瓷盘1 粗胎瓷碗1 铁马镫2 铁镞3 铜带饰1		

续附表一

墓号	方向	墓室			葬具	葬式	主要随葬器物	其他	备注
		长	宽	深（米）					
DM36	270°	2.95×0.7－0.9			木棺	仰身直肢	Ab 型墨绿釉粗瓷壶 1 青花"寿"字纹瓷盘 1 青花漩涡云气纹瓷碗 1 白釉瓷盘 1 龙泉青釉瓷碗 1 铜匙 1 铜箭囊 1 铜顶针 1 铁马镫 2 铁马衔 1 铁环 1 铁头盔 1 铁锤 1 铁剑 1 铁甲片（副）1 铁镞 16 骨镞 5 铁饰件 砺石 1 琉璃串珠 20 琉璃牌饰 1 琉璃扣饰 3 玉圆形饰件 1	墓口上方南、北壁各有二豁槽	
DM37	265°	2.5×1.15－0.85			木棺	仰身直肢	青花缠枝莲花结带宝杵纹瓷碗 1 青花四出云头菊花纹瓷盘 1 青花蝴蝶蕉叶"寿"纹高足杯 1 龙泉青釉瓷碗 1 铁剪 1		头骨下铺有桦树皮

续附表一

墓号	方向	墓室			葬具	葬式	主要随葬器物	其他	备注
		长	宽	深（米）					
DM38	290°	2.2 × 0.8 - 0.4			木棺	仰身直肢	Ab 型绿釉粗瓷壶 1 青花缠枝菊花纹瓷碗 1 青花松枝纹大碗 1 青花草叶法螺"寿"字纹碗 1 青花犀牛望月纹盘 1 铁刀 1 铁环 1 铁马衔 1 铁镞 5 骨镞 1		
DM39	245°	2.28 × 0.6 - 0.8			木棺	仰身直肢	A 型酱釉粗瓷壶 1 铁镰 1 铁镞 3 骨镞 12		
DM40	260°	2.45 × 0.93 - 1.15			木棺	仰身直肢	A 型酱釉粗瓷壶 1 Ab 型黄褐釉粗瓷壶 1 青花缠枝菊花纹碗 1 青花"寿"字纹盘 1 青花栏杆瓶花纹瓷盘 1 青花葵口仿龙泉釉舞狮纹瓷盘 1 龙泉青釉瓷碗 1 龙泉青釉瓷盘 1 白瓷盅 1 铜带饰 1 铁马衔 1 铁镞 10 玛瑙珠 1		

续附表一

墓号	方向	墓室			葬具	葬式	主要随葬器物	其他	备注
		长	宽	深（米）					
DM41	280°	2.46×0.9		-0.65	木棺	仰身直肢	Ab 型酱釉粗瓷壶 1 C 型绿釉玉壶春瓶 1 青花漩涡云气纹瓷碗 1 铁环 1 铁镰 1 铁镢 7 铜带饰 1 铜环 1 砺石 1 "崇宁重宝" 铜钱 1		
DM42	265°	1.9×1		-0.65	木棺	仰身直肢	B 型绿釉粗瓷壶 2 青花缠枝菊花纹瓷碗 1		
西区									
XM1	265°	2.64×0.77		-1.1	木棺	仰身直肢	青花瑞鸟花草纹瓷盘 1 青花缠枝牡丹纹瓷碗 1 青花缠枝蕃莲纹瓷碟 1 铁剪 1 铜带饰 1 铜耳饰 2	头箱 0.7×0.7+0.65	出土有一颗马牙
XM2	270°	2.46×0.68		-1.2	木棺	仰身直肢 （合葬墓）	Ab 型绿釉粗瓷小口罐 1 龙泉青釉瓷碗 1 白釉瓷盘 1 青花缠枝菊花纹瓷碗 1 白釉瓷盅 1 三彩鲤鱼水草纹扁执壶 1 铜指套 1 铜花叶形饰件 1 玉瑷 1 玉牌饰 1 玉饰件 3 水晶串饰 4 琉璃串饰 4 琉璃串珠 60 石坠饰 1 贝饰 1	墓口上方南、北壁各有二豁槽、头箱 0.6×0.5-0.45	填土中有马牙

续附表一

墓号	方向	墓室			葬具	葬式	主要随葬器物	其他	备注
		长	宽	深（米）					
XM3	278°	2.42×0.75－1.05			木棺	仰身直肢	白瓷杯 1 琉璃饰件 3 铜环 1 骨铲 1 骨镞 2 贝饰 1	墓口上方南、北壁各有三个龋槽，头箱 0.62×0.4	
XM4	267°	2.83×0.85－1.1			木棺	仰身直肢	Ab 型酱釉粗瓷壶 1 青花栏杆瓶花纹瓷盘 1 青花缠枝蕃莲纹瓷碗 1 青花缠枝菊花纹瓷碗 1 青花寿山石菊花纹瓷盘 1 龙泉青釉大碗 1 龙泉青釉葵口鱼鳞纹瓷盘 1 铜环 1 铜饰件 1 金质山字形帽饰 1 金饰件 1 玉瑗 2 琉璃饰件 5	墓口上方南、北壁各有三个龋槽，头箱 0.8×0.72＋0.8	填土中出土马牙
XM5	270°	2.65×0.85－1.30			木棺	仰身直肢	Ab 型茶叶末釉粗瓷小口罐 1 B 型黑釉粗瓷小口罐 1 青花缠枝菊花纹瓷碗 1 青花高足兰花纹瓷盅 1 铁剪 1 琉璃扣饰 1	墓口上方南、北壁各有三个沟槽，头箱 0.8×0.45＋0.6	填土中有马牙，股骨下有桦树皮
XM6	260°	1.95×0.88－0.55			无	不明	青花瓷片 2		填土中有二颗马牙

续附表一

墓号	方向	墓室			葬具	葬式	主要随葬器物	其他	备注
		长	宽	深（米）					
XM7	265°			2.4×0.87－0.9	木棺	仰身直肢	青花堆塑鱼纹卧足盘 1 铁剪 1 铜环 1 铜坠饰件 2 玉瑗 1 琉璃饰件 6 琉璃串珠 15	墓圹北壁上方有二个龛槽	填土中有十颗马牙
XM8	256°			2.65×1－1.1	木棺	不明	Ac 型酱釉粗瓷壶 1 青花漩涡云气纹瓷碗 1 青花缠枝菊花"福"字碗 1 景泰蓝杯 1	头箱 0.8×0.45	棺木上部置马骨
XM9	249°			2.35×0.88－1.09	木棺	仰身直肢	金耳饰 2 铜环 1 铜饰件 2 铁剪 1 琉璃饰件 13		
XM10	275°			2.22×0.7－0.45	无	仰身直肢	铁剪 1		墓室南壁中部有一块桦树皮
XM11	260°			2.36×0.8－0.69	木棺	仰身直肢	Ab 型酱釉粗瓷小口罐 1 青花漩涡云气纹瓷碗 1		
XM12	272°			2.84×0.8－1.52	木棺	仰身直肢	青花花草纹小碗 1 琉璃四棱台形饰件 1 琉璃葡萄形饰件 1 羊形铜饰件 1 鸟形铜饰件 1 玉瑗 2 玉璧 1 玉串珠 1 扇形贝饰 1 "天禧通宝"铜钱 1	墓口上方南、北壁各有三个龛槽	

续附表一

墓号	方向	墓室			葬具	葬式	主要随葬器物	其他	备注
		长	宽	深（米）					
XM13	275°	2.8 × 0.8 - 1.2			木棺	侧身直肢	Ab 型酱釉粗瓷壶 1 龙泉青釉瓷碗 1 青花狮子芭蕉寿山石纹瓷碗 1 青花"福"字花草纹小瓷碗 1 青花堆塑鱼纹卧足瓷盘 1 红绿彩梅花纹瓷盘 1 白釉瓷杯 1 金耳坠 1 银钏 1 铁马镰 1 铁环 3 琉璃牌饰 1 琉璃串珠 1 玉质串珠 1 玉质桃形饰件 1	头箱 0.8 × 0.65 + 0.53	人骨架的骨盆上覆盖桦树皮。填土中有马骨
XM14	280°	3.1 × 0.95 - 1.25			木棺	人骨摆放规整，呈堆状	青花仕女庭戏瓷盘 1 红绿彩缠枝蕃莲纹瓷盘 1 铁叉 1 铁饰件 1 骨镞 1 铜耳坠 1	墓口上方南、北壁各有三豁槽，头箱 0.95 × 0.4，脚箱 0.95 × 0.9	
XM15	275°	1.4 × 0.46 - 0.4			木棺	不明，仅有头骨	B 型绿釉粗瓷壶 1 龙泉青瓷碗 1 青花缠枝菊花纹碗 1 白釉瓷杯 1 金耳环 1 琉璃牌饰 2 琉璃鸟形饰件 1 琉璃串珠 30		

续附表一

墓号	方向	墓室			葬具	葬式	主要随葬器物	其他	备注
		长	宽	深（米）					
XM16	280°		1.3 × 0.47 − 0.65		木棺	不明，仅有头骨碎块	B 型黄釉粗瓷玉壶春瓶 1 青花漩涡云气纹瓷碗 1 青花漩涡云气纹小瓷碗 1 铁镞 1 骨镞 铁饰件 1	酱釉粗瓷壶 1	
XM17	264°		2.58 × 0.80 − 0.75		木棺	俯身直肢，头骨面下	Ab 型酱釉粗瓷壶 1 白釉瓷执壶 1 铜匙 1 铁镞 4 铁马镳 1 铁饰件 1 砺石 1	头箱 0.8 × 0.4 + 0.05	
XM18	245°		2.37 × 0.83 − 1.08		木棺	仰身直肢	B 型绿釉粗瓷壶 1 B 型褐釉粗瓷玉壶春瓶 1 青花缠枝牡丹结带宝杵纹瓷碗 1 青花缠枝菊花纹瓷盘 1 青花蝴蝶纹高足瓷杯 1 红绿彩鹦鹉牡丹纹碗 1 红绿彩鲤鱼蕃莲纹盘 1 铁镰 1 铁镞 10 铜带卡 1 马鞍桥 1（残） 铁刀 1 骨镞 11 骨板 1 铜饰件 1 铜环 1 砺石 1		

续附表一

墓号	方向	墓室			葬具	葬式	主要随葬器物	其他	备注
		长	宽	深（米）					
XM19	275°	2.19 × 0.58 – 0.56			木棺	仰身直肢	Bb 型酱釉粗胎瓷壶 1 铜弧形饰件 1 "绍圣元宝"铜钱 1		
XM20	252°	1.32 × 0.50 – 0.90			木棺	不明，仅摆放有头骨和股骨	方形铜带饰 1 圆形铜带饰 1 鱼形铜饰件 1 琉璃饰件 9		填土中出土有 12个羊距骨
XM21	271°	1.79 × 0.74 – 0.62			木棺	仰身直肢（衬葬墓）	无	墓室北壁有二个豁槽，南壁有一个豁槽，南壁豁槽与一个小孩墓相通	
XM22	250°	2.45 × 1.11 – 1.20			木棺	仰身直肢	Aa 型黑釉粗胎瓷壶 1 龙泉青釉大碗 1 青花缠枝蕃莲纹小瓷罐 1 铁刀 1 琉璃串珠 1 "崇宁通宝"铜钱 1 "崇宁重宝"铜钱 1	头箱 1.11 × 0.5 + 0.12	填土中有马牙、马骨
XM23	250°	2.28 × 1 – 1.50			木棺	仰身直肢	Ab 型酱釉粗胎瓷壶 1 青花缠枝莲花"福"字纹瓷碗 1	墓口上方南、北壁各有三组对称沟槽	填土中有一块马头骨
XM24	275°	2.20 × 0.62 – 0.5			木棺	不明，仅有一个头骨	Ab 型酱釉粗胎瓷壶 1 骨镞 1 砺石 1		

续附表一

墓号	方向	墓室			葬具	葬式	主要随葬器物	其他	备注
		长	宽	深（米）					
XM25	270°	2.4×0.95		-0.74	木棺	仰身直肢	B型绿釉粗胎瓷壶1 青花缠枝牡丹结带宝杵纹瓷碗1 铁镞7 骨镞6 骨铲2 骨鸣镝1 砺石1		
XM26	278°	2.65×0.9		-0.95	木棺	仰身直肢	Ab型绿釉粗胎瓷壶1 青花寿山石菊花纹瓷盘1 龙泉青釉瓷碗1 素三彩凤首尾形流柄执壶1 铁削1 琉璃饰件3 玉花样饰件1		
XM27	268°	2.94×0.97		-1.18	木棺	仰身直肢（祔葬墓）	青花堆塑鱼纹卧足瓷盘1 骨鸣镝1 铜饰件1 铜带卡1 带柄铜环1	墓口上方南有一豁槽、北壁有二豁槽	填土中有一颗马牙
XM28	280°	2.2×0.75		-0.4	木棺	仰身直肢	龙泉青釉大碗1 B型绿釉粗胎瓷壶1 青花缠枝牡丹结带宝杵纹瓷碗1		胸骨处覆盖有一块桦树皮
XM29	265°	1.75×0.65		-0.48	木棺	不明，仅有头骨	Ab型酱釉粗胎瓷壶1 龙泉青釉瓷碗1 铁剪1 砺石1		填土近头部有9个羊距骨

续附表一

墓号	方向	墓室			葬具	葬式	主要随葬器物	其他	备注
		长	宽	深（米）					
XM30	255°	2.42×0.75		-0.5	木棺	仰身直肢	Ac 型酱釉粗瓷壶 1 青花双婴戏柳下纹瓷盘 1 青花缠枝蕃莲纹瓷盅 1 青花松竹梅寿石纹瓷碗 1 素三彩凤首尾流柄执壶 1 铜带饰 1 铁镞 7 骨镞 5		胸骨处覆盖一块桦树皮
XM31	270°	2.1×0.78		-0.35	木棺	头骨、盆骨不见，仰身直肢	B 型酱釉粗瓷玉壶春瓶 1 琉璃扣饰 1		人骨脚下有桦树皮
XM32	285°	2.55×1		-1.1	木棺	仰身直肢	B 型黄褐釉粗胎瓷壶 1 A 型褐釉玉壶春瓶 1 琉璃串珠 2	头箱 1×0.65 +0.1	
XM33	265°	2.70×0.71		-0.98	无	仰身直肢	A 型酱釉粗瓷大口罐 1 砺石 1		
XM34	270°	2.4×0.8		-0.85	木棺	仰身直肢	青花缠枝蕃莲带"福"字纹瓷碗 1 铁锤 1 铁凿 1 铁镞 3 骨镞 8 砺石 1 石坠 1 玉瑗 1 玉坯料 1 玛瑙串珠 12 灰陶罐 1		头骨下铺有一块桦树皮

附表二 扶余油田砖厂东区墓葬出土瓷（陶）器明细表

墓号	碗	盘	壶	杯	执壶	玉壶春瓶	罐	碟
DM1						B 型酱釉 1		
DM2						B 型酱釉 1		
DM4	Ba 型青花 1	Aa 型青花 1	Ab 型酱釉 2	B 型青花 1				黑釉 2
DM5	Ba 型青花 1 龙泉青釉 1	龙泉青釉 1	Ab 型灰绿釉 1		Ba 型白釉 1			
DM6						B 型绿釉 1		
DM7	Ba 型青花 1	Ab 型青花 1	Ab 型酱釉 1	B 型青花 1				
DM10			Ab 型酱釉 1					
DM11	Ba 型青花 1 龙泉青釉 1	Aa 型青花 1	B 型黑釉 1	不明釉色 1 （托盏）			A 型雀蓝釉 1	
DM12			Ab 型酱釉 1					
DM13	Ba 型青花 2 龙泉青釉 1	Ab 型青花 1 Aa 型青花 1			B 型素三彩 1 Bb 型白釉 1			
DM15	Ba 型青花 1		Aa 型绿釉 1					
DM18			B 型黑釉 1					
DM20	Ba 型青花 2						陶罐 1	
DM21	Ba 型青花 2		Ab 型绿釉 1		B 型青花 1			
DM22		Aa 型青花 1						雀蓝釉 1
DM24	红绿彩瓷 1 龙泉青釉 1	红绿彩瓷 1 Ab 型青花 1	Ab 型黑釉 1	A 型青花 1			陶罐 1	
DM27	Ba 型青花 1	Ab 型青花 1	B 型黑釉 1				B 型酱釉 1	青花 1
DM28	龙泉青釉 1						B 型酱釉 1	
DM29				B 型青花 1				
DM32		Aa 型青花 1				B 型绿釉 1		
DM33	红绿彩瓷 2	Aa 型青花 1 Ab 型青花 1	B 型黄釉 1	A 型白釉 1	A 型青花 1			
DM34							B 型酱釉 1	黑釉 1
DM35	黑釉 1	Ab 型青花 1						
DM36	A 型青花 1 龙泉青釉 1	Aa 型青花 1	Ab 型墨绿釉 1					
DM37	Bc 型青花 1 龙泉青釉 1	Aa 型青花 1		A 型青花 1				
DM38	Bb 型青花 1 Ba 型青花 2	Aa 型青花 1	Ab 型绿釉 1					
DM39			Ab 型酱釉 1					
DM40	龙泉青釉 1 Ba 型青花 1	Aa 型青花 1 Ab 型青花 1 龙泉青釉 1	Ab 型酱釉 1 B 型黄褐釉 1	C 型白釉 1				
DM41	Ba 型青花 1		Ab 型酱釉 1			B 型绿釉 1		
DM42	Ba 型青花 1		B 型绿釉 2					

附表三　　　　　　扶余油田砖厂西区墓葬出土瓷（陶）器明细表

墓号	碗	盘	壶	杯	执壶	玉壶春瓶	罐	碟
XM1	Ba 型青花 1	Aa 型青花 1						青花 1
XM2	龙泉青釉 1 Bc 型青花 1	白釉 1	Aa 型绿釉 1	B 型白釉 1	A 型素三彩 1			
XM3				B 型白釉 1				
XM4	龙泉青釉 1 Ba 型青花 2	龙泉青釉 1 Ab 型青花 1		Ab 型酱釉 1				
XM5	Ba 型青花 1		Ab 型茶末釉 1 B 型黑釉 1	B 型青花 1				
XM7		B 型青花 1						
XM8	Bb 型青花 1 Ba 型青花 1		Ac 型酱釉 1	景泰蓝 1				
XM10			Ab 型酱釉 1					
XM11	Ba 型青花 1		Ab 型酱釉 1				B 型酱釉 1	
XM12	Ba 型青花 1							
XM13	龙泉青釉 1 Ba 型青花 1 Bb 型青花 1	B 型青花 1 红绿彩瓷 1	Ab 型酱釉 1	B 型白釉 1				
XM14		Aa 型青花 1 红绿彩瓷 1						
XM15	龙泉青釉 1 Ba 型青花 1		B 型绿釉 1	B 型白釉 1				
XM16	A 型青花 1 Ba 型青花 1					B 型黄釉 1		
XM17			Aa 型绿釉 1		A 型白釉 1			
XM18	Ba 型青花 1 红绿彩瓷 1	Aa 型青花 1 红绿彩瓷 1	B 型绿釉 1	A 型青花 1			B 型酱釉 1	
XM19			Ab 型酱釉 1					
XM22	龙泉青瓷碗 1		Aa 型黑釉 1				A 型青花 1	
XM23	Bb 型青花 1		Ab 型黑釉 1					
XM24			Ab 型酱釉 1					
XM25	Ba 型青花 1		B 型绿釉 1					
XM26	龙泉青釉 1	Ab 型青花 1 B 型青花 1	Ab 型绿釉 1		B 型素三彩 1			
XM28	龙泉青釉 1 Ba 型青花 1		B 型绿釉 1					
XM29	龙泉青釉 1		Ab 型酱釉 1					
XM30	Ba 型青花 1	Aa 型青花 1	Ac 型酱釉 1	B 型青花 1	B 型素三彩 1			
XM31						B 型酱釉 1		
XM32			B 型黄褐釉 1			A 型酱釉 1		
XM33							A 型酱釉 1	
XM34	Ba 型青花 1						陶罐 1	

后　记

《扶余明墓——吉林扶余油田砖厂明代墓地发掘报告》一书是吉林省文物考古研究所的集体成果。

吉林扶余油田砖厂墓地从发掘开始（1992 年），到报告编写完成（2011 年），历时 19 年。目前呈现在大家面前的这本考古发掘报告，研究还不够深入。在报告的编写过程中，我们尽可能按原始墓葬单位记录进行整理发掘资料，以墓葬为单位全面公布了遗迹和遗物，以便为学者的再研究提供重要的第一手材料。

本书的第一稿由庞志国、何明完成，第二稿和第三稿由李东完成。

报告中的总平面分布图由马洪测绘完成，墓葬单位遗迹图以及随葬器物图由王新胜、郝海波、王昭完成，照相部分由赵昕、谷德平完成。器物修复工作由林世香完成。资料整理由何明、庞志国、张玉春、李东完成。英文提要由余静翻译。

本书能够呈现在大家的面前，感谢吉林大学冯恩学、彭善国两位老师，感谢吉林省文物考古研究所考古部的业务人员以及技术部的相关业务人员。最后，还要感谢文物出版社的编辑为本书所做的认真负责的工作。

但愿本书能给大家的学习研究带来帮助。

ABSTRACT

The cemetery of Ming Dynasty of Fuyuyoutian brick factory located in the northwest of Jilin Province, about 8 Kilometers away from Fuyu contury. The cemetery were lied in the second platform along the second Songhua River.

From May to July in 1992, in line with the infrastructure projects, The Cultural Relics and Archaeological Research Institute of Jilin Province carried out the rescue excavations, and a total of 76 tombs were excavated.

In the middle of the cemetery site was a narrow road. It divided the cemetery into two areas, the east area and the west area. Part of the areas was destroyed. Most of the tombs arranged in east – west direction. The number of tomb of east area was 42, they were also single burial. The number of tomb of west area was 34, including one joint burial, with one man and one woman; two burials with one adult and one child, the others were all single burials.

They were all rectangular earthern – shaft tombs. The filling soil was yellow sand and Wuhuatu. Some tombs were 2 or 3 holes on the two sides symmetrically. The length of the tombs was 2 meters, and the direction was 2500 to 3200. They were all extended burials. Mostly were single burials, there were 8 second burials.

There were 7 tombs buried with betulinic acid coffins. There were horse teeth and horse skelectons in the filling soil of 20 tombs. There were 3 tombs with sheep/goat astragals.

Some tombs had head (or foot) part outside of the coffin, and inside of the coffin there were potteries and porcelains. Some tombs had no head (or foot) part, the burial goods were lied around the dead. Only a small part of tombs were without any coffin, and the dead buried under the earth.

The number of grave goods was 1481; they were including manufacture tools, living tools, harness and weapons. They were porcelains, potteries, gold and sliver wares, bronze wares, iron wares, jade wares, agates, azure stones, stone wares, bone wares, wood wares and bronze moneys. Among them, the fine porcelains of Jingdezhen in Jiangxi Province were most dazzling, with many types and well kept.

Comparing with the porcelains with precious ages and the porcelain handed down from the ancient time, and combing with the color and the character of the porcelains, we can conclude that the age of the cemetery was the middle and late period of the Ming Dynasty. Based on the samples of the coffins, according to the examination of the Chinese Academy of Social Sciences, the ^{14}C result of the samples were AD 1673 ± 79, it can also proof that the age of the cemetery was the middle and late period of the Ming Dynasty.

Along the lower reaches of the second Songhua River, we can find the Fuyuyoutian brick factory cemetery, Shiqiaohuanying brick factory cemetery and so on. They arranged regularly, and didn't disturbed each other, that maybe mean the character of the cemetery were pure. The custom of the burial was clear, including coving or under the dead with birch bark, and burying with horse teeth and horse bones. Whatever from the location of the cemetery or from the manufacture tools and living tools, we can find the strong local character. Based on the literature, the people living in the second Songhua River should be the Haixinvzhen tibes of Ming Dynasty.

The excavation of Fuyuyoutian brick factory cemetery was one of the large – scale excavations of Ming cemetery in the northeast area. The grave goods of this excavation can provide us with precious material to the research on the social police, the economy, the traffic, the military and the culture. The unearth of Jingdezhen porcelain wares was good to the research on the age, the production level of Jingdezhen folk porcelain of Ming Dynasty and the Appraisal of the porcelain handed down from the ancient time.

西区发掘现场遗迹图（西向东）

东区第四号墓（DM4）遗迹图

东区第五号墓（DM5）遗迹图

东区第十号墓（DM10）遗迹图

遗迹图

细部图

东区第十一号墓（DM11）遗迹及细部图

东区第十三号墓（DM13）遗迹图

东区第十七号墓（DM17）遗迹图

西区第二号墓（XM2）遗迹图

西区第三号墓（XM3）遗迹图

西区第四号墓（XM4）遗迹图

西区第十一号墓（XM11）遗迹图

西区第十二号墓（XM12）遗迹图

西区第十三号墓（XM13）遗迹图

西区第十四号墓（XM14）遗迹图

西区第十七号墓（XM17）遗迹图

西区第十八号墓（XM18）遗迹图

西区第二十一号墓（XM21）遗迹图

西区第二十二号墓（XM22）遗迹图

西区第二十三号墓（XM23）遗迹图

西区第二十五号墓（XM25）遗迹图

西区第二十六号墓（XM26）遗迹图

西区第二十七号墓（XM27）遗迹图

粗胎玉壶春瓶（DM1：1）

粗胎玉壶春瓶（DM2∶1）

粗胎瓷壶（DM4：1）

黑釉瓷碟（DM4：3）

粗胎瓷壶（DM4：5）

黑釉瓷碟（DM4：6）

粗胎瓷壶（DM5：1）

粗胎玉壶春瓶（DM6：1）

粗胎瓷壶（DM7：3）

粗胎瓷壶（DM10：1）

粗胎瓷壶（DM11：2）

粗胎瓷壶（DM12：1）

粗胎瓷壶（DM15：2）

粗胎瓷壶（DM18：1）

粗胎瓷壶（DM24：1）

粗胎瓷壶（DM27：1）

粗胎单耳瓷罐（DM27：4）

粗胎单耳瓷罐（DM28：1）

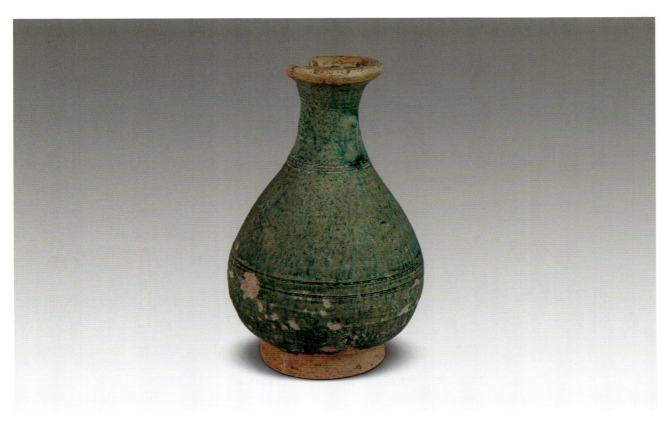

玉壶春瓶（DM32：1）

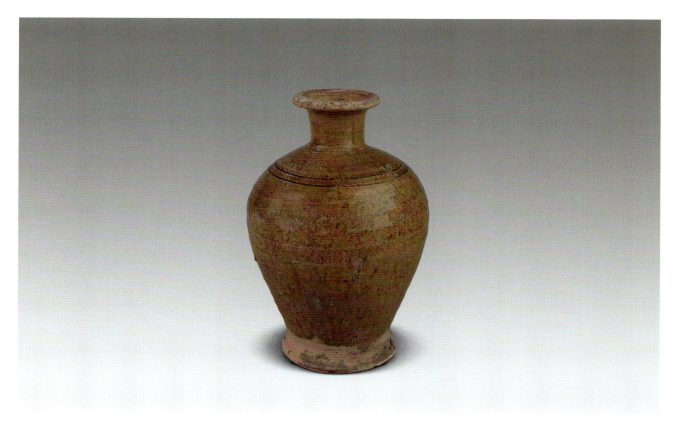

粗胎瓷壶（DM33：1）

粗胎瓷罐（DM34：1）

黑釉瓷碟（DM34：2）

粗胎瓷碗（DM35：2）

粗胎瓷壶（DM36∶3）

粗胎瓷壶（DM38：5）

粗胎瓷壶（DM39：1）

粗胎瓷壶（DM40∶1）

粗胎瓷壶（DM40：9）

粗胎瓷壶（DM41：1）

玉壶春瓶（DM41：3）

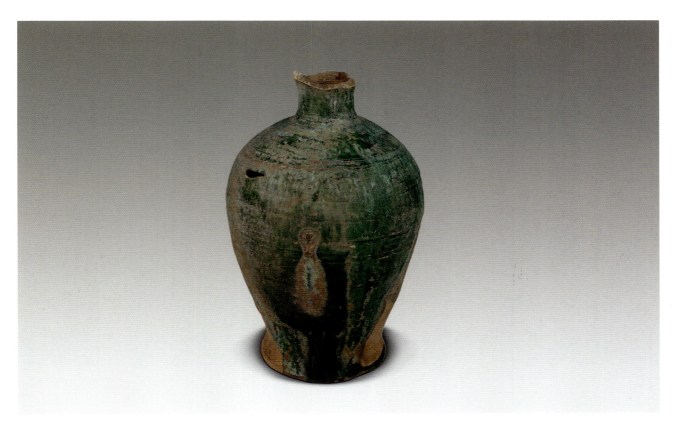

粗胎瓷壶（DM42：3）

粗胎瓷壶（XM2：3）

粗胎瓷壶（XM4：7）

粗胎瓷壶（XM5：1）

粗胎瓷壶（XM5：2）

粗胎瓷壶（XM8：2）

粗胎瓷壶（XM11：1）

粗胎瓷壶（XM13∶4）

粗胎瓷壶（XM15：4）

玉壶春瓶（XM16：3）

粗胎瓷壶（XM17：1）

粗胎瓷壶（XM18：3）

玉壶春瓶（XM18：2）

粗胎瓷壶（XM22：1）

粗胎瓷壶（XM23：1）

粗胎瓷壶（XM24：1）

粗胎瓷壶（XM25：1）

粗胎瓷壶（XM26：2）

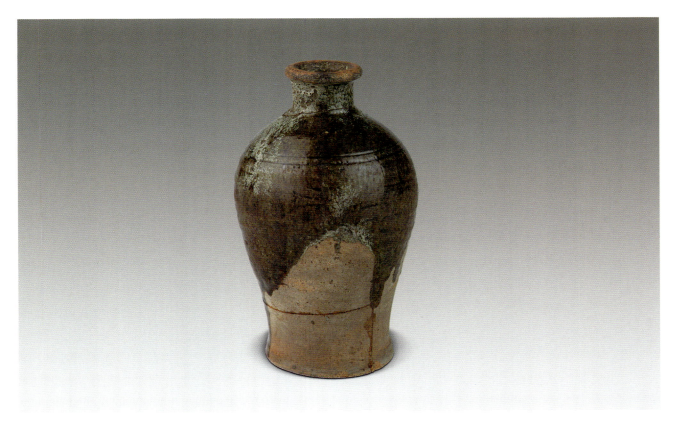

粗胎瓷壶（XM28：1）

粗胎瓷壶（XM29：2）

粗胎瓷壶（XM30：1）

玉壶春瓶（XM31：1）

粗胎瓷壶（XM32：1）

玉壶春瓶（XM32：2）

粗胎瓷罐（XM33：1）

陶罐（XM34：1）

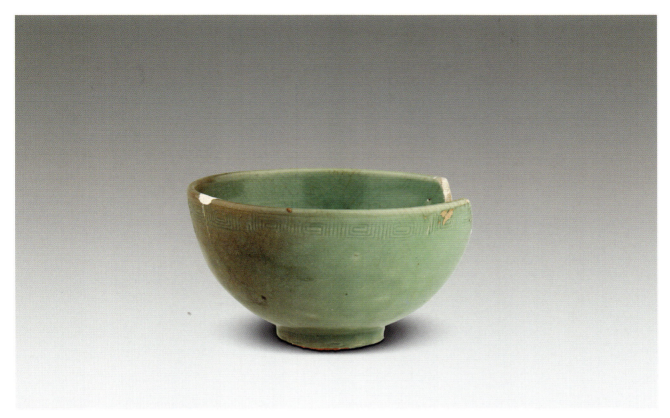

龙泉青釉瓷碗（DM5：2）

龙泉青釉葵口花卉鱼鳞纹盘（DM5：3）

龙泉青釉瓷碗（DM11：3）

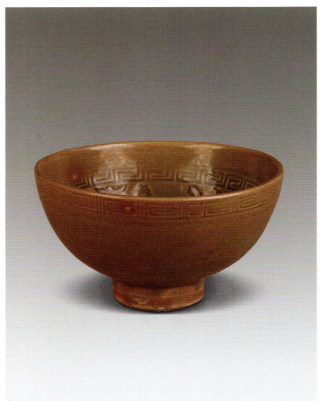

龙泉青釉瓷碗（DM13：1）

龙泉青釉瓷碗（DM24：5）

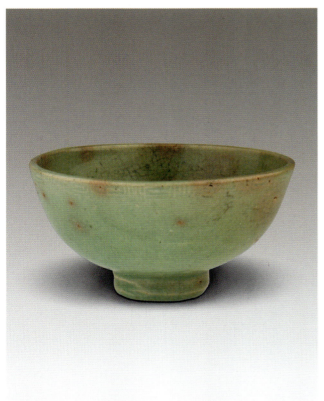

龙泉青釉瓷碗（DM28：2）

龙泉青釉瓷碗（DM36：4）

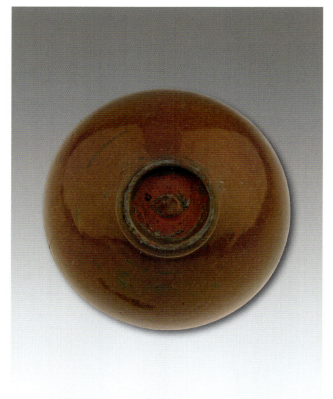

龙泉青釉瓷碗（DM37：2）

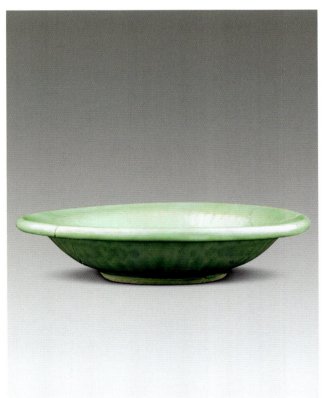

龙泉青釉瓷盘（DM40：4）

龙泉青釉瓷碗（DM40：5）

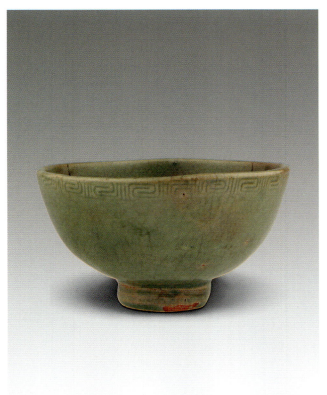

龙泉青釉瓷碗（XM2：4）

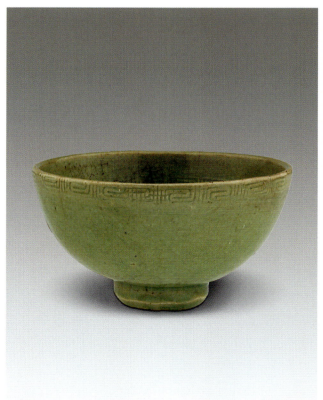

龙泉青釉瓷碗（XM4：1）

龙泉青釉葵口花卉鱼鳞纹瓷盘（XM4：5）

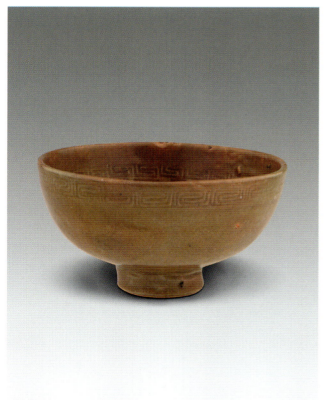

龙泉青釉瓷碗（XM13：3）

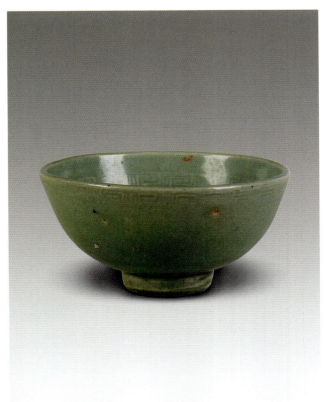

龙泉青釉瓷碗（XM15：2）

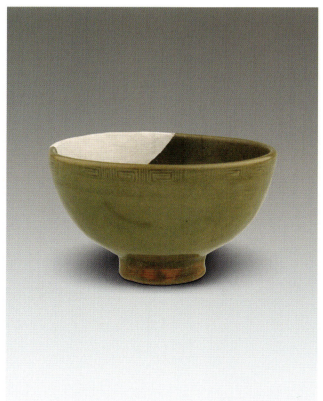

龙泉青釉瓷碗（XM22：2）

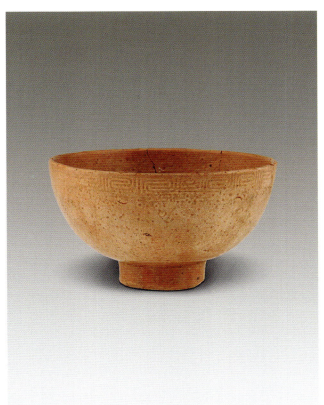

龙泉青釉瓷碗（XM26：4）

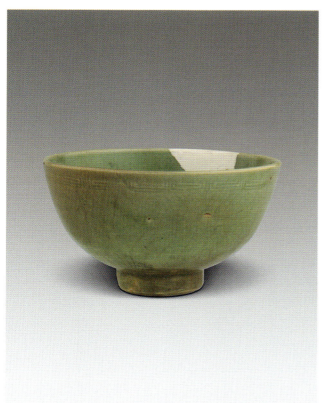

龙泉青釉瓷碗（XM28：2）

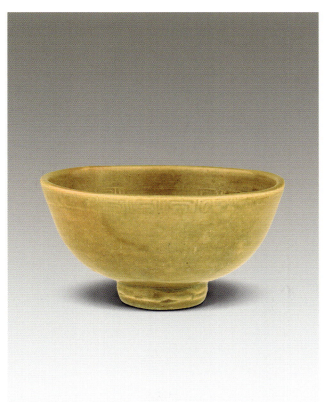

龙泉青釉瓷碗（XM29：1）

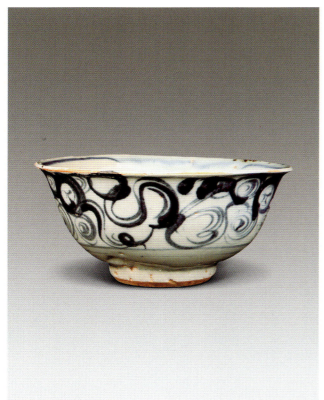

青花漩涡云气纹瓷碗（DM4：2）

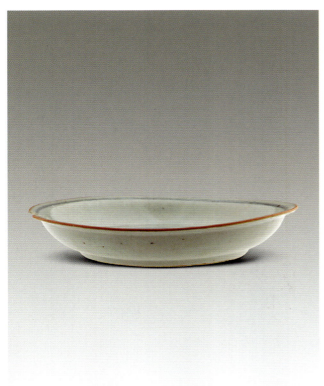

青花犀牛望月瓷盘（DM4：6）

青花菊花纹瓷杯（DM4∶7）

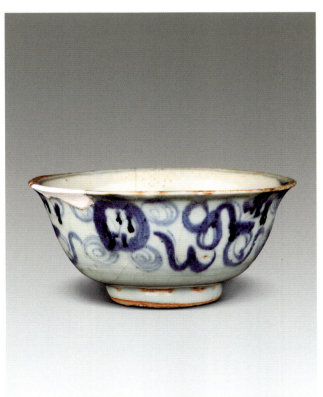

青花漩涡云气纹瓷碗（DM5∶4）

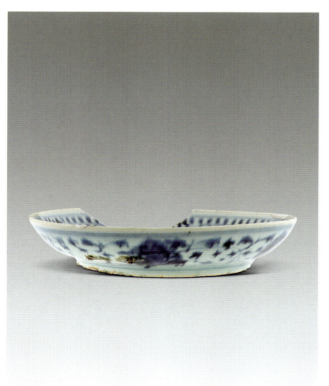

青花寿山石菊花纹瓷盘（DM7：2）

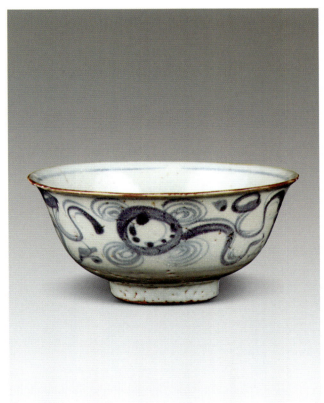

青花漩涡云气纹瓷碗（DM7：1）

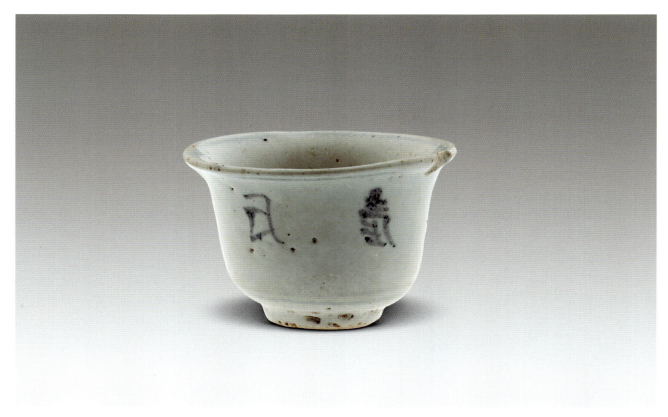

青花梵字纹瓷杯（DM7：4）

青花缠枝菊花纹瓷碗（DM11：1）

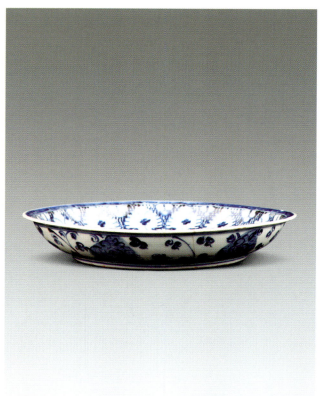

青花六出如意云头菊花纹瓷盘（DM11：4）

青花葵口芦雁纹瓷盘（DM13：2）

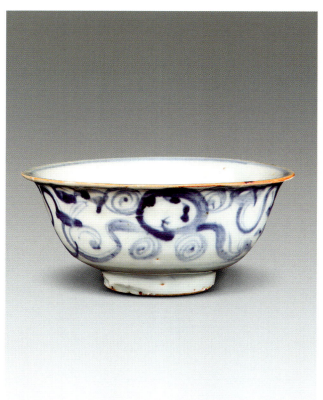

青花漩涡云气纹瓷碗（DM13：3）

青花犀牛望月纹瓷盘（DM13∶6）

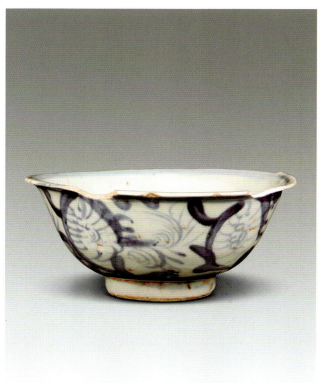

青花缠枝菊花纹瓷碗（DM15：1）

青花缠枝菊花纹瓷碗（DM20∶1）

青花漩涡云气纹瓷碗（DM20：2）

青花莲花纹瓷碗（DM21∶2）

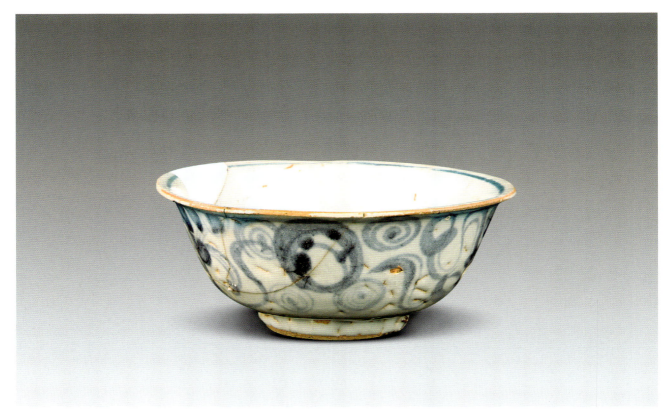

青花漩涡云气纹瓷碗（DM21：3）

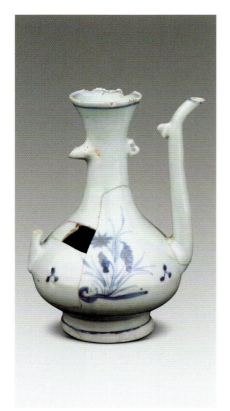
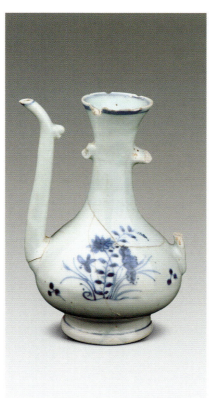
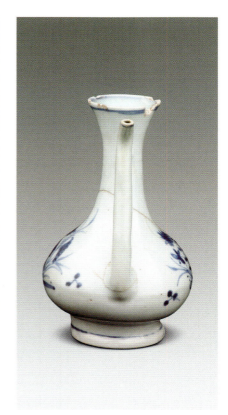

青花高领"一束莲"纹瓷执壶（DM21∶4）

仿龙泉青釉青花葵口舞狮纹瓷盘（DM22：2）

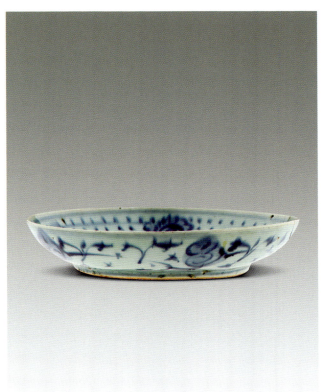

青花寿山石菊花纹瓷盘（DM24：3）

青花梅花纹高足瓷杯（DM24：7）

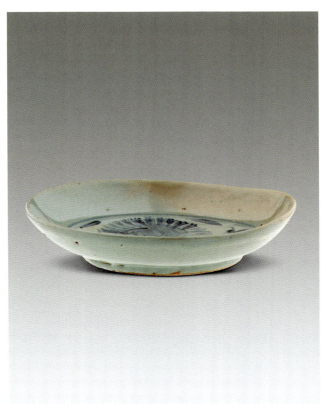

青花勾栏瓶花纹瓷盘（DM27：5）

青花松竹梅寿山石纹瓷碗（DM27：2）

青花"寿"字纹瓷碟（DM27∶3）

青花缠枝蕃莲纹瓷杯（DM29：1）

青花缠枝菊花纹瓷盘（DM32：3）

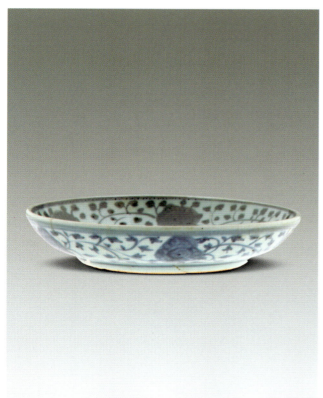

青花缠枝菊花纹瓷盘（DM33：4）

青花婴戏纹瓷盘（DM33：5）

青花喜鹊登高蕉叶纹瓷执壶（DM33：6）

青花勾栏瓶花纹瓷盘（DM35：1）

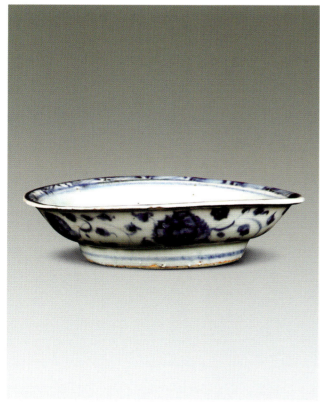

青花"寿"字纹瓷盘（DM36：2）

青花漩涡云气纹瓷碗（DM36：5）

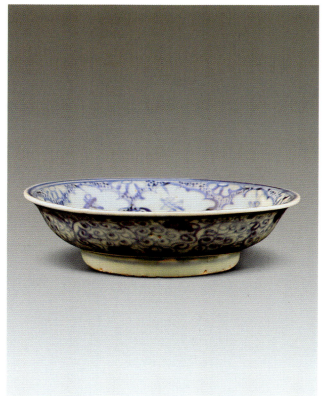

青花四出如意云头菊花纹瓷盘（DM37：1）

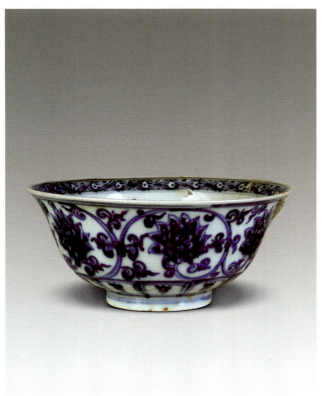

青花花卉结带宝杵纹瓷碗（DM37：3）

青花蝴蝶蕉叶"寿"字纹高足瓷杯（DM37：4）

青花缠枝菊花纹瓷碗（DM38：1）

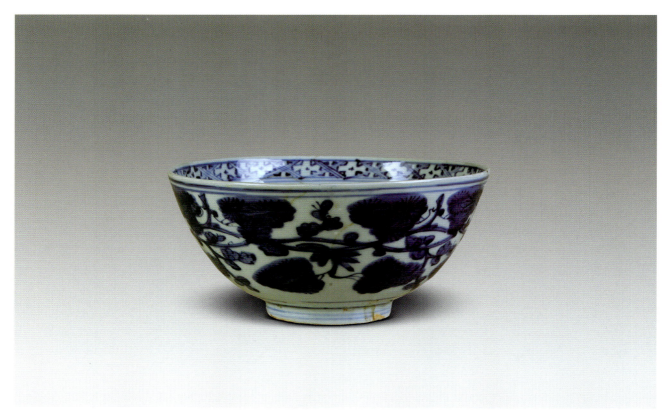

青花"长春富贵"松枝纹瓷碗（DM38：2）

青花草叶法螺纹瓷碗（DM38：3）

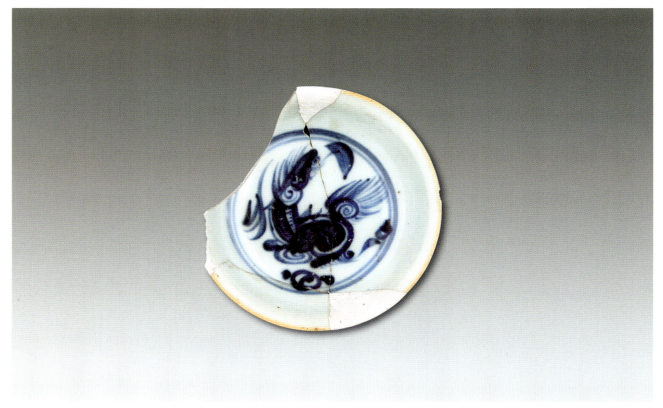

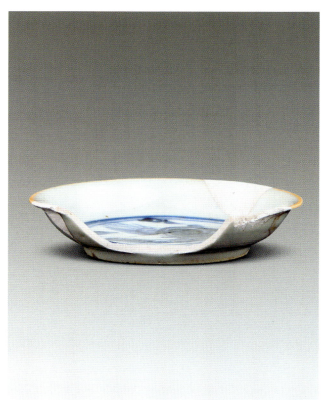

青花犀牛望月纹瓷盘（DM38：4）

青花"寿"字纹瓷盘（DM40：2）

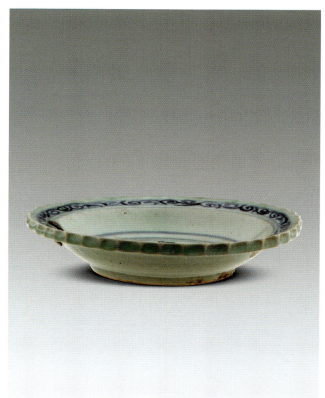

仿龙泉青釉青花葵口舞狮纹瓷盘（DM40：6）

青花勾栏瓶花纹瓷盘（DM40：7）

青花缠枝菊花纹瓷碗（DM40：8）

青花漩涡云气纹瓷碗（DM41：2）

青花缠枝菊花纹瓷碗（DM42：1）

青花瑞鸟花草纹瓷盘（XM1∶1）

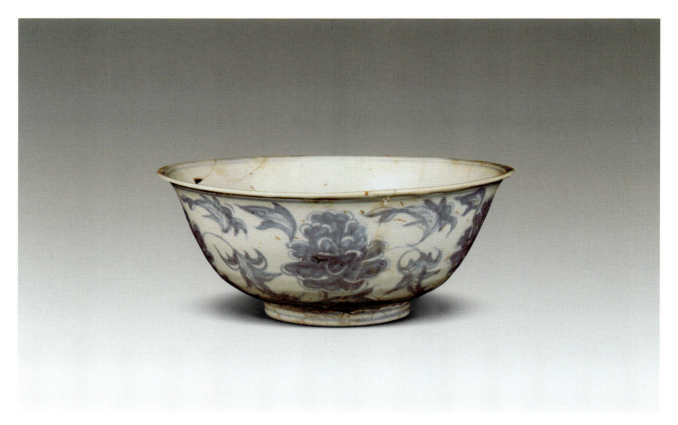

青花缠枝牡丹纹瓷碗（XM1∶2）

青花缠枝蕃莲纹瓷碗（XM1∶3）

青花缠枝菊花纹瓷碗（XM2：2）

青花勾栏瓶花纹瓷盘（XM4：2）

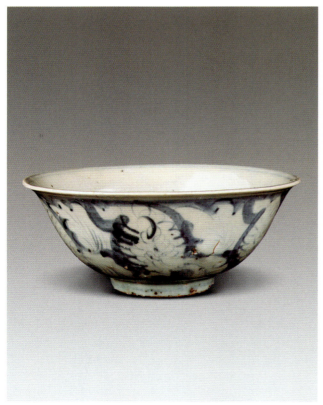

青花缠枝菊花纹瓷碗（XM4：3）

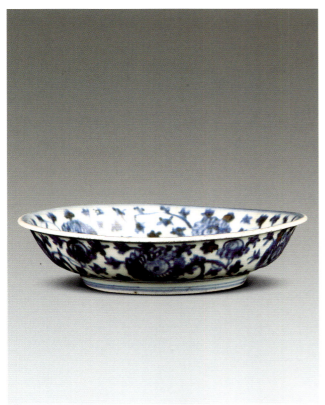

青花寿山石缠枝菊花纹瓷盘（XM4：4）

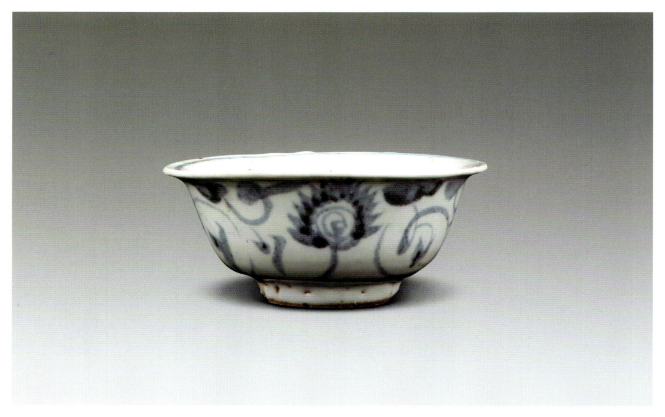

青花缠枝蕃莲纹瓷碗（XM4：6）

青花缠枝菊花纹瓷碗（XM5：4）

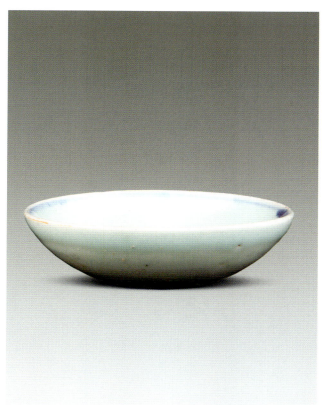

青花堆塑鱼纹卧足瓷盘（XM7：5）

青花漩涡云气纹瓷碗（XM8：1）

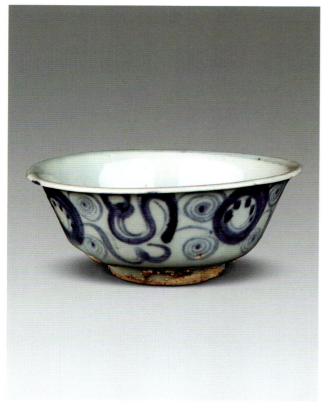

青花漩涡云气纹瓷碗（XM11：2）

青花花草纹瓷碗（XM12：1）

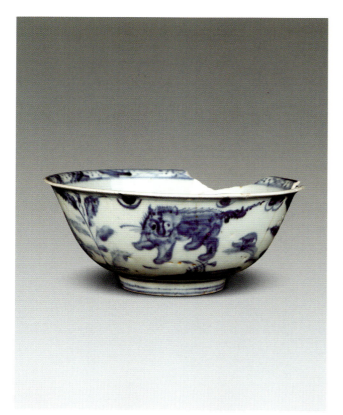
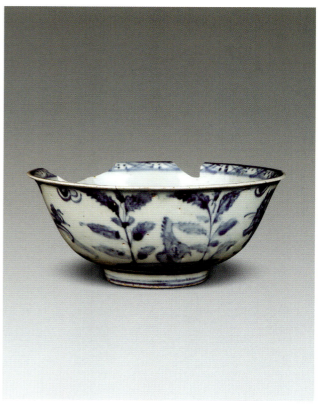

青花狮子芭蕉寿山石纹瓷碗（XM13：2）

青花缠枝蕃莲"福"字纹瓷碗（XM13：5）

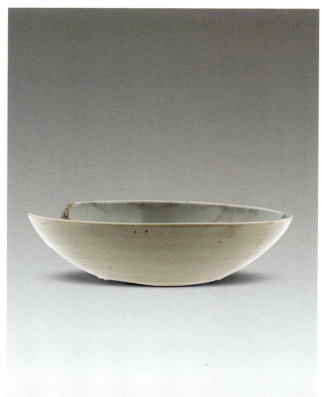

青花堆塑鱼纹卧足瓷盘（XM13：7）

青花仕女戏蝶纹瓷盘（XM14：1）

青花缠枝菊花纹瓷碗（XM15：1）

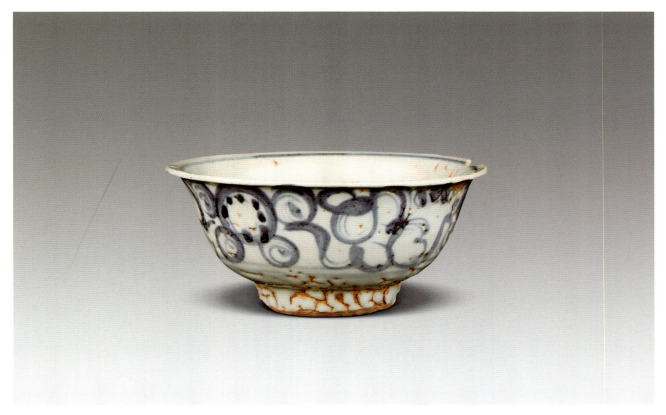

青花漩涡云气纹瓷碗（XM16：1）

青花漩涡云气纹瓷碗（XM16∶2）

青花莲花结带宝杵纹瓷碗（XM18：1）

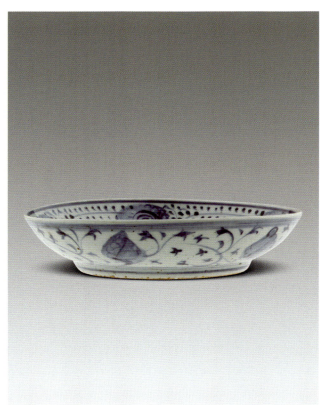

青花缠枝菊花纹瓷盘（XM18：3）

青花蝴蝶梵字纹高足瓷杯（XM18：7）

青花缠枝蕃莲纹瓷罐（XM22：5）

青花缠枝菊花"福"字纹瓷碗（XM23：2）

青花莲花结带宝杵纹瓷碗（XM25：2）

青花寿山石菊花纹瓷盘（XM26：1）

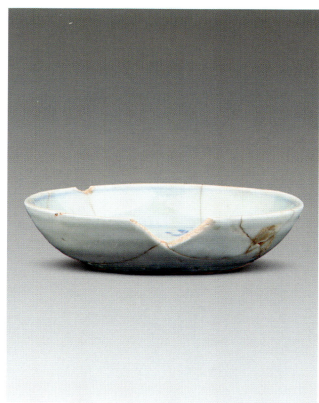

青花堆塑鱼纹卧足瓷盘（XM26：3）

青花莲花结带宝杵纹瓷碗（XM28：3）

青花写意菊花纹瓷杯（XM30：2）

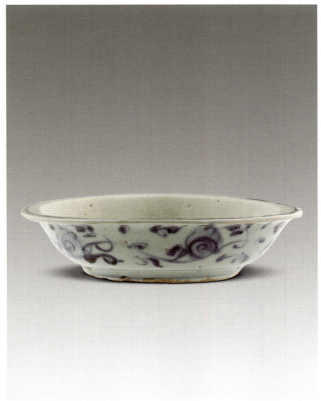

青花婴戏纹瓷盘（XM30∶3）

青花松竹梅寿石纹瓷碗（XM30：4）

青花缠枝蕃莲"福"字纹瓷碗（XM34：2）

白釉瓷执壶（DM5：5）

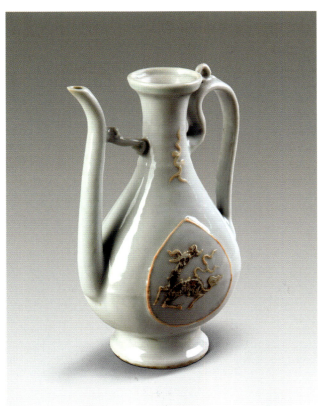
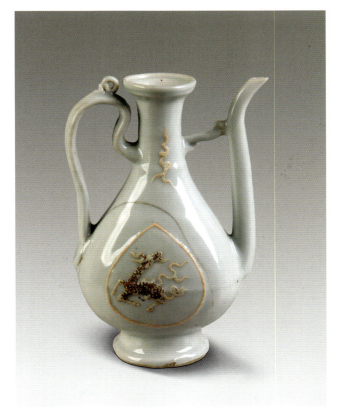

白釉描金麒麟纹执壶（DM13：4）

白釉高足瓷杯（DM33：7）

白釉瓷盘（DM36：1）

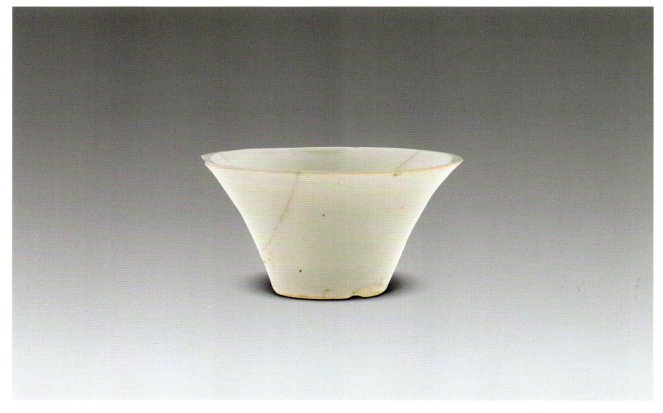

白釉瓷杯（DM40：3）

白釉瓷盘（XM2：1）

白釉瓷杯（XM3：1）

 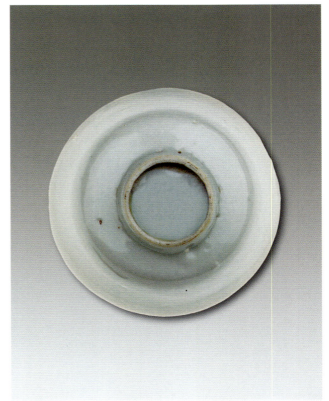

白釉瓷杯（XM13：6）

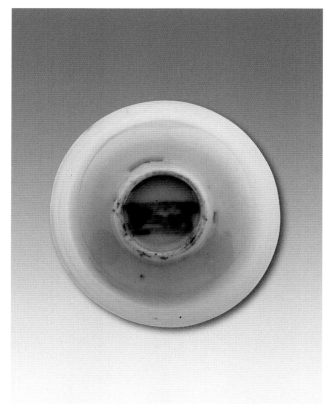

白釉瓷杯（XM15：3）

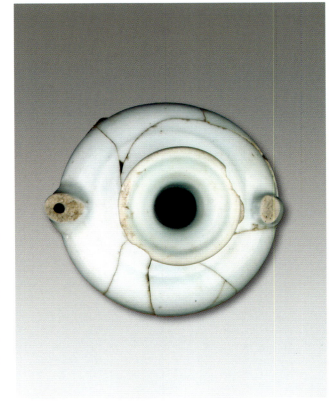

白釉瓷执壶（XM17：2）

红绿彩鲤鱼蕃莲纹瓷碗（DM24：2）

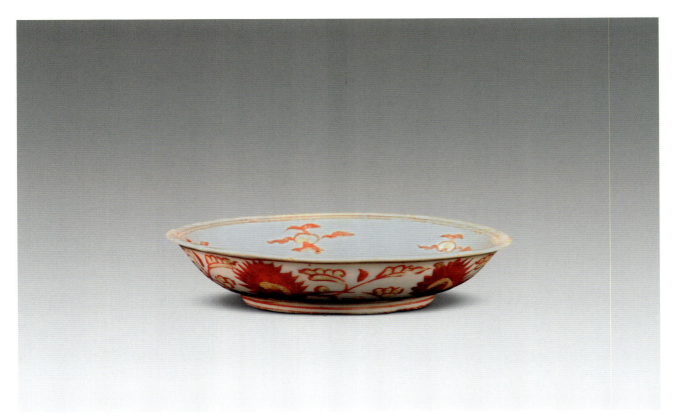

红绿彩牡丹蕃莲纹瓷盘（DM24：4）

红绿彩鸳鸯莲花纹瓷碗（DM33：2）

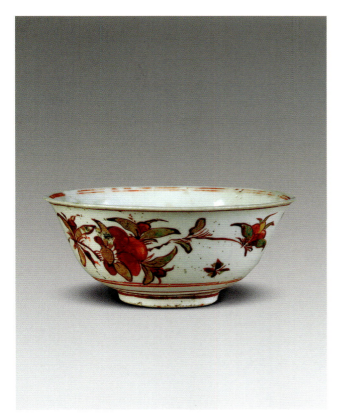
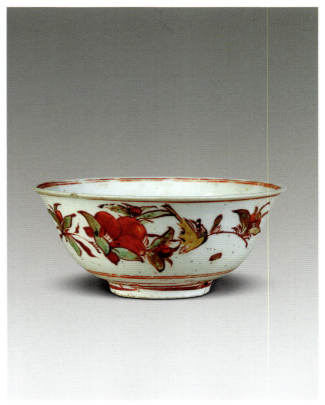

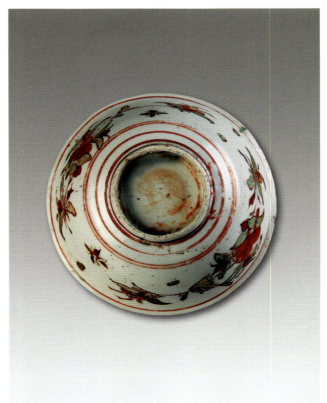

红绿彩花鸟纹瓷碗（DM33：3）

红绿彩梅花纹瓷盘（XM13：1）

红绿彩缠枝蕃莲纹瓷盘（XM14：2）

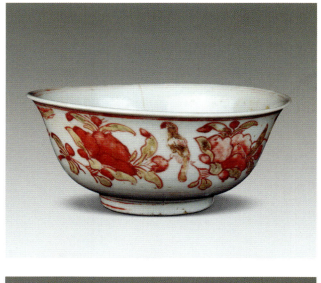

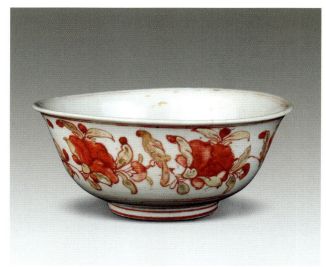

红绿彩鹦鹉牡丹纹瓷碗（XM18：5）

红绿彩鲤鱼蕃莲纹瓷盘（XM18：6）

图版一九四

素三彩鸡首鼠尾瓜棱矮执壶（DM13：5）

素三彩鲤鱼水草纹扁执壶（XM2：6）

素三彩凤首尾流柄瓷壶（XM26：5）

素三彩凤首尾流柄瓷壶（XM30：5）

雀蓝釉瓷罐（DM11：5）

雀蓝釉花卉纹瓷碟（DM22：1）

景泰蓝杯（XM8：4）

托盏（DM11：13）

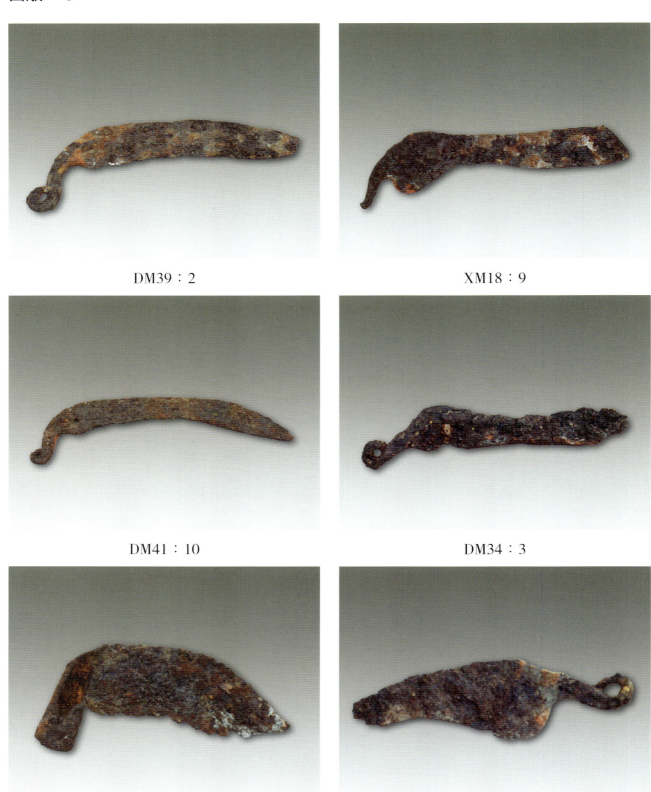

DM39：2

XM18：9

DM41：10

DM34：3

DM24：6

XM26：6

铁器（镰、削）

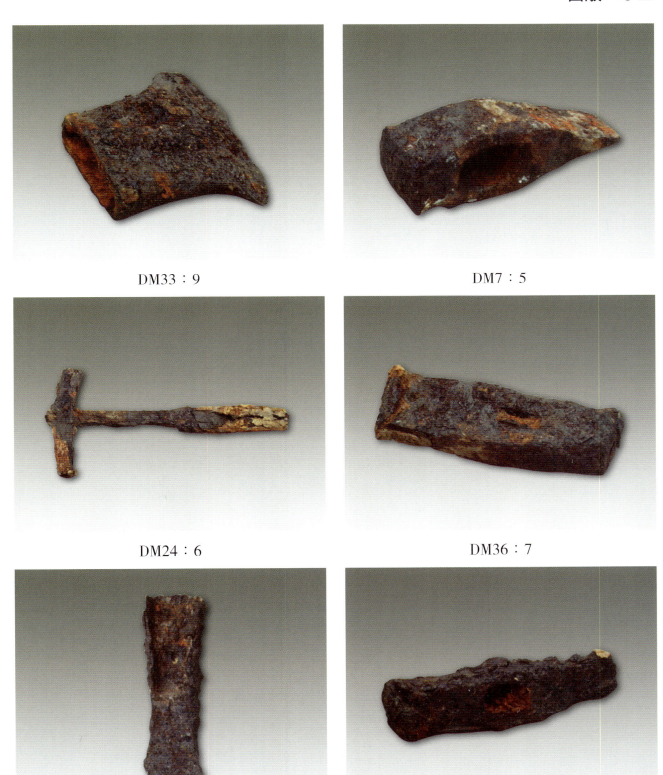

DM33：9

DM7：5

DM24：6

DM36：7

XM34：4

XM34：5

铁器（镢、斧、锤、凿）

DM33：33

DM33：34

DM33：8

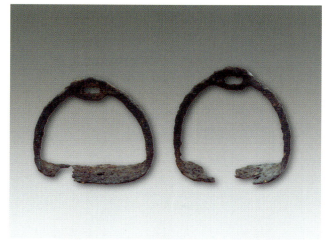

DM11：8

DM35：4

DM36：15

铁器（饰件、马镫）

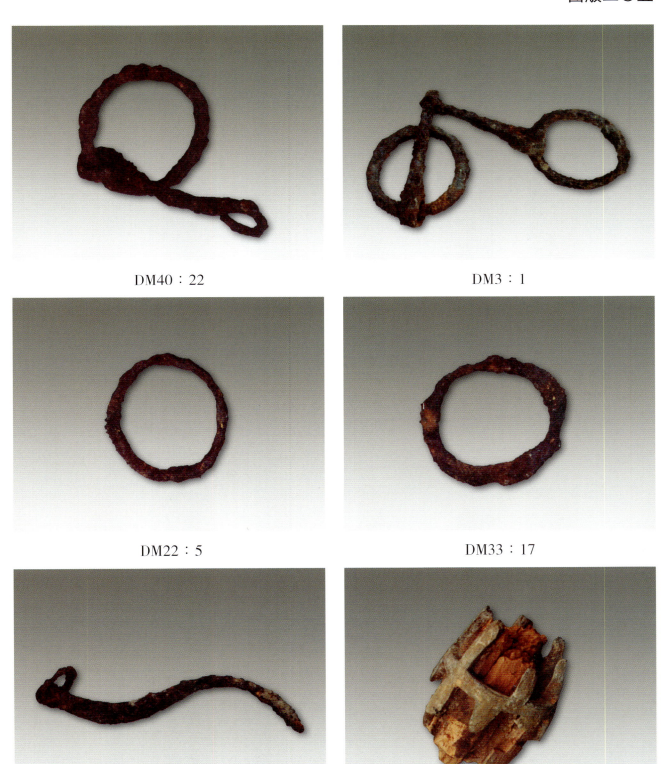

DM40：22

DM3：1

DM22：5

DM33：17

DM17：4

XM18：21

铁器（马具）

铁镞

DM7：6   DM7：9   DM33：20

铁镞

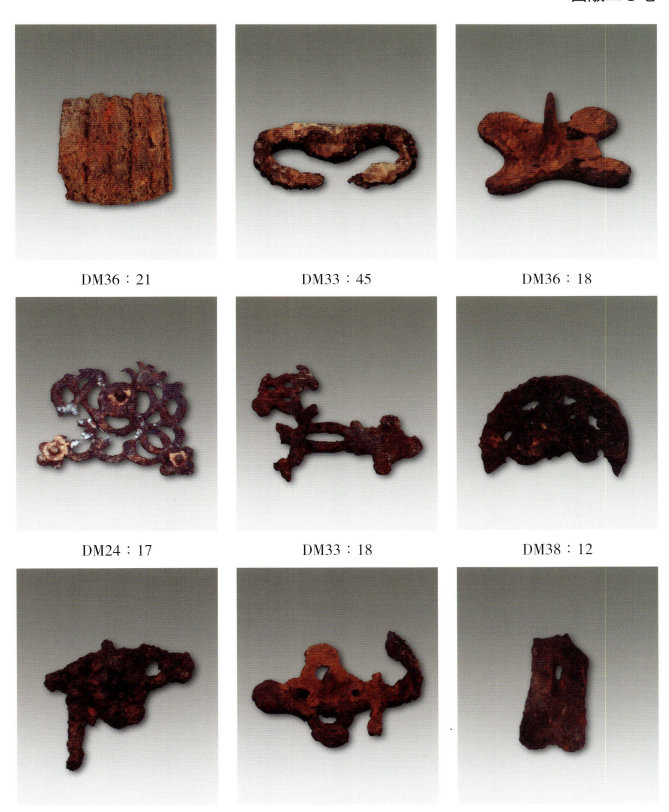

DM36：21　　　　　DM33：45　　　　　DM36：18

DM24：17　　　　　DM33：18　　　　　DM38：12

DM33：25　　　　　DM33：31　　　　　DM38：14

铁甲片、火镰、铁饰件

XM14：4

DM34：8

XM7：1

DM37：5

DM38：15

DM36：12

铁器（叉、剪、刀）

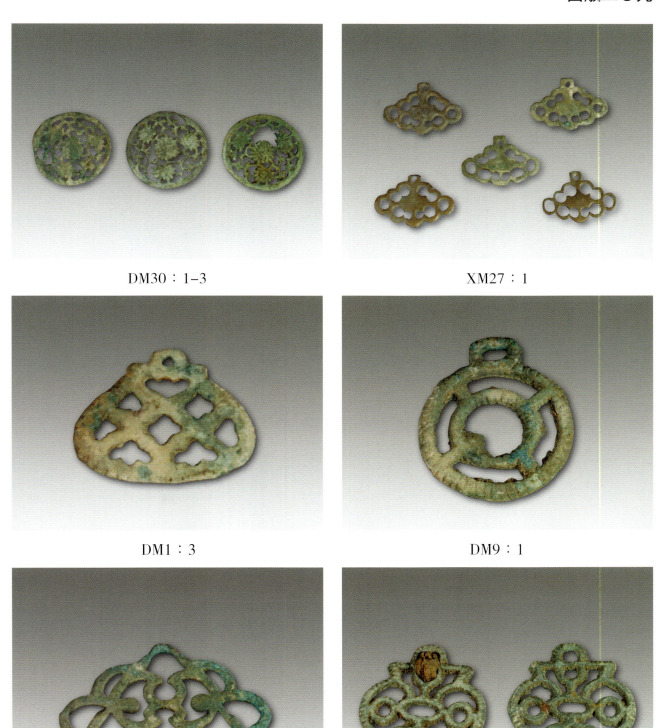

DM30∶1-3

XM27∶1

DM1∶3

DM9∶1

XM18∶15

DM30∶5-6

铜饰件

DM35：3

DM3：2

DM31：2

DM20：4

DM10：5（左） XM9：8（右）

铜饰件

XM12：5

DM22：7

XM20：3

XM30：6

XM9：3

XM2：10

XM27：2

铜饰件

木质鞍桥

铜饰件

铜饰件

铜饰件

铜饰件

马鞍桥及其铜附件（DM11：11）

鎏金帽顶 DM13：8

指套 DM13：9

顶针 DM36：8

匙 DM13：7（下）XM17：3（中）DM33：20（上）

匜 DM34：5

钵 DM33：12

铜器

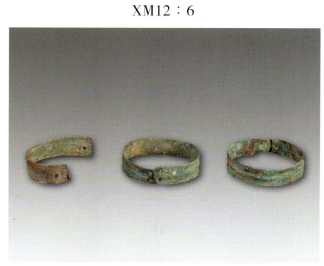

XM9：3   XM18：15   XM12：6

XM18：13   XM34：11   DM19：2   DM10：3-4

DM23：2   XM20：2   DM23：2

铜饰件（带饰、手镯、铃、纽扣）

DM41：6

DM18：3

XM20：1

XM1：5

DM40：10

DM36：14

铜带饰、箭囊包饰

XM13：13　DM4：9　DM27：7

DM27：8（上）DM30：4（左）XM3：10（右）

XM9：2　　　XM4：14

DM3：2

XM7：6　　　XM27：3

XM9：18

铜饰件

XM25：19

XM25：18

XM3：3

XM18：8

XM27：4

XM25：4

骨板、骨鸣镝

骨簪（采）

木梳 DM27：6

各式骨镞和木梳、骨簪

DM33：17

XM24：6

DM27：9

DM11：12

石器（砺石）

XM34：6

XM33：2

DM34：15

DM41：5

石器（砺石）

XM29：4

XM34：6

XM25：5

XM18：17

石器（砺石）

DM24：15

DM5：6

XM17：7

DM36：10

石器（砺石）

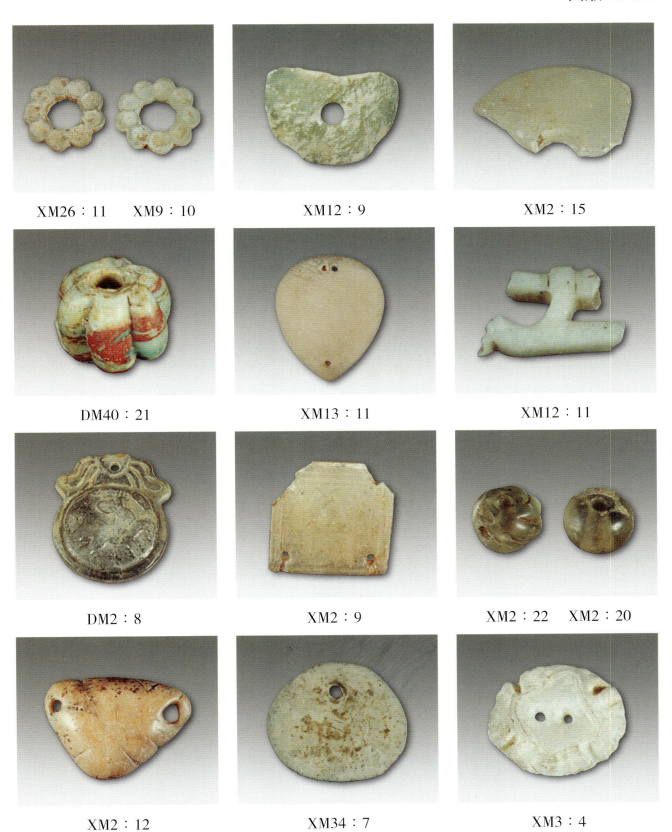

XM26：11　　XM9：10　　　　　XM12：9　　　　　　　　XM2：15

DM40：21　　　　　　　XM13：11　　　　　　　XM12：11

DM2：8　　　　　　　　XM2：9　　　　　XM2：22　　XM2：20

XM2：12　　　　　　　XM34：7　　　　　　　　XM3：4

饰件（玉、玛瑙、石、水晶、贝）

XM9：3　　　　　　　　　XM3：2　　　　　　　　　XM12：4

XM26：16　　　　　　　XM15：6-7　　　　　　　XM7：3

XM12：12　　XM12：2　　　　XM9：10　　　　　　　XM7：7

XM9：9　　　　　　　　　XM9：16　　　　　　XM26：9　　XM26：10

琉璃饰件

XM9：5 XM26：8 XM12：17

DM18：8 XM9：17 XM13：26

DM13：5 XM9：17 XM9：7

XM4：11 XM9：4

串珠、饰件（琉璃、玉、骨）

XM7：3 XM2：24 XM7：2

XM12：8 XM2：21 XM3：6 XM2：26

XM2：25 XM2：28 XM9：13 XM2：24

饰件（玉、水晶、玛瑙）

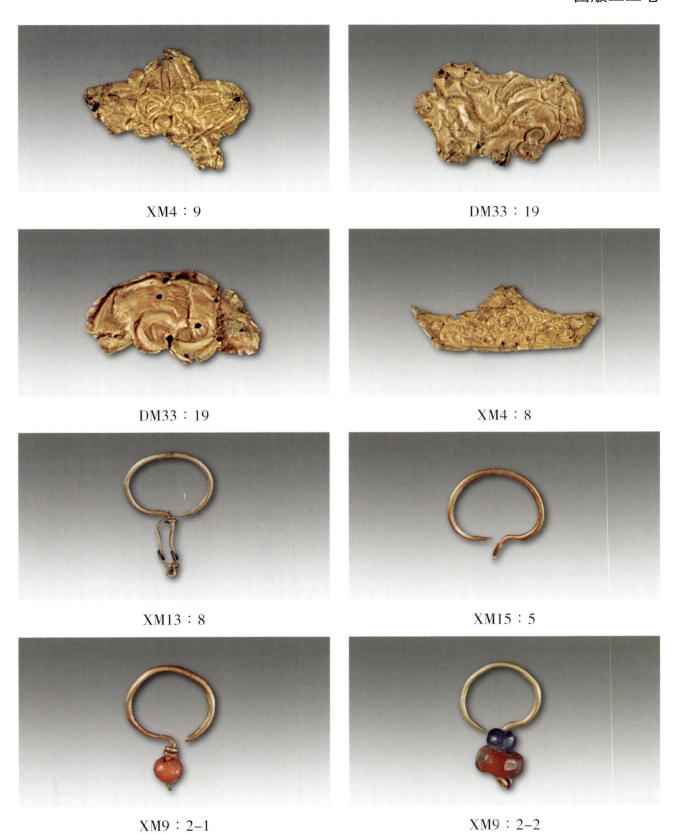

XM4：9

DM33：19

DM33：19

XM4：8

XM13：8

XM15：5

XM9：2-1

XM9：2-2

金器（片饰、耳坠）